Theodor Fuchs · Arminius und die Externsteine

Theodor Fuchs

Arminius und die Externsteine

Der Kampf um die Geistesfreiheit Europas

Urachhaus

Inhalt

Meiner lieben Frau Hildegard
und meinen Söhnen Friedrich, Reinhard
und Michael gewidmet

ISBN 3 87838 293 6

 Satz und Druck der Offizin Chr. Scheufele, Stuttgart.

Vorwort

Dieses Buch ist auf höchst merkwürdige Weise entstanden; ursprünglich hatte ich nicht die Absicht, es zu schreiben, denn zunächst verliefen meine Studien in eine ganz andere Richtung.

Für einen historischen Beitrag einer Truppenzeitschrift mußte ich die Pionierarbeiten der Legionäre Cäsars bei der Einschließung Alesias 52 v. Chr. würdigen und dazu eingehende technische Berechnungen anstellen. Diese trokkene, mühsame und in Einzelheiten gehende Arbeit zwang mich, Studien zu immer genaueren Einzelheiten über den gesamten Feldzug Cäsars in Gallien anzustellen. Sie wurden immer interessanter, führten mich von den taktischen und operativen Betrachtungen zu geisteswissenschaftlichen und zeigten mir, daß sich gerade durch die Berücksichtigung aller Einzelheiten ein tieferes Verständnis öffnet. So stieß ich auf die wahre Bedeutung der Heiligtümer und Kultstätten bei den gallischen Kelten, und bald war die Brücke zu den Germanen geschlagen.

Die Externsteine und die Varusschlacht fesselten mich dann so, daß ich neben meiner anderen schriftstellerischen Arbeit auf militärhistorischem und sprachlichem Gebiet über Jahre hinweg Material sammelte und Notizen machte. Eines Tages berichtete ich meinem im vorigen Jahr verstorbenen Freund Karl Friedrich Althoff davon. In vielen, langen Gesprächen drang er so lange in mich, bis ich zunächst einmal einen groben Entwurf mit den Ergebnissen meiner Arbeit nur für ihn und ein paar weitere Freunde niederschrieb. Wiederum war es dann Karl Friedrich Althoff, der diese Arbeit dem Verlag Urachhaus empfahl, nachdem er sie gelesen hatte. So verdanke ich vor allem ihm, daß sie schließlich veröffentlicht wird.

Mein weiterer Dank gilt dem Verleger, Herrn Johannes M. Mayer sowie den Lektoren, Frau Inge Thöns und Herrn Dr. Ernst Wolfgang Huber, die mir mit großer Sachkenntnis beratend zur Seite standen, sowie Herrn Kraft, der die Zeichnungen anfertigte.

München, 1981 — Theodor Fuchs

Einleitung

Von den großen germanischen Führern der Frühzeit hat wohl kaum eine andere Gestalt die Phantasie, die Gefühle und die wissenschaftliche Forschung so angezogen wie Arminius, der Cherusker. Die Nachrichten über ihn sind spärlich, und die Interpretation der Quellen bereitet auch heute noch große Schwierigkeiten. Mit dieser Arbeit soll ein Versuch gemacht werden, die Frage nach Arminius und seiner Befreiungstat lösen zu helfen. Dazu sind philologische und militärische Kenntnisse nötig, besonders über das Heerwesen der germanischen Frühzeit und der Römer, und Vorstellungen von dem Leben und der geschichtlichen Mission der Germanen, die durch die Hinweise RUDOLF STEINERS ermöglicht und durch die Forschungen untermauert werden können.

Über die Germanen der frühen Zeit stehen uns drei Quellenarten zur Verfügung. Es sind dies zum einen die Berichte der römischen Schriftsteller, vor allem des CORNELIUS TACITUS (um 55– nach 115 n. Chr.), VELLEIUS PATERCULUS (um 20 v. Chr. – nach 30 n. Chr.), DIO COCCEIANUS CASSIUS (um 155– um 235 n. Chr.), FLORUS (Anfang des 2. Jh.s n. Chr.), STRABON (um 63 v. Chr. – 28 n. Chr.) und SUETON (um 70 – um 140 n. Chr.), außerdem vor allem des GAJUS JULIUS CÄSAR (100 oder 102 – 44 v. Chr.), der allerdings rund ein halbes Jahrhundert vor der Zeit des Arminius über die Germanen berichtet. Von germanischer Seite besitzen wir keine schriftlichen Quellen. Wir wissen nur, daß die Germanen zur Zeit des etwa hundert Jahre später lebenden TACITUS Heldenlieder über die Taten des Arminius sangen.[1] Zur Auswertung und Abrundung des Bildes über die Germanen aber dienen uns als Quellen die Sagen, vor allem die nordischen Sagas und die Edda, die Jahrhunderte später aufgeschrieben worden sind. Auch Heldensagen des deutschen Hochmittelalters und der beginnenden Neuzeit gehören hierher. Als dritte Quellenart stehen uns die Bodenfunde zur Verfügung. Erst wenn wir alle drei zusammennehmen, ergibt sich ein Bild der Germanen jener frühen Zeit.

Nun ist bei der Auswertung der römischen Schriftquellen zu berücksichtigen, daß die Germanen in ihnen aus römischer Sicht gesehen werden, und meist nicht so, wie sie wirklich waren, sondern so, wie die Römer sie sich je nach politischer Anschauung vorstellten. Außerdem ist zu beachten, daß die Römer für ihre Zeitgenossen schrieben, denen uns heute zum vollen Verständnis wichtig erscheinende Dinge selbstverständlich waren; sie brauchten daher nicht besonders erwähnt zu werden. Dafür ein Beispiel: In seinen Kommentaren zum Gallischen Krieg beschreibt JULIUS CÄSAR den Bau der Rheinbrücke im Jahr 55 v. Chr.[2] Diese Rheinbrücke erscheint als ein sehr merkwürdiges Gebilde, wenn man sich nur auf die Aussagen CÄSARS verläßt. Sie besteht aus einem Überbau mit Fahrbahn, der von schrägen Unterstützungen getragen wird. Eine solche Brücke kann nach statischen Berechnungen in einem Strom wie dem Rhein nicht halten. Sie wird von der Strömung weggerissen oder bricht unter der Last der beinahe eine Tonne schweren Troßfahrzeuge und marschierenden Legionen zusammen. Diese merkwürdige Rekonstruktion der römischen Brücke steht auch heute noch als Modell in den meisten Museen und ist in vielen Büchern über die damalige Zeit abgebildet. In Wirklichkeit aber beschrieb CÄSAR nur die Besonderheiten dieser Brücke. Die Pfahljoche, die unbedingt notwendig waren, um den Überbau der Brücke zu tragen, ließ er in seiner Beschreibung einfach weg, weil das für seine zeitgenössischen und durchweg militärtechnisch gebildeten Leser selbstverständlich war.[3]

Wie CÄSAR mit der Beschreibung der Rheinbrücke, so verfuhren auch andere Schriftsteller, wenn sie für uns heute ganz wesentliche Dinge wegließen, weil sie die nicht erwähnten Tatsachen als bekannt voraussetzen durften. Ich brauche dabei nur an das Hühnerorakel zu erinnern, das vor jedem Ausmarsch römischer Legionen aus dem Lager abgehalten wurde. Das gleiche gilt für die kaum je erwähnte Tatsache, daß alle Kriege mit dem Ziel der Vernichtung meist nicht des anderen Volkes, sondern der anderen Religion geführt wurden. Man wollte die fremden Götter nach Rom führen, um dessen Macht zu mehren. MACROBIUS (um 400 n. Chr.) hat genau beschrieben, wie die Römer durch schwarze Magie die Götter der fremden Völker aus ihren Wohnsitzen zu locken und nach Rom zu bringen versuchten. Bei der Belagerung einer feindlichen Stadt wurde in der *evocatio* gebetet: »Mag es ein Gott, mag es eine Göttin sein, in dessen Schutz Volk und Gemeinde des Feindes stehen, und Dich besonders, der Du den Schutz dieser Stadt und dieses Volkes übernommen hast, Euch bitte ich, flehe ich an und erbitte Eure Gnade: Wendet Euch ab von Volk und Gemeinde der Feinde, verlaßt die heiligen Tempel und Stätten ihrer Stadt, weichet von ihnen, flößt diesem Volk und dieser Gemeinde Furcht, Angst und Verlassenheit ein, kommt nach Rom zu mir und den Meinen, unsere heiligen Stätten und Tempel, unsere Stadt mögen Euch willkommener und wohlgefälliger sein; seid mir und dem römischen Volke und meinen Soldaten gnädig, so daß wir das verstehen und erkennen. Tut Ihr so, gelobe ich Euch Tempel und Spiele.«[4] Auch CÄSAR als *pontifex maximus* wußte von diesen Dingen. Alle Schlachten, die er gegen die gallischen Kelten in Frankreich schlug, fanden an Stellen statt, die für die Gallier geheiligt waren: in der Stadtkultur jener Gallier meist die *oppida*[5], die immer die religiösen Zentren der Stämme bildeten. So ist jede Schlacht dieser frühen Zeit ein Gottesurteil. Anders wäre es auch nicht zu erklären, daß sich nach einer verlorenen Schlacht oder nach dem Tod eines Anführers im Zweikampf vor Beginn des Kampfes zwischen den Heeren ganze Völkerschaften freiwillig und ohne Murren in die Sklaverei begaben. Das Heil, ohne das man nicht leben konnte, war verlorengegangen, die Kraft der Persönlichkeit entschwunden, nur das Leben als Sklave war noch möglich. Wenn heute die Kommentare CÄSARS über den Gallischen Krieg wie die Berichte eines modernen Feldherrn anmuten, so entspricht das einem völlig falschen Bild. Er beschrieb nur die Besonderheiten, die er eingeführt hatte oder zugunsten seines politischen Ruhmes überliefern wollte, nicht aber die für die Zeit normalen Vorgänge und Ziele eines Feldzugs, denn diese waren seinen Lesern gut bekannt. Auch TACITUS und die anderen römischen Schriftsteller haben sich an dieses Vorbild gehalten. Für sie waren die germanischen Kultstätten und religiösen Bräuche, die nicht an Städte gebunden waren, sondern sich in der freien Natur befanden, eine Besonderheit, die als solche beschrieben wurde.

Während die römischen Quellen um das so wichtige religiöse und kultische Verhalten, das das Leben der Römer genauso beherrschte wie das der Kelten und Germanen, aus dem Wissen der modernen Forschung ergänzt werden müssen, ist aus den germanischen Quellen, den Sagas, Heldenliedern und der Edda, gerade das Umgekehrte zu erschließen. Hier wird weniger der Geschichtsablauf geschildert als vielmehr die Vorstellungswelt der Germanen, der entsprechend sie Geschichte erlebten. Der historische Ablauf ist mit wachem geistigen Auge aus diesen Dingen herauszuschälen und dabei auf die epische Verschiebung zu achten, mit der chronologisch nicht in Zusammenhang stehende Geschehnisse verknüpft werden, weil sie in einer inneren, geistigen Verbindung zueinander stehen.

Die Vorfahren der beiden Nordvölker, der Kelten und Germanen, bildeten nach Aussagen RUDOLF STEINERS in sehr früher atlantischer Zeit eine zumindest kultische Einheit. Der Gegensatz zwischen Wanen- und Asengöttern deutet sowohl auf eine Trennung als auch auf eine Wiedervereinigung hin, wie es die Sprachgeschichte ebenfalls erkennen läßt. In dem Wanen- und Asenkrieg der germanischen Überlieferung und im schließlichen Bündnis der beiden Göttergeschlechter erkennen viele Wissenschaftler die Auseinandersetzungen zwischen steinzeitlichen Völkern und Kulturkreisen oder dem keltischen und dem germanischen Element.[6] Erst im Laufe des 1. Jahrhunderts v. Chr. gelingt es den Römern, Germanen von Kelten deutlich zu unterscheiden; ja CÄSAR dürfte einer der ersten gewesen sein, der diese Unterscheidung traf.

Etwa um 750 v. Chr. hatten die aus dem Norden vordringenden Germanen die Kelten aus dem Raum verdrängt, in dem die Externsteine liegen und die Schlacht im Teutoburger Wald stattfand. Der spanische Archäologe BOSCH-GIMPERA spricht von einer Wanderung der zwischen Rhein und Elbe sitzenden Pelendonen vor allem nach der Gironde und den Landes.[7] Die Rauraker, die einmal der Ruhr ihren Namen gaben, siedelten um die Zeitenwende in der Schweiz. So könnten noch viele Beispiele für diesen Abzug genannt werden, der unter anderem wegen Naturkatastrophen und einem Klimasturz in Nordeuropa Teile der dort wohnenden Germanen zu ihrem Zug nach Süden zwang, wodurch wiederum die keltische Wanderung ausgelöst wurde (Karte 1). Noch DIO CASSIUS nennt in der zweiten Hälfte des 2. Jahrhunderts n. Chr. das Gebiet um den Teutoburger Wald – allerdings aus anderen Gründen – keltisches Gebiet. Zur Zeit des Arminius aber hatten die Germanen bereits die Mainlinie überschritten und selbst den Rhein im heute niederländisch-belgischen Gebiet überwunden.

Als CÄSAR sich 58 v. Chr. an die Unterwerfung der im heutigen Frankreich sitzenden Gallier machte, war er für seine Aufgabe ausgezeichnet vorbereitet. Schon als Kind hatte er einen Lehrer, MARCUS ANTONIUS GNIPHO, der in Gallien geboren und vermutlich in viele Geheimnisse der dortigen Druiden eingeweiht war. Mit sechzehn Jahren wurde er für das Amt des *flamen dialis,* des Priesters des obersten Gottes Jupiter, ausersehen, mit siebenundzwanzig Jahren wählte man ihn ins Kollegium der *pontifices,* und zehn Jahre später wurde er selbst *pontifex maximus.* Die Verbindungen der gallischen Druiden zur Priesterschaft in Rom – wie auch mit den griechischen Mysterienstätten – sind gut bekannt. Der haeduische Druide DIVICIACUS, ein Verräter, unterrichtete CÄSAR über alle Gepflogenheiten der Gallier, auch auf religiösem Gebiet. Wie CÄSAR selbst sagte, waren seine Hauptfeinde nicht die gallischen Stämme mit ihrem ritterlichen Adel und abhängigen Bauern. Sie hatten nicht zu einer nationalen Einheit gefunden, sondern stellten nur eine Kulteinheit dar, deren Bindeglied die Druiden waren. Seine Hauptfeinde waren eben diese Druiden, deren Kaste sich allerdings zur Zeit CÄSARS schon in der Dekadenz befand. Davon zeugen unter anderem die in Hekatomben vollzogenen Menschenopfer, um die Götter zu versöhnen. Die Römer nahmen gerade diese Tatsache zum Anlaß, die keltischen Druiden als barbarische Schlächter hinzustellen, verschwiegen aber ihre eigenen Greueltaten – oder stellten sie als Rache- oder Heldentaten hin –, in deren Verlauf sie Männer, Frauen und Kinder der Besiegten hinmetzelten, falls sie ihnen nicht als Sklaven dienen konnten. Mit der Eroberung von Alesia im Jahr 52 v. Chr. und der Hinrichtung des GUTUATRUS, des in einem heiligen Hain bei Carnutum (Chartres) gewählten Oberdruiden ganz Galliens, war der Feldzug für CÄSAR gewonnen. Auch hier ist deutlich das Ziel der Unterwerfung eines Volkes durch die Vernichtung seiner religiösen Institutionen zu erkennen, denn Alesia war nach Angaben RUDOLF STEINERS die größte Druidenschule Europas. Das römische Volk und der römische Senat errichteten dann folgerichtig ein neues Zentralheiligtum für die gallischen Stämme in Lyon, dem alten Lugdunum, der Stadt des gallischen Sonnengottes Lug. Von dort aus beherrschten die Römer Gallien. Spätere Aufstände der Druiden wurden im Blut erstickt. Das keltische Druidentum zog sich mit seinen besten Vertretern zurück und pflegte das alte esoterische Wissen geheim weiter. Im Mittelalter sollte es in der »Matière de Bretagne«, den keltischen Sagen um König Artus, Parzival und den Gral, seine Wiedergeburt erleben.

So wie CÄSAR die Gallier durch die Niederwerfung der Druidenkaste und durch die Einrichtung eines neuen, zentralen Heiligtums aller gallischen Stämme in Lyon besiegt hatte, wollten seine Nachfolger in der römischen Heerführung auch die Germanen unterwerfen. Ihr politisches Ziel bestand darin, die Reichsgrenze Roms bis an die Elbe vorzuschieben und dadurch zu verkürzen, somit die Verteidigung zu erleichtern und Truppen einzusparen. Dabei beschritten sie aber merkwürdige Wege. Die römische Reichsgrenze verlief um 15 v. Chr., grob gesagt, entlang des Rheins und der Donau. Sowohl von Regensburg als auch von Passau aus führten mindestens seit der Bronzezeit Handelsstraßen nach Norden, wie ein römisches Heer sie unbedingt brauchte. Seltsamerweise marschierte aber nur DRUSUS im Jahr 9 v. Chr. – also sechs Jahre nach der Eroberung dieses Raumes –, und zwar auf dem Rückmarsch, ein Stück auf einer dieser Straßen. Alle anderen Feldherren, TIBERIUS, VARUS, GERMANICUS, fuhren an der Nordseeküste entlang oder benutzten von Castra Vetera aus, dem späteren Xanten, den alten Hellweg[8], der von dort über den Teutoburger Wald bei Horn nach Hameln und weiter an die Elbe führte. Das muß einen besonderen Grund gehabt haben, schließlich gab es auch noch andere Hellwege. Er kann nur darin zu suchen sein, daß die an diesem Hellweg gelegenen Externsteine den Römern als kultisches Zentrum der Germanen bekannt waren. Dieses Zentrum zu besetzen, entsprach damit der gleichen Politik, die sie auch in Gallien gegen die dortigen Kelten verfolgt hatten. Fielen die Externsteine als germanisches Zentralheiligtum, wie RUDOLF STEINER sie bezeichnet, in römische Hand, so mußte die kultische Einheit der Germanen zerbrechen. Sie selbst konnten dann zum leichten Opfer römischer Kolonialpolitik werden.

Verfolgt man die Auseinandersetzungen und Kämpfe in der Zeit von 9 v. Chr. bis 16 n. Chr. um die Unabhängigkeit dieses heiligen Bezirks der Germanen um die Externsteine, so wird man unwillkürlich auf die Gestalt des Arminius, des Cheruskerfürsten, gestoßen als dem Verteidiger nicht nur der Freiheit dieses Landstrichs, sondern als dem Bewahrer der geistigen Selbständigkeit der Germanen und ihrer geschichtlichen Mission.

So war es vor allem der Hinweis HANS GSÄNGERS auf das eigentliche Ziel der römischen Feldzüge, der die Absicht bestärkte, dieses für die Geistesgeschichte Europas so bedeutungsvolle Geschehen um die Varus-Schlacht im Teutoburger Wald einer neuen Untersuchung zu unterziehen: »Von den Externsteinen aus gingen die wichtigsten Weisungen an die nordischen Völker, an die Kelten und sogar an einen Teil der Südgermanen. Wer die Forschungsergebnisse Rudolf Steiners wenigstens als Hypothese gelten läßt, wird plötzlich bemerken, wie nun alle Probleme dieses Gebietes durchsichtig werden. Hier lag das wahre geistige Führungszentrum des Nordens. Die Feldzüge der Römer und Karls des Großen müßten also unter diesem Aspekt neu untersucht werden.«[9]

Kindheit und Jugend des Arminius

Arminius gehörte zum Stamm der Cherusker, der damals etwa ostwärts Paderborn über den Teutoburger Wald hinweg und beiderseits der Weser siedelte. Im Süden war er den Chatten, im Osten den Semnonen und Langobarden, im Norden den Angrivariern und im Westen den Brukterern und Marsern benachbart. Sein von den römischen Schriftstellern an die lateinische Aussprache angepaßter Name kommt von dem gemeingermanischen Wort **herut*[10], das sich im Neuhochdeutschen zu »Hirsch« entwickelt hat und auch schon im Germanischen diese Bedeutung besaß. Die Cherusker sind also die »Hirschleute«. Dieser Name bereits deutet auf eine Besonderheit hin, denn alle anderen germanischen Stämme nannten sich entweder »Grenzleute« wie die Markomannen, »Angerbewohner« wie die Angrivarier, »Emsanlieger« wie die Ampsivarier, »Landsleute« wie die Sueben oder »Hassende« wie die Chatten. Bei den Cheruskern wird aber schon im Namen die Beziehung zu einem in Religion, Mythologie und Imagination bedeutsamen Tier hergestellt, denn der Hirsch galt zumindest seit der Jungsteinzeit – wahrscheinlich aber schon weit früher, wohl schon seit frühen, atlantischen Zeiten – als das Tier der Sonne, als der Sonnenhirsch, was sich anhand von Felszeichnungen verfolgen läßt.

Bei den Kelten und Germanen tritt der Hirsch als Sonnensymbol deutlich in Erscheinung. Er ist das Tier des Vergehens und des Wiedergeborenwerdens, wie er es äußerlich durch das Abwerfen und Neuansetzen seines Geweihs zeigt. Es hieß im germanischen Norden: »Den Sonnenhirsch sah ich von Süden her gehen. Seine Füße standen auf der Erde, aber die Hörner reichten zum Himmel.«[11] So geht auch die Sonne als Neujahrs- oder Sonnenhirsch auf, und die Sonne macht noch heute im bayerisch-österreichischen Volksglauben zu Mariä Lichtmeß einen »Hirschensprung« vorwärts. Auch auf dem eisenzeitlichen Kessel von Gundestrup ist der Sonnengott – wahrscheinlich der keltische Cernunnos – als Hirsch abgebildet. Hirsch, Ur und Roß sind Runennamen, daher göttlichen Ursprungs, von Wotan selbst verkündet. In der Edda steht für den Zeitenlauf das Bild der Hirsche, deren vier – Dain, Dvalin, Duneir und Durathror – ständig die Knospen, Blüten und Zweige der Weltesche Yggdrasil fressen. Die Knospen bedeuten die Stunden, die Blüten die Tage und die Zweige die Jahreszeiten. Außerdem stand in Walhall der Hirsch, von dessen Geweih die Tropfen fallen, die zu zwölf Strömen werden. So strömt in die Sinnesnerven- und in die Gehirnorganisation des Menschen die geistige Welt ein. Sie lebt darin weiter und schenkt den Menschen das Erwachen zum Ich-Bewußtsein. Auf den Felsbildern von Bohuslän in Schweden erscheint der Hirsch als Zugtier des Sonnenwagens. Noch heute spielt er in der Volksmedizin, in der seine Knochen und Geweihe verwendet werden, eine wichtige, heilende Rolle. dem Hirsch werden auch Kräfte zugesprochen, die die Manneskraft stärken. So heißt es in einem althochdeutschen Spruch aus dem 9. Jahrhundert: »Hirez runata hintun in daz ora, wildu noh, hinta?« – »Der Hirsch raunte der Hindin in das Ohr: Willst du noch, Hindin?« Hirschmasken zu Neujahrsfeiern sind noch heute im Salzburgischen üblich und weisen auf längst vergangene Bräuche früher Kultgemeinschaften hin. Auch an Dachgiebeln erscheinen Hirschgeweihe apotropäisch[12]. Bei den Angelsachsen war der Hirsch wie in Skandinavien und Deutschland als mythisches Tier bekannt. Im ältesten uns erhaltenen germanischen Heldenlied aus dem 8. Jahrhundert heißt die Halle des Dänenkönigs Hrothgar »Heorot« – »Hirsch«. In diese Hirschhalle dringen der finstere Grendel und seine Mutter ein, um Menschenleben zu nehmen, und von dort zieht Beowolf (Bienenwolf) als Sonnenheld aus, um die Finsternis der Ungeheuer der Tiefe zu brechen und sie selbst zu töten. Und als ein weiteres Beispiel wurde »Die goldene Schmiede« des Konrad von Würzburg angeführt. Diese fast 2000 Verse umfassende Mariendichtung aus dem 13. Jahrhundert vergleicht den sich verjüngenden Gott mit einem Hirschen:

ich mein Got, der alsam ein hirz
wart, fröwe, bi dir nüwe
durch sin reine Trüwe
wart iunk alsam ein hinden-kalp.
alsam ein hirz, der balde
abschübet sin gehürne
zuo holze vnd in gedürne
vnd sich ernüwet schone.
sin alt gehürne warf er hin
vnd ist geiunget worden.

ich liebe Gott, der wie ein Hirsch
ward, Herrin [Maria], bei dir erneut
durch seine reine Treue

ward jung wie einer Hindin Kalb.
wie ein Hirsch, der schnell
abschiebet sein Gehörn
im Wald und im Gedörn
und sich herrlich erneuert.
sein alt Gehörn warf er ab
und ist wieder jung geworden.[13]

Es muß eine besondere Bewandtnis mit diesen »Hirschleuten«, den Cheruskern, haben. Wollte man aber annehmen, daß sie ihrer sicher großen religiösen und kultischen Bedeutung wegen immer wieder in der Geschichtsschreibung erschienen, so ist gerade das Gegenteil der Fall, denn kultische Dinge blieben den beschreibenden Römern weitgehend verborgen. Nach dem Tode des Arminius werden die Cherusker von TACITUS nur noch einmal erwähnt, nämlich als der Sohn des FLAVUS, ITALICUS, der Neffe des Arminius, im Jahr 47 n. Chr. König der Cherusker wird. TACITUS nennt die Cherusker dann »ein heruntergekommenes Volk, das sich der Chauken nicht erwehren konnte«.[14] Das aber verwundert denjenigen nicht, der tiefer in die Dinge zu sehen vermag; mit ITALICUS, dem »Italer«, war ein Mann an die Spitze getreten, der als Knecht der Römer nicht würdig war, diese Stelle einzunehmen. Der Stamm der Chauken, der unter den Gesetzen des Ing-Freyr stand, mußte eingreifen, um die Würde des Extern-Heiligtums zu wahren, dessen Schutz den Cheruskern anvertraut war – die jedoch hatten ihre Aufgabe vergessen.

Dann tritt eine lange Pause ein, die erst im Jahr 310 n. Chr. unterbrochen wird. In jenem Jahr werden die Cherusker zum letzten Mal erwähnt, als KONSTANTIN DER GROSSE, der Regent des weströmischen Reiches, ihnen und anderen Germanenstämmen eine Niederlage bereitet. Die Wissenschaft vermutet, daß sie früh im Großstamm der Sachsen aufgegangen sind.

Doch die Kultgemeinschaft der Hirschleute ist nicht untergegangen. In der altfranzösischen »Estoire d'Eustachius«, deren Handschrift aus dem 12. Jahrhundert stammt, wird eine Versammlung der Hirsche dargestellt, die es im alten lateinischen Placidus-Lied – auf dem die spätere »Estoire d'Eustachius« im allgemeinen fußt – nicht gibt. Der aus Südfrankreich stammende erste Verfasser, der viel früher gelebt haben muß, war sicher noch mit fränkischen, gotischen und burgundischen Bräuchen der Kultgemeinschaften vertraut, wie sie sonst vornehmlich aus dem germanisch besiedelten Norden Frankreichs überliefert sind. Dort wie im gesamten germanischen Raum tobt noch heute Herlequin, der wilde Jäger, durch die heiligen zwölf Nächte. In dem altfranzösischen Epos heißt es wörtlich:

Tant chevacha tote la matinee,
Qu'an la forest vient a une valee.
de cers trova une grant assemblee,
Qui par nature s'i estoit assemblee ...

Soweit ritt er den ganzen Morgen,
bis er im Wald an ein Tal kommt.
Von Hirschen fand er eine große Versammlung,
die sich nach ihrer Natur dort versammelt hatten.[15]

Der Reiter verfolgt nun einen der Hirsche, während die anderen fliehen. Als er ihn gestellt hat, leuchtet das Kreuz zwischen den Geweihgabeln des Hirschen auf:

En la clarté descendi une voiz,
Dit au baron: Gart, que mon cerf ne voiz?
Remet tes armes ariere et soies quoiz.
Je suis (li) Jhesus qui fu mis en la croiz.

Aus dem geistigen Licht heraus kam eine Stimme herab,
sprach zum Baron: Halt, siehst du meinen Hirschen nicht?
Lege deine Waffen nach hinten ab und sei still.
Ich bin Jesus, der ans Kreuz geheftet wurde.[16]

Wie kommt der altfranzösische Dichter dazu, den Hirschen zuzuschreiben, daß sie sich ihrer Natur nach versammelten, und zwar zu einer Beratung, wie aus dem übrigen Text hervorgeht. Hier kann nur die Vorstellung eines menschlichen Kultverbandes der Hirschleute vorliegen. Auf den Sonnengeist deutet ganz klar der Christus hin, der vom Kreuz auf dem Haupt des Hirschen zum Jäger spricht.

Auch in der Hubertus-Legende hören wir von diesem Kreuz zwischen dem Hirschgeweih. Hubertus, eigentlich Hugberht, der »durch Imaginationen Glänzende«, war Bischof von Lüttich; er starb im Jahr 727. Nachdem er diese Erscheinung gehabt hatte, galt er in den Ardennen, die damals von Franken besiedelt waren, als Schutzherr der Jagd. Es ist nicht zu bezweifeln, daß zwischen Hubertus und dem Wilden Jäger des Volksglaubens eine Beziehung besteht. Der Christus gebietet vom Kreuz des Sonnenhirschen herab dem alten germanischen Gott Wotan Halt. Die Zeit dazu war jetzt im 8. Jahrhundert gekommen, nachdem in früheren Jahrhunderten die Hirschleute in ihren Mysterien auf den esoterischen Christus hingewiesen hatten, aber noch die Wotanmysterien pflegten.

Demnach muß es sich bei den Cheruskern, den Hirschleuten, nicht um einen Stamm im eigentlichen Sinn des Wortes gehandelt haben, sondern um eine Kultgemeinschaft, der ganz besondere Aufgaben oblagen.[17] Dafür spricht auch die Tatsache, daß die Wissenschaftler sie nicht recht in die drei bekannten germanischen Kultverbände – der Erminonen, Istwaeonen und Ingwaeonen (s. S. 29 f.) – einordnen können. Einige halten sie für Erminonen, andere für Istwaeonen. Fest steht nur, daß zu Lebzeiten des Arminius die Cherusker mit den Chatten und den Marsern versippt waren. Daneben aber wird berichtet, daß die Cherusker von drei Gaufürsten, SIGIMER, INGUIOMER und SEGESTES, regiert wurden. Diese drei Gaufürsten entsprechen – wie die Forschung gezeigt hat – den Sippenverbänden, die sich wie SIGIMER dem Wotan, SEGESTES dem Donar und INGUIOMER dem Ing-Freyr verpflichtet fühlten.

Diesen Cheruskern war die Hut des germanischen Zentralheiligtums um die Externsteine anvertraut. Der Hirschkopf an Fels 4 mit dem »Wackelstein« deutet noch beziehungsreich darauf hin. An den Externsteinen war als höchster Eingeweihter der germanischen Stämme SIEGFRIED tätig. Von ihm wird erzählt, er sei von einer Hirschkuh gesäugt worden. In der Edda nennt er sich selbst »dyr«, was im Altnordischen Tier, aber auch Rotwild, Hirsch heißen kann. Damit wird in der Bildsprache der Sage deutlich auf seine Erziehung bei den Hirschleuten hingewiesen, eben den Cheruskern. Sie pflegten, hegten und hüteten den in der Zurückgezogenheit der Externsteine lebenden Eingeweihten. In Norwegen, woher der erste Siegfried, der Schüler des SKYTHIANÓS, kam, heißt sein Nachkomme Sigurd-Hirsch. Einmal wird damit ganz deutlich auf die Cherusker hingewiesen – Sigurd ist nichts anderes als der nordische Name des Siegfried –; andererseits darf man aber Nachkomme nicht im engen, modernen Sinn des Wortes verstehen. Es bedeutet auf keinen Fall lediglich Sohn oder Enkel. So rühmen sich noch in der Sagazeit auf Island ganze Geschlechter der Abstammung von SIGURD. Das aber besagt nichts anderes, als daß sie sich entweder in ihren Taten oder durch die Einweihung mit dem großen SIEGFRIED und Schüler des SKYTHIANÓS und – wie noch zu zeigen sein wird – dem historischen Siegfried-Arminius verbunden fühlten oder an dessen Heil, der Hamingja[18], teilhaben wollten. Noch einmal weist die nordische Sage auf die Verbindung zu den Cheruskern hin, wenn sie den Ort, an dem SIEGFRIED die schlafende Jungfrau weckt, Hindarfjall, Fels der Hindin, nennt. Das ist ein in der Bildsprache der Sage verborgener, aber um so klarerer Hinweis auf die Externsteine, an deren Fels 4, an der Rückseite des am Baume hängenden Wotansbildes, ein Hirschkopf dargestellt ist. Die schlafende Jungfrau ist das übersinnliche Bewußtsein, das bei dem Einzuweihenden geweckt wurde. Wenn also in der nordischen Sage von einem Sigurd-Hirsch als dem Nachkommen des uralten Eingeweihten SIGURD, des größten Eingeweihten der Germanen, die Rede ist, so weist das darauf hin, daß spätere Eingeweihte in das Amt des Priesterfürsten der Cherusker den Namen Siegfried trugen. Das, was die Sage über seine, des ersten Siegfried, Einweihung berichtet, trifft in den Grundzügen auch auf seine Nachfolger zu.

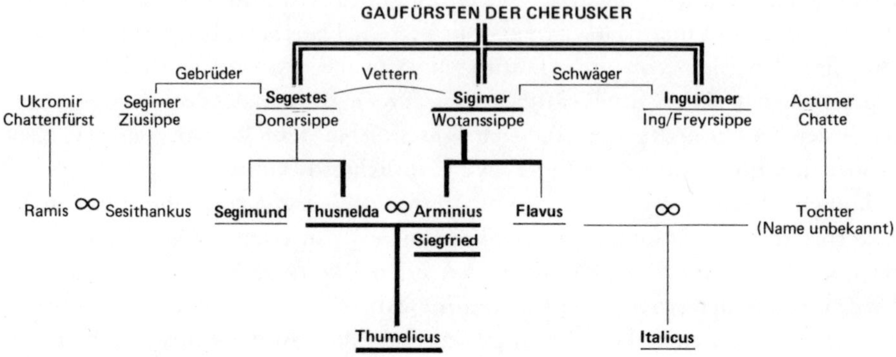

Fig. 1 Familientafel des Arminius. Blutsverwandte erhielten bei den Germanen alliterierende Namen. In der Großsippe des Siegfried-Arminius beginnen die Namen mit S bzw. Sig-/Seg-.

Wie kommen wir nun von jenem ersten Siegfried und seinen Nachfahren im Amt des Eingeweihten auf Arminius den Cherusker? Ein Blick auf die Familientafel des Arminius (Fig. 1), die sich aus den römischen Schriftquellen erschließen läßt, gibt uns den ersten Anhalt, der der Wissenschaft nicht verborgen geblieben ist. Der germanischen Sitte entsprechend, wurde bei der Vergabe der Namen an die engsten Blutsverwandten die Alliteration gewählt. So finden wir überall in der Sippe des Arminius Namen, die mit S oder gar Sig- beginnen: SIGIMER hieß der Vater, die Mutter in der deutschen Sage SIEGLINDE (nordisch Signi), SEGESTES (Siggast) der spätere Schwiegervater, SEGIMUND dessen Sohn, weiter SESITHANCUS, der wahrscheinlich Segithank genannt wurde, daneben ein weiterer SEGIMER, Bruder des SEGESTES. So muß auch – wie wir behaupten – der erste Name des Arminius Siegfried gewesen sein, also mit S oder Sig- begonnen haben.[19] Dazu berichtet die deutsche Sage, daß Siegfried in Xanten am Niederrhein aufwuchs. Xanten aber war das römische Castra Vetera, jenes mächtige Kastell, in das sich die Reste des varianischen Heeres flüchteten. Möglicherweise liegen der Sigurdsage der älteren Edda Berichte und Lieder zugrunde, die schon von den germanischen Hilfstruppen im Xantener Raum in den Jahrhunderten nach der Varusschlacht überliefert wurden. TACITUS berichtet ja davon. Außerdem wurde der Siegfried der Sage von der Hirschkuh gesäugt. Das kann doch nur heißen, daß dieser jüngere Siegfried – wie oben schon erwähnt – von den Hirschleuten aufgezogen worden ist. Auch der Name SIEGMUND, den die deutsche Sage als Vater des Siegfried kennt, stimmt fast genau mit dem von TACITUS genannten SIGIMER überein. Im Verlauf der weiteren Betrachtungen sollen noch andere Beispiele genannt werden, Beispiele, die zeigen, daß es sich bei Arminius um einen der Nachkommen, und zwar um den historisch belegten des uralten Siegfried handelt, der ebenfalls diesen Namen trug.

Die weiter zurückgehende Geschichte der Siegfried-Eingeweihten schildert die Wälsungensage. Sie berichtet von jenem Kreis, der aus zwölf Eingeweihten bestand. Es ist der Stammvater Wälsi[20] mit seinen elf Kindern. Er war vermählt mit einer Walküre, also einer Tochter Wotans, was jedoch besagt, daß sich das Geschlecht von Wotan selbst ableitete oder – modern ausgedrückt – daß Wälsi und seine Nachfahren in die Mysterien des Wotan, in die Drottenmysterien, eingeweiht waren. All das wird noch durch die im Hofe des Wälsungenstammhauses stehende Eiche betont, die der Irminsul entspricht. Wotansabstammung und -einweihung, verbunden mit der guten Seite der Willenskraft des Loki, ausgedrückt durch den Pferdephallos, sind die Wurzeln jenes Wälsungengeschlechts, nicht im Sinne einer blutsmäßigen, sondern einer geistigen Abstammung, die gleichzeitig das geistige Wissen aller Siegfried-Eingeweihten schildert. Das gilt auch für die beiden ältesten Kinder Wälsis, die Zwillinge SIGMUND und SIGNI (deutsch Sieglinde, beides Walkürennamen), die das aktive und passive Element des Menschen darstellen, die Schöpferkraft des Geistes und der Seele, Geistwelt und Astralwelt. Sie bezeichnen zugleich die Entwicklung des menschlichen Bewußtseins. Darauf deutet auch Wotans Schwert hin, das der Gott in die Eiche stieß. Es ist in der Bildsprache der Sage die Erkenntnis, die in den Willen vordringt. SIGMUND, der allein es aus dem Stamm ziehen kann, ist wie alle »Nachkommen« Wälsis ein Eingeweihter. Die Nahehe mit SIEGLINDE stärkt die Kräfte, die im Blut liegen, die in der Hauptsache zur damaligen Zeit noch die hellseherischen Kräfte waren, aber auch das Ich-Bewußtsein.

Aus der Nahehe geht SINFJOTLI hervor, der »Wolf mit den gelben Fesseln«, wieder ein Hinweis auf den Wotanskult mit seinen Wolfskriegern, die den Gott als Werwölfe, das heißt Mannwölfe, bis in späte Volksbräuche und den Volksglauben hinein begleiteten. Die Fernehe SINFJOTLIS mit HJORDIS, der »Herde«, deren Name auf die Roßherden des Kultes verweist, zeigt die Verbindung mit Lokis willensfeurigen Mächten, die das erste Ich-Bewußtsein wecken. Hier wird also nicht eine Abstammungslehre im Sinn eines Stammbaumes verkündet, sondern die Entwicklung der geistigen Kräfte und des spirituellen Wissens, das den Eingeweihten mitgegeben worden ist. Der Sohn der Zwillinge ist SIEGFRIED, wie ja auch der Siegfried der deutschen Sage aus einer Nahehe hervorgegangen ist. HJORDIS, oder nach der deutschen Sage SIEGLINDE, gebiert den SIEGFRIED mit Hilfe der Triebmächte des Loki bei den Lichtalben.

So also mußten die geistigen Voraussetzungen sein, die einen jungen Menschen aus dem Kultverband der Cherusker zum Eingeweihten Siegfried werden lassen konnten. Siegfried-Arminius, von dem von jetzt ab ausschließlich gesprochen werden soll, wurde im Jahr 17 v. Chr. geboren. Die Namensgebung schafft nach germanischem Brauch die Verbindung mit dem Sprachgeist, der ein Teil Wotans ist. Die Nahrungsaufnahme und die Kniesetzung[21] bestätigen die Verbindung mit dem Blut, das von der Sippe getragen wird. Ihre Beschützer sind Donar und dessen Gemahlin Sippia (altnordisch Sif), die ja wörtlich »Sippe« heißt. Mit dem Sig-Namen, der mit den anderen Namen der Blutsverwandten alliteriert, wird Siegfrieds Sippenzugehörigkeit auch durch den Volksgeist Wotan bestätigt.

Über die ersten sieben Kindheitsjahre geben die historischen Quellen so gut wie keine Auskunft. Mit dem siebten Lebensjahr aber beginnt seine Einweihung. Dazu dient die Sage als Quelle und Schlüssel. Die erste Einweihung dauert vom Jahr 10 v. Chr. bis zum Jahr 3 v. Chr., seinem 14. Lebensjahr. In dieser Zeit wurde Siegfried von der Hirschkuh »gesäugt«, indem er die Sonnen- und Mondenmysterien keltisch-germanischer Gemeinsamkeit sowie die Julinitiation an den Externsteinen erfuhr. Sein Lehrer war nach altem germanischen Brauch sein Mutterbruder INGUIOMER, der »durch Ing Berühmte«, ähnlich wie der Sage nach KARL DER GROSSE der Oheim ROLANDS war und diesen erzog. Die Beispiele ließen sich ohne Mühe fortsetzen. Sie weisen auf einen uralten mutterrechtlichen Zustand hin, der weit vor die Zeit indogermanischer Gemeinsamkeit zurückreicht. Der Oheim des Siegfried-Arminius, INGUIOMER, war – wie der Name schon sagt – ein Mann, der die keltischen Sonnengeheimnisse des Wanengottes Ing kannte. In der deutschen Sage, darauf weist RUDOLF STEINER hin, war er ein »keltischer Druide«, der den Namen Hagen (altnordisch Högni) trug. Damit war er ein Vertreter des Alten, das stets ein Feind des Neuen ist. Einäugig schildert ihn das Nibelungenlied, weil er nur das Alte zu sehen vermochte. TACITUS nennt INGUIOMER zwar einen *patruus*[22] – Vaterbruder im Gegensatz zum *avunculus*, dem Mutterbruder –, doch widerspricht das der germanischen Gepflogenheit. Hier dürfte es sich wohl um einen Irrtum des TACITUS handeln.

Siegfried erfährt der Sage nach die Einweihung in die Urweisheit der Gedächtniskräfte durch Mimir. Mimirs Name bedeutet »der mit dem Gedächtnis Begabte«. Er war ein Riese, der den Quell der Weisheit und des Verstandes hütete. Er trank jeden Morgen daraus und kam dadurch in den Besitz der höchsten Erkenntnis. Wotan opferte ein Auge, um aus dem Brunnen trinken zu dürfen, und aus ihm zieht auch die Weltesche ihre Nahrung. In der mittelalterlichen deutschen Sage erscheint Mimir als kunstfertiger Schmied, der Siegfried und Wieland in dieser Kunst unterrichtet. Mit Mimir reichte geistig die erste Phase der Einweihung zurück bis in die Zeit frühatlantischer und keltisch-germanischer Kultgemeinschaft,[23] und es wird damit noch leichter einsehbar, daß die heilige Einweihungsstätte an den Externsteinen eine viel tiefer reichende Einweihung vermittelte als die Stätten, an denen die Einzelmysterien der drei Kultverbände der Ingwaeonen, Istwaeonen und Erminonen gepflegt wurden, und daß es sich tatsächlich um das Zentralheiligtum aller Germanen handelte. Um so verständlicher ist es, daß die Hut der Externsteine einer besonderen Kultgemeinschaft, nämlich den die Geheimnisse des esoterischen Sonnengeistes bewachenden »Hirschleuten«, anvertraut wurde.

Sicher können nicht alle Einweihungserlebnisse des ersten Siegfried ohne weiteres mit denen des historischen Siegfried-Arminius gleichgesetzt werden. Aber ebenso sicher ist, daß sich im Leben des Siegfried-Arminius dasjenige des ersten, uralten und geheimnisvollen Siegfried widerspiegelt. Daher ist auch diese Parallele erlaubt. Schon Jacob Grimm hat darauf aufmerksam gemacht, daß sich in der Siegfriedgestalt der Sage der historische Arminius verbirgt, und in der Folge sind die Stimmen derjenigen Wissenschaftler nie verstummt, die diese These durch philologische Beweisführung untermauerten.[24] Die weitere Schilderung des Arminius-Lebens wird immer deutlicher zeigen, wie recht Jacob Grimm und seine Nachfolger haben und sich dadurch die Geheimnisse um das merk- und denk-würdige Leben des Befreiers Germaniens geistig durchleuchten lassen. Sein so rätselhaftes und scheinbar widersprüchliches Schicksal wird dann offen vor uns liegen.

Der zweite Abschnitt im Leben des Siegfried-Arminius umfaßt die nächsten sieben Jahre von seinem 14. bis 21. Lebensjahr oder von 3 v. Chr. bis 4 n. Chr. Nach der bei unseren Vorfahren meist im 14. Lebensjahr vollzogenen Jünglingsweihe war Siegfried reif für die Einweihung in die Wotansmysterien. Er war darauf vorbereitet, denn er mußte, wie Rudolf Steiner sagte, »doch das Wesen seiner Seele in seiner Zeit darleben. So wie er es darlebt, zeigt uns diese Seele für den geisteswissenschaftlichen Blick. Sie war einmal in dem Körper eines uralten Eingeweihten, eines uralten Menschen in früheren Verkörperungen, der tief bekannt war mit den Eigentümlichkeiten der geistigen Welt.«[25] Das okkulte Wissen aber, das er von Mimir über Inguiomer erhalten hatte, blieb zunächst für die Außenwelt »unter der Tarnkappe« verborgen. Doch es machte ihn stark für die inneren Kämpfe, die er bei der Einweihung in die

Wotansmysterien zu bestehen hatte. Es verbarg ihn vor der Außenwelt, entriß ihn jedoch auch jener Bindung, die für den Germanen zum Bestehen des äußeren Lebenskampfes die wichtigste war. Es machte ihn »sippenlos«, wie er beim Bestehen seines ersten Waffenganges klagte.

Zuvor aber mußte er in den Besitz eines Schwertes gelangen. Spräche die Sage hier von einem gegenständlichen Schwert, so hätte es Siegfried als den wichtigsten Sippenbesitz vom Vater oder Oheim geerbt. Siegfried aber schmiedet nach der deutschen Sage sein Schwert selbst, und nach der nordischen übernimmt Mimir diese Aufgabe. Das Schwert ist das Bild für die Seele, die er zum Teil »ererbt«, aber auch selbst für ihre Aufgabe stärkt. Nach dem Schwert gilt es, ein Roß zu erringen, die Lebenskräfte auszubilden und zu stärken. Dieses Roß ist nach der nordischen Sage Grani, ein Abkomme des achtfüßigen Sleipnir. Auf Grani reitet Wotan durch sein Reich, als Sprach- und Volksgeist der Germanen durchstürmt er damit die Volksaura, Volkstemperament bewirkend, und bringt ein Willenselement in sie hinein, welches das Ich-Bewußtsein weckt. Dieses ergreift im positiven Sinn auch Siegfried. Es hilft ihm später, die Waberlohe der niederen Triebe zu überwinden.[26]

Die Einweihung in die Wotansmysterien läßt sich in der Hauptsache aus drei Gedichten der Edda erschließen, aus dem Hávamál, dem Gedicht des Hohen, aus dem Loddfafnismál, dem Gedicht von Loddfafnir, und aus dem Rúnatál, Wotans Runengedicht. Wie sehr gerade letzteres auf die Externsteine hindeutet, läßt sich bereits aus seiner ersten Strophe erkennen.

Zeit ist's zu raunen
auf dem Rednerstuhl,
am Ufer des Urdbrunnens.
Ich schaute und schwieg;
ich schaute und sann,
lauscht auf der Waltenden Wort.
Von Runen hört ich reden,
sie verrieten die Deutung,
bei der Halle Hars,
in der Halle Hars;
sagen hört ich so:[27]

Genau so ist der Fels 2 der Externsteine ausgebildet, jener Fels, der die Irminsul und das Sazellum trug. Auf der »Rednerkanzel« stand der eingeweihte Lehrer; am Ufer des »Brunnens« (Mundus), der in gerader Linie davor liegt, saß der Schüler. Wie mit modernen Lautsprechern übertragen, klangen die Worte zu ihm. Noch heute ist dieses Phänomen leicht nachzuprüfen. Die »Halle Hars« ist nichts anderes als die Grotte im Fels 1, denn Har, der »Hohe«, ist ein Beiname Odin-Wotans. In der Halle selbst befanden sich die übrigen elf Eingeweihten jenes hohen Gremiums.

Jede Strophe des Gedichts von Loddfafnir beginnt beziehungsreich mit den Worten:

> Ich rate dir, Loddfafnir –
> den Rat nimm an!
> er nützt dir, vernimmst du ihn;
> er frommt dir, befolgst du ihn –:[28]

Der Name Loddfafnir kann in etwa als »langsam und faul sich rührender Drache« übersetzt werden.[29] Siegfried, der ihn später tötete, übernahm als Überwinder auch den Namen des Ungeheuers. Daher darf man Loddfafnir auch als Siegfried-Fafnirtöter bezeichnen, wie das meist ganz richtig geschieht. So wird der Zögling der Wotansmysterien genannt, der in seiner Einweihung bis dahin vorgedrungen ist. In den Ermahnungen des Gedichts heißt es unter anderem, der Initiand solle nachts nicht aufstehen und nach draußen gehen, um seine Notdurft zu verrichten, damit die finsteren Kräfte der Schwarzalben ihn nicht angreifen können. Auch solle er nicht den Zaubertrank des Vergessens trinken, was Siegfried ja später tat, als er Brunhilde, das übersinnliche Bewußtsein, vergaß und die Ehe mit Gudrun-Kriemhild einging, dem sinnlichen Bewußtsein. Er machte sich des übersinnlichen »Ehebruchs« schuldig.

Die erste Stufe der Einweihung macht Siegfried zum »Drachentöter«. Das Bild des siegreichen Drachenkampfes spiegelt das Ordnen der Begierden und des Trieblebens wider. Der Einzuweihende taucht dabei in die eigene Seelenwelt unter. Das Drachenblut schafft ihm Bildekräfte und stärkt wiederum seine Seele. Er versteht die Vogelstimmen, das heißt, daß das Sphärenwort im Weltenwort zum Klingen gebracht werden kann. Aus neuester Zeit gibt es eine etymologische Erklärung für den Namen Externsteine, die zu diesem Einweihungsvorgang in Beziehung steht. »Elsternstein« kann er wohl nicht bedeuten, wie die meisten meinen, weil Elstern nicht auf Felsen, sondern auf Bäumen nisten. Diese neue Erklärung geht auf den Namen Ägir zurück, der in der nordischen Mythologie der Gott des stürmischen Meeres und der schiffeverschlingenden Flut ist und als »der Grauenhafte« zu verstehen ist.[30] Obwohl er der Sohn des Riesen Forniotur ist und eigentlich den Reifriesen angehört, genoß er göttliche Verehrung. Zwischen ihm und den Asen bestand ein Gastverhältnis; er bewirtete sie in einer prachtvollen Halle. Wurde in den ältesten Dokumenten vom Externstein gesprochen, so bezog sich diese Bezeichnung auf die Einheit des Felsengebildes, dessen breitesten Teil der Fels 1 einnimmt. Hier befindet sich die Halle, die noch heute begehbar ist, und hier befindet sich – heute nicht mehr zugänglich – ein Raum, in dem sowohl der höchste Eingeweihte leben als auch der innere Drachenkampf des Initianden gegen den »Grauenhaften«, gegen das eigene Triebleben, in völliger Abgeschlossenheit vor sich gehen konnte.

Nachdem Siegfried den Drachen getötet hat, ist er reif, den Goldschatz, das heilige Volkstum, zu erwerben, indem er die Schwarzalben tötet und die Lichtalben, die Nibelungen, für sich gewinnt. Das Drachenherz, das Siegfried aß, gab ihm Kraft und Mut, die Schwarzalben zu besiegen. Der Ring im Goldschatz zeigt die Unendlichkeit und Unerschöpflichkeit des Volkstums mit seinem Segen, aber auch mit seinem Fluch.

Viele Philologen haben den Kampf mit dem Drachen als den Kampf mit dem römischen Heer angesehen. Es soll darauf in den nächsten Abschnitten eingegangen werden. Sicher – und das kann vorweggenommen werden – ist auch das richtig, denn Sagen müssen immer in mehrfacher Hinsicht ausgelegt und betrachtet werden. Hier sprechen wir zunächst nur von jenem Teil der Wotanseinweihung, der den Anfang der Reinigungsstufe darstellt.

Siegfried, der Drachentöter, kann nun in alle Geheimnisse und in die Weisheit der Heerführung eingeweiht werden. Wotan übernimmt diese Aufgabe an der Irminsul auf dem Gipfel von Fels 2 selbst. Ist es zu gewagt anzunehmen, daß dies während des neuntägigen Hängens am Holz geschah? Wohl nicht, denn während dieser Zeit tritt der Einzuweihende in die Rolle des Gottes selbst ein. Zur gleichen Zeit wurde er dabei in die esoterischen Geheimnisse des Sonnengeistes mit Hinblick auf die Tat von Golgatha eingeweiht. Das eine schließt das andere keineswegs aus.

Nun ist Siegfried so weit, daß er die Waberlohe durchreiten kann. In der Sprache der Mysterien heißt das, daß er auf seinem Einweihungsgang in das eigene Seelenwesen absteigt. Er geht durch die Unterwelt der eigenen Begierden. Im Durchreiten der Waberlohe werden die Begierden in den Flammen verbrannt. Dabei hilft ihm, was er beim Hängen am Kreuz erfahren hat. Die Katharsis ist vollzogen.

Dann erringt Siegfried das Seelische, die Jungfrau, aber auch – wie oben geschildert – das übersinnliche Bewußtsein durch die Vereinigung mit der Walküre, der Wotanstochter. Auch dafür finden wir zur Mahnung und Ermunterung an den Externsteinen, fast noch am Beginn des Einweihungsweges, das Zeichen, das Sinnbild des sich hinaufentwickelnden Menschen in der Binde- oder R-Rune: ⅄⎺⎺⅄. Es ist jene Rune, die sich als Doppelrune in der Grotte von Fels 1 befindet (s. S. 61). Dagegen wurde für den sich herabsenkenden Volksgeist das entgegengesetzte Runenzeichen verwendet ᛉ⎽⎽ᛉ.[31] Beide Runen stehen aber auch für Algiz – Elch! Im übrigen hat die Rune ᛦ erst später die Bedeutung der Todesrune angenommen. Alle germanischen Helden öffneten sich ja gerade ihrem Volksgeist, dem Wotan. Ein Mann wie Siegfried erschien den Germanen daher wie eine Verkörperung ihres Volksgeistes. Die Walküre, die Siegfried beim Durchreiten der Waberlohe errungen hat, reicht ihm einen Wahltrunk. Er kann zwischen einem friedlichen Leben mit hohem Alter und dem Heldentum mit frühem Tod wählen. Siegfried entscheidet sich für letzteres. Das weist noch einmal auf den historischen Siegfried-Arminius hin, dessen glanzvolles Heldenleben im 37. Lebensjahr endete. Daraufhin lehrt ihn die Walküre Runen des Sieges, Runen gegen Feindeslist, gegen das Gift der Weiber, gegen Meineid und Blutrache, aber auch solche zum Erlangen der Redegewalt und der Weisheit. Alle Runen stärken und schützen Siegfried in seinem Heldenleben. Sie besagen aber auch, daß er nicht durch Meineid oder Blutrache gestorben ist. Das wird bei der Betrachtung seines letzten Lebensabschnittes noch zu behandeln sein. Das Erringen der Jungfrau geschah der nordischen Überlieferung nach auf dem sogenannten Hindarfjall, dem Felsen 4 der Externsteine (s. S. 68).

Manchem wird die Übertragung der Berichte der Edda auf so frühe Zeiten wie die Lebensjahre des Arminius zu weit gehen. Aber zu dem, daß oft erst Jahrhunderte später aufgeschrieben wurde, was lange zuvor mündlich überliefert wurde*, ist zu bedenken, daß das Gedächtnis der Menschen um die Zeitenwende sehr viel stärker und lebendiger war als unser heutiges. Es braucht in diesem Zusammenhang nur an die russischen Bylinen erinnert zu werden, die mit ihren 10000 bis 20000 Versen auch heute noch von einzelnen alten Bauern im menschenentlegenen und zivilisationsfernen Nordwestrußland ohne Fehler aufgesagt werden können. Alle diese Menschen sind weder des Lesens noch des Schreibens kundig. Sie haben diese russischen Sagen lediglich von ihren Vorfahren gehört und im Gedächtnis behalten. Ähnliche Gedächtniskräfte, ja noch stärkere, müssen wir bei den Germanen jener Zeit voraussetzen. Ganz allgemein erhalten damit aber auch die Aussagen der Edda für den südgermanischen Raum, in dem sich die Geschehnisse um Arminius abspielten, und für jene frühen Zeiten weit mehr Gewicht als von der Wissenschaft bisher angenommen.

Nach Abschluß der Einweihung in die Wotansmysterien erhielt Siegfried den Beinamen Irmin, der Erhabene, unter dem er dann bei allen Stämmen der

* Ein Beispiel gibt KARL HAUCK in: Völkerwanderungszeitliche Bilddarstellungen: »Brakteaten ergänzen und schildern den zweiten Merseburger Zauberspruch als zu Snorris Bericht vom Tod Baldurs gehörig.« Damit wird der Bericht Snorris (1187–1241) Jahrhunderte vor seiner Niederschrift bestätigt. Was für dieses Beispiel gilt, muß für andere auch gelten!

Germanen bekannt wurde. Die Römer bildeten diesen Namen zu Arminius um, glichen ihn ihrer eigenen Aussprache an. Für die Auswechslung von a und e oder i, besonders vor Liquiden, gibt es zahlreiche Belege bei den römischen Schriftstellern. So heißt ERMANARICH einmal Ermanaricus, dann Armanaricus, BASTERNAE auch Bastarnae usw., SIGGAST wird zu Segestes usw. Noch heute ist es für Romanen schwierig, germanisch offenes e von a und germanisch kurzes i von e zu unterscheiden. Aber für den Namen Irmin gibt es auch einen Beleg aus dem Germanischen. Nach WIDUKIND VON CORVEY bezeichneten dessen sächsische Stammesgenossen noch Ende des 10. Jahrhunderts einen hervorragenden und verwegenen Mann mit Irmin. Die Endung -ius in Arminius ist lediglich eine latinisierende grammatische Form der Römer.

Die anderen beiden Namensdeutungen, die von der philologischen Forschung immer wieder vorgebracht werden, sind ganz abwegig. Die einen erklären, Arminius sei bei der Verleihung des römischen Bürgerrechts in die *gens Arminia* aufgenommen worden und habe von diesem Geschlecht den Namen erhalten. Allerdings ist eine *gens Arminia* nirgends zu belegen. Die zweite Deutung bezieht sich auf eine Stelle des VELLEIUS PATERCULUS, eines Kriegskameraden des Arminius, die besagt, Arminius habe an Feldzügen in Pannonien und auf dem Balkan teilgenommen und sei mit einem römischen Heer bis nach Armenien vorgedrungen. Daher sei ihm der Ehrenname Armenius gegeben worden, wie etwa manche römische Cäsaren den Beinamen Germanicus als Germanenbezwinger erhielten. Diese Anschauung ist nicht haltbar, weil ihr jede reale Grundlage fehlt.[32]

Doch ist es nach Abschluß der Wotanseinweihung noch nicht so weit, daß Siegfried-Arminius als Godenfürst an die Spitze der Cherusker treten kann. Noch lebt sein Vater SIGIMER, und noch ist seine Ausbildung nicht abgeschlossen: Die große Aufgabe, für die er vorbereitet wurde, verlangte mehr.

Germanische Kultverbände

Um die Zeitenwende fühlten sich die Germanen noch nicht als Nation. Ihr Zusammengehörigkeitsgefühl beschränkte sich auf die blutsmäßige Verwandtschaft von Familien, Sippen und Stämmen. Diese konnten dann vorübergehend auch politische Zusammenschlüsse eingehen. Über die Stämme hinaus bestand eine gewisse Bindung durch die damals noch gemeinsame Sprache und vor allem durch den gemeinsamen Kult, der in Kultverbänden seine Schwerpunkte hatte (Karte 1). Nach TACITUS betrachteten sich die Germanen als Abkömmlinge des erdgebundenen Twisto,[33] das heißt des Zwitters, des zugleich männlichen wie weiblichen Menschenwesens, dessen Sohn Mannus dann der Vater der Germanen wurde. Mannus, der mit Manu-Noah gleichgesetzt werden darf, hatte drei Söhne mit Namen Ingwaz (z = stimmhaftes s), Istwaz und Erminaz. Sie waren die Stammväter und Götter der zur Zeit des TACITUS und sicher auch schon vorher bestehenden drei Kultverbände, der Ingwaeonen – Ing + aiwa, das heißt der unter dem Gesetz des Ing Lebenden –, Istwaeonen und Erminonen (Fig. 2).

Die Ingwaeonen, ursprünglich aus sieben Stämmen bestehend, setzten sich aus den Chauken, den Suiones (Schweden), Herulern, Kimbern, Teutonen, Haruden, Eudusiern, Angeln, Gauden, Chaidinen, Wandalen, Rugiern, Narhavalesen und Friesen (?) zusammen. Alle diese Stämme wohnten an oder nahe der Nordseeküste und in Skandinavien. Das schwedische Königsgeschlecht leitete seine Abstammung vom Gott Ing/Freyr her und nannte sich Ynglinga, Söhne des Ing. Archäologisch sind sie durch Urnen mit scharf abgesetztem, konischem Hals und oftmals zwei Henkeln nachzuweisen. Ing oder Freyr ist zusammen mit seiner Schwester Freya als Kind des männlich-weiblichen Wanengottes Njörd-Nerthus als Geisel an die Asen ausgeliefert worden. Bei TACITUS finden wir die Schilderung des Nerthuskultes,[34] der nach RUDOLF STEINER aus hyperboräischer Zeit stammt. Er kennt mit reiner, ungetrübter, hellseherischer Seelenfähigkeit die Erinnerungen an vorangegangene Inkarnationen; daher ist Njörd-Nerthus pflanzenhaft, wie Uehli es ausdrückt, männ-

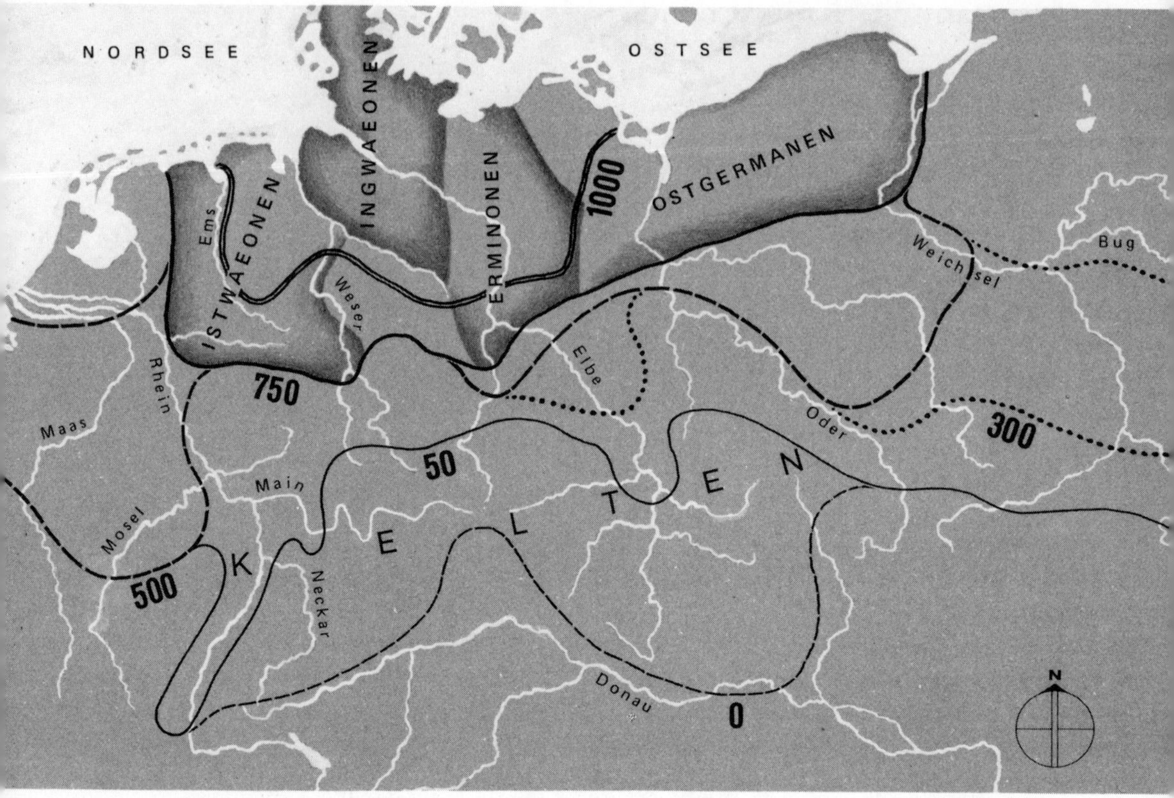

Karte 1 *Siedlungsräume der germanischen Kultstämme und Ausbreitung der Germanen vom Jahr 1000 v. Chr. bis zur Zeitenwende.*

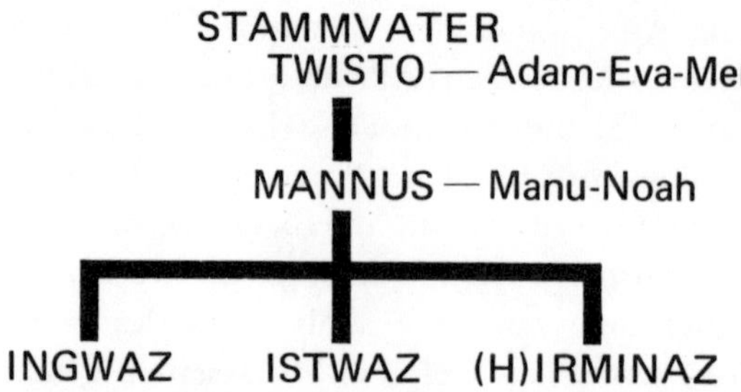

Fig. 2 *Mythologische Abstammung der Germanen, wie sie die Germanen selbst überlieferten. Dabei bedeutet Twisto den Zwitter, Mannus den Mann / Menschen. Die Namen Ingwaz, Istwaz und Irminaz weisen auf die Götter Ing / Freyr, Ister / Donar und Irminaz / Ziu hin; sie sind die Begründer der frühen Kultverbände der Ingwaeonen, Istwaeonen und Irminonen oder Erminonen.*

lich und weiblich zugleich.[35] Die Generationenfolge erscheint bei den Wanen traumhaft wie bei den frühen Vorfahren der Kelten. Daher ist der Nerthuswagen mit Decken verhüllt, auf dem die Göttin zur Osterzeit, während der die Waffen ruhen, durch die Lande fährt, um alles Sein zu segnen. Das Mysterium ist unschuldig. Bei den Asen, dem tragischen, jüngeren germanischen Göttergeschlecht der Vertragstreue und der Götterdämmerung, wird es durch Loki triebhaft. Unsterblich waren die Hyperboräer, sterblich die Knechte am Nerthuswagen, die ertränkt wurden, wenn die Göttin in ihr Reich zurückkehrte.

Ings Haus in Walhall nennt sich zu Recht »Zahngebinde«, denn es deutet auf eine Entwicklungsstufe der germanischen Denkkräfte hin, die derjenigen beim Zahnwechsel des Kindes entspricht. Daher ist auch Gott Ing der Gott der Wachstumskräfte. Er verbindet das Geistig-Seelische mit dem Physisch-Leiblichen. Auf Wotans Beschluß hin ebnet er den Weg der Menschen zur Selbständigkeit und Freiheit. Das zentrale Heiligtum der Ingwaeonen befand sich in Jelling auf Jütland, wo auch die Nerthus-Hertha-Ostara-Mysterien gepflegt wurden.

Lange Zeit hindurch wußte man mit dem Namen des Kultverbandes der Istwaeonen nichts Rechtes anzufangen, denn ein Gott Istwaz war nicht nachzuweisen. Plinius (23–79 n. Chr.) aber nennt diesen Verband nicht Istwaeonen, sondern Istrionen.[36] Damit läßt sich ein sprachlicher Zusammenhang zwischen einem germanischen Gott Ister und dem illyrischen *iser* sowie dem griechischen *hierós* herstellen. Beide Wörter heißen »heilig« und deuten auf den alten Himmelsgott hin, dessen Name sonst bei den Germanen Tiwaz-Tiu-Ziu lautet. Seine Attribute weisen aber auf Donar hin. Jupiter, Zeus, Ziu und der indische Dyaus pitar schleudern mit oder ohne Hammer Blitze vom Himmel. Tacitus meint zwar: »Deorum maxime Mercurium colunt« – »Von den Göttern verehren sie am höchsten den Merkur«, der bei den Germanen sonst immer mit Wotan gleichzusetzen ist. Im Falle der Istwaeonen – wir bleiben bei diesem gewohnten Namen – dürfte es sich jedoch um Donar handeln, dessen Verehrung bei diesem Verband schon früh nachgewiesen werden kann. Besondere Verehrung erlebte er daneben bei den Chatten an der Donareiche bei Geismar, die später Bonifatius fällen sollte. Donar wirkte im Blut und in den Blutskräften; er schützte zusammen mit seiner Gemahlin die Sippen und band ihre Mitglieder unlöslich aneinander. Zu den Istwaeonen gehörten die Brukterer, Ubier, Sugambrer, Marser, Chattuarier, die ursprünglich den Chatten entstammen, Tungerer und Eburonen. Vielleicht stammt sogar das Wort »Germanen« von einem Teilstamm der Tungerer ab, deren Name sich heute noch in dem der Stadt Tongern widerspiegelt. Archäologisch sind sie durch die »Nienburger Tasse« nachzuweisen. Ihr zentrales Heiligtum dürfte das Marserheiligtum zwischen Lippe und Ruhr gewesen sein, in dem sie die Göttin Tanfana verehrten, aber auch Donar. Der Donnergott ist darüber hinaus das Bindeglied zwischen Ingwaeonen und Istwaeonen, da er ein Sohn Wotans und der Nerthus ist.

Die Göttin Tanfana, die besonders in jenem Marserheiligtum verehrt wurde, drehte das Sieb, das der Weissagung diente. »Zampern«, wie man ihre Tätigkeit bezeichnete, heißt in einzelnen Dialekten auch heute noch: jemanden zur Fastnachtszeit necken und dafür Gaben einsammeln. Zu dieser Zeit wurde sie ebenso wie zum Erntefest verehrt. In alten Faschingsbräuchen läßt sich der Kult um die Göttin noch nachweisen. Auch die Trunkenheit der Marser im Jahr 14 n. Chr., auf die im Zusammenhang mit dem Überfall des GERMANICUS noch einzugehen ist, deutet auf einen Ritus ihr zu Ehren hin. Tanfana bildet zugleich eine Brücke zu den Erminonen, unter denen besonders die Sueben sie verehrten.

Die Erminonen sind diejenigen Stämme, die unter dem Gesetz des Erhabenen lebten, des Irminaz – ein Beiname des uralten Himmelsgottes Ziu, urgermanisch Tiwaz. Ihre Kernvölker waren die Semnonen, Sueben und Quaden. Einige Forscher behaupten, auch die Chatten gehörten zu ihnen, wahrscheinlich aber stellten sie nur durch einzelne Sippen die Verbindung zu den Istwaeonen her. Außerdem gehörten zu den Erminonen noch die Markomannen und Hermunduren, vielleicht auch die Bataver und die Canninefaten, die ursprünglich aus den Chatten hervorgegangen sind. Archäologisch sind sie als Harpstedter Typ bekannt. Das Hauptheiligtum der Erminonen war der Semnonenhain ostwärts der Elbe und des heutigen Magdeburg. Hier wurden nach TACITUS im Fesselhain Menschenopfer zu Ehren des Ziu dargebracht.[37] Der Fesselhain wird bei der Betrachtung des Arminius-Lebens noch eine große Rolle spielen. Der uralte indogermanische Himmelsgott Ziu-Tiwaz war zum germanischen Kriegsgott geworden. Wotan, der Gott der Sprache, des Atems und der Dichtkunst, hatte den Wolf der Sprachteilung, den Fenriswolf, nicht getötet, sondern nur fesseln lassen. Ziu allein wagte es, zu ihm zu gehen und die Rechte in seinen Rachen zu legen. Der Wolf biß sie ihm ab und offenbarte damit geheimnisvoll den Zusammenhang zwischen Krieg und Sprachverwirrung. Dennoch sperrt Zius lichtes Schwert dem Sohn Lokis, dem Zungenwolf, den Rachen.[38] Aber der Gott des Krieges verlangt im schreckenumraunten, finsteren Fesselhain seine Menschenopfer. Ebenso verehrten die Erminonen die von TACITUS so genannte »suebische Isis«. Alle drei Kultverbände sind Ausgangspunkte der frühesten germanischen Dialekte.

Zieht man auf der Landkarte Verbindungslinien von Jelling über das Tanfana-Heiligtum zwischen Ruhr und Lippe zum Fesselhain der Semnonen ost-

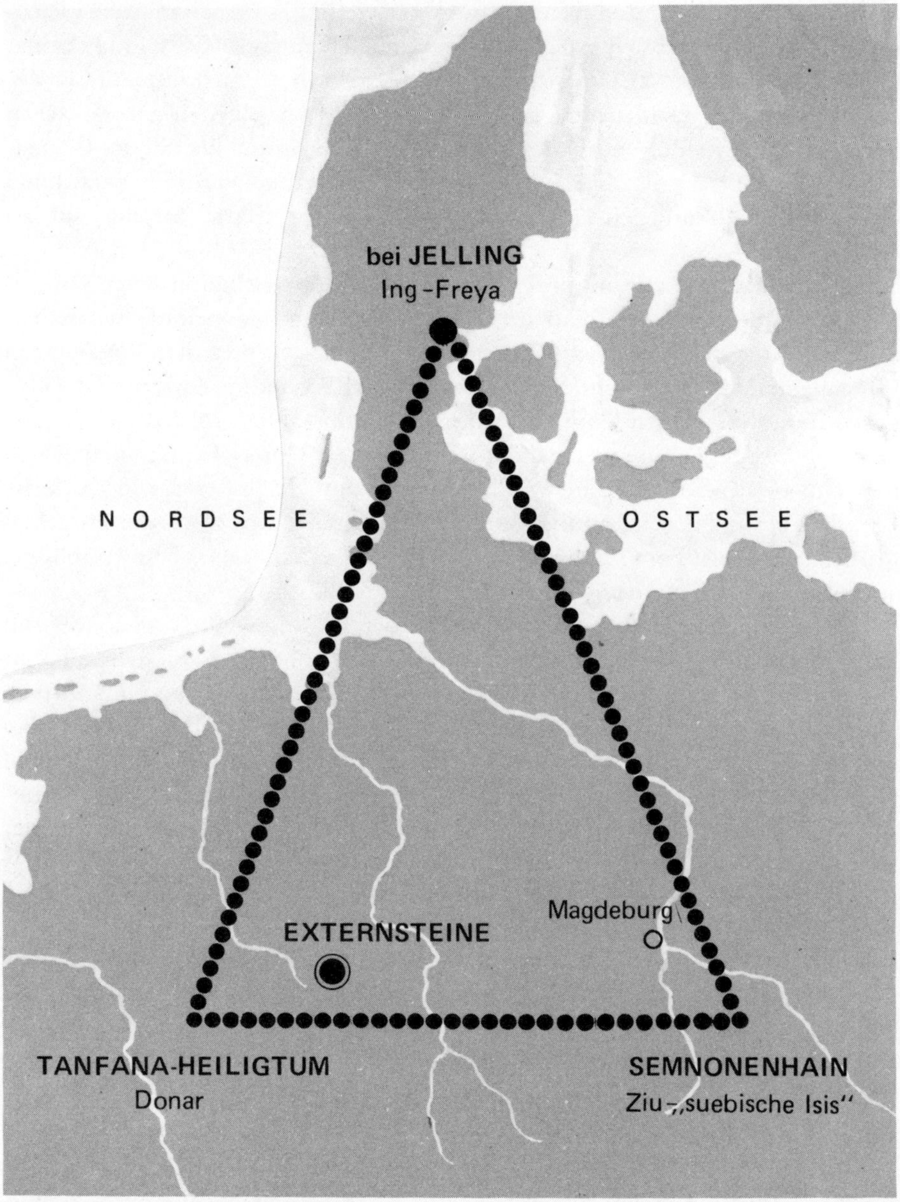

Karte 2 Die Heiligtümer der drei frühen germanischen Kultverbände in ihrer Lage zum Zentralheiligtum.

wärts von Magdeburg und wieder zurück nach Jelling, so erhält man ein gleichschenkliches Dreieck, in dessen Winkeln die Heiligtümer der Götter Ing, Donar und Ziu lagen (Karte 2). Wachstums- und Denkkräfte, Blutskräfte und Kräfte des kriegerischen Heldentums sowie des Aufbaus der eigenen germanischen Sprache zeigen so im Symbol des Dreiecks die Volksindividualität der Germanen. Diesen Göttern gleichgestellt finden wir die Göttinnen Freya, Tanfana und »Isis«, die wiederum den drei Personifikationen von Maria, Sophia und Isis entsprechen.

Allgemein dürfen wir uns die germanischen Kultplätze in drei Arten vorstellen. Die erste war der Kultplatz im Freien, *wih* genannt. Von ähnlicher Bedeutung ist das althochdeutsche *harug*. Unter *harug* vermutet man sogar einen Umgangstempel,[39] obwohl die römischen Schriftsteller die Anlage von Tempeln bei den Germanen leugnen. Auf jeden Fall besaß ein solcher *harug* einen Steinhaufen oder Felsen, welcher der Verehrung der Götter diente; *holt* dagegen bezeichnet einen Kultplatz im Wald. Als letzte von vielen Arten von Kultplätzen, die aber mehr den Familien und Sippen zugedacht war, ist der Hügel zu nennen, der meist ein Grabhügel war. Allerdings gehörten solche Grabhügel auch immer zum *wih, harug* oder *holt*.

Neben den drei großen Kultverbänden der Ingwaeonen, Istwaeonen und Erminonen, die sich gelegentlich auch zu einer politischen Einheit auf Zeit zusammenschlossen, gab es noch Kultgemeinschaften, die wie bei allen antiken Völkern aus der Kultgefolgschaft eines jeden Gottes bestanden. So hat man schon seit langem die bei Tacitus erwähnten Harier, die dunkel bemalten »Heerleute«, nicht als Stamm, sondern als Kultgemeinschaft der Wotanskrieger ähnlich den Berserkern erkannt.[40] Ebenso gab es Kultgemeinschaften der Werwölfe, die ebenfalls zum Wotanskult gehörten, Kultgemeinschaften der Pferdeanbeter, die zum Lokikult gehörten, weil Loki sich in ein Pferd verwandelt hat. Die Aufnahme des Elementes, das durch Loki repräsentiert wurde, führte zur Entwicklung und Ausbildung der Denkkräfte auf einer Stufe, auf der sie noch ganz im Dienst der Triebe standen, dadurch zugleich aber einen individuellen Einschlag erhielten. Diese Triebe waren keineswegs die niedersten, sondern entsprachen schon einer höheren Stufe. Es bestand eine Verwandtschaft dieser edleren Triebe mit dem Pferd, dessen Wälsi nach einem Lied der Edda in den Bauernstuben von Frau zu Frau und Magd zu Magd gereicht wurde. Auch der Pferdekult, wie er von Tacitus beschrieben wird, ist ein Ausdruck der Pflege dieser Triebe.[41] Noch heute sind in einzelnen Volksbräuchen wie z. B. in Fastnachtsumzügen diese alten Kultgemeinschaften zu erkennen.

In der unteren Mitte dieses von den Haupttheiligtümern der Kultverbände gebildeten Dreiecks liegen die Externsteine als jenes Zentralheiligtum, das die alten Sonnen- und Mondenerkenntnisse der Kelten an die Germanen übertragen sollte. Daher nannte DIO CASSIUS dieses Land um die Externsteine »keltisches Gebiet«.[42] In einem altisländischen Spruch aber heißt es: »Baldr, hann atti that land, er nu heitir Vestfal.« – »Baldur, er hatte das Land, das nun Westfalen heißt.« Dem Sonnengott Baldur also gehörte der Raum um die Externsteine, jenem Gott, von dem RUDOLF STEINER sagt, er repräsentiere das in die geistige Welt hineinschauende Hellsehen. Durch ihn erlangen auch die Menschen diese Kraft, selbst wenn Loki durch den blinden Hödur dieses Schauen vernichtet; es wird immer wieder neu erstehen. Dabei ging dem germanischen Menschen ein Gedanke von ungeheurer Tragweite auf, den RUDOLF STEINER wie folgt schildert: »Dieses Heraustreten [aus dem alten Schauen in die göttlich-geistige Welt] auf den physischen Plan, in die physische Welt, das Nichtsehen der göttlich-geistigen Welt, das kann nur eine Zwischenzeit sein. Der Mensch wird das als Schule durchzumachen haben und sehen müssen, was er sich aneignen kann in der physischen Welt. Er braucht diesen Durchgang, er muß also heraustreten aus der geistigen Welt; er muß die Erlebnisse der physischen Welt als Schule durchmachen. Aber gerade dadurch, daß er sie als Schule durchmacht, wird er wieder hineinkommen in die Welt, aus der er herausgetreten ist. Der Baldurblick wird ihn wieder beseelen können.«[43] Daher gehörte das Land um die Externsteine dem Baldur, und die Germanen lehrten auch wie die Inder die Zeit, die es dauern sollte, bis der Blick in die geistige Welt wieder geöffnet werden konnte:

> Fimm hundrudh dura ok of fiórum tegum,
> svá hygg á Valhǫllu vera;
> átta hundrudh einheria ganga senn ór einum durum,
> tha er their fara vidh vitni at vega.
>
> Fünfhundert Tore und dazu vierzig,
> so meine ich, daß an Walhall sind;
> Achthundert Einherier gehen zugleich aus einem Tor,
> wenn sie ausziehen, mit dem Wolf zu kämpfen.

So sagt es der Dichter der Grímnismál, und früh schon stellte man fest, daß 540 x 800 = 432 000 sind, das ist die Zahl der Jahre der Kalijuga.[44]

In diesem Land Baldurs mußte, der Mission der Germanen entsprechend, vor allen anderen an heiliger Stelle ihr oberster Gott Wotan verehrt werden, an den Externsteinen.

Arminius, Quinctilius Varus und Pontius Pilatus

Im Jahr 4 n. Chr. war TIBERIUS (42 v. Chr. – 37 n. Chr.), der Adoptivsohn des Kaisers AUGUSTUS und spätere Inhaber des Prinzipats, Oberkommandierender der römischen Truppen in Germanien. Er errichtete in der schon locker vereinnahmten Provinz, die damals in Norddeutschland bis mindestens zur Weser, wenn nicht gar zur Elbe reichte, eine römische Verwaltung, baute Straßen und sicherte das Gebiet durch die Errichtung von Legionslagern. Wie es im einzelnen dazu gekommen war, soll weiter unten berichtet werden. Mit den Cheruskern hatte der kluge Feldherr einen Friedensvertrag abgeschlossen.

Etwa im gleichen Jahr oder ein Jahr später errichtete TIBERIUS, dem Beispiel CÄSARS in Gallien folgend, einen dem AUGUSTUS und der Roma gewidmeten Altar in Köln. Diese Kultstätte sollte nach seinem Plan einmal die gleiche wichtige Rolle einnehmen, wie sie der gallo-römische Kultplatz in Lyon für die unterworfenen gallischen Kelten besaß. Es spricht für die politische Klugheit und Heimtücke des TIBERIUS, aber auch für die hohe Bedeutung der Cherusker als Hüter des tatsächlichen germanischen Zentralheiligtums an den Externsteinen, daß er sich als Priester für diesen germanisch-römischen Kultplatz, den er nun *Ara Ubiorum,* Altar der Ubier, nannte, einen Fürstensohn aus der Kultgemeinschaft der Hirschleute aussuchte: SEGIMUND, den Sohn des als römerfreundlich geltenden Sippenoberhaupts der Donarleute, des SEGESTES. Mit dieser Wahl mußte die *Ara Ubiorum* eine herausragende Bedeutung bei den Germanen gewinnen. Mit Sicherheit war TIBERIUS das Heiligtum an den Externsteinen bekannt. Er kannte auch die Aufgabe der Cherusker als dessen Hüter, das beweisen die Marschrichtungen früherer Vorstöße römischer Heere (s. Karten 6 und 7). Auch darf ohne weiteres angenommen werden, daß römische Händler Germanien gut genug kannten, um den Feldherren genaue Auskünfte über Straßen, andere Verkehrsverbindungen und wichtige Orte geben zu können. Funde importierter römischer Waren beweisen zur Genüge, daß das germanische Hinterland keinen weißen Fleck mehr auf den römischen Karten darstellte.

Mit SEGIMUND zogen auch die beiden Söhne des SIGIMER, Arminius und FLAVUS – der Blonde –, dessen germanischer Name nicht bekannt ist, sicher aber auch mit S oder Sig- begann, zu den Römern. Als Angehörige einer Wotanssippe stießen sie als Krieger zum römischen Heer. Wahrscheinlich gingen sie zunächst zur Ausbildung ins nahe gelegene Castra Vetera, nach Xanten. Deshalb wurde Siegfried nach der mittelalterlichen deutschen Sage dort geboren. Später kamen die Brüder nach Rom. Ob Arminius auch die Schule für den germanischen Adel auf dem Palatin besuchte, die AUGUSTUS hatte einrichten lassen, bleibt fraglich. Belegt ist jedoch, daß Arminius und FLAVUS die lateinische Sprache vorzüglich erlernten, das römische Bürgerrecht erwarben und in den Ritterstand erhoben wurden. Römische Sitten und Bräuche, aber auch die finsteren Mächte der römischen Wölfin lernten sie von Grund auf kennen. Während FLAVUS dem Einfluß der überlegenen römischen Zivilisation erlag, blieb Arminius seinem germanischen Wesen treu. Seine Einweihung an den Externsteinen gab ihm die nötige Charakterstärke und vor allem die Einsicht. Er durchschaute die Gefahr, die von den finsteren Mächten der Roma ausging.

Als TIBERIUS im Jahr 6 n. Chr. nach Pannonien aufbrach, um dort einen Aufstand niederzuwerfen, folgte ihm Arminius als Führer germanischer Hilfstruppen. Dabei lernte er auch VELLEIUS PATERCULUS kennen, von dem wir eine Beschreibung seiner Person und seines Charakters besitzen: »Ein junger Mann aus edlem Geschlecht, persönlich tapfer, von schneller Auffassungsgabe und einer für einen Germanen außergewöhnlichen geistigen Gewandtheit, Arminius, der Sohn des Stammesfürsten Sigimer. Gesicht und Augen verrieten das Feuer seines Geistes. Er hatte als steter Begleiter unserer Feldzüge neben dem römischen Bürgerrecht den Rang eines Ritters erlangt.«[45] Es ist anzunehmen, daß Arminius auf diesem Feldzug eine Truppe von Reitern befehligte. Germanische Reiter hatten seit dem Gallischen Krieg CÄSARS einen hervorragenden Ruf im römischen Heer, hatten sie doch trotz erheblicher zahlenmäßiger Unterlegenheit die adlige gallische Reiterei in allen Schlachten geschlagen, ja CÄSAR selbst bei dem Überfall des VERCINGETORIX kurz vor der Belagerung von Alesia im Jahr 52 v. Chr. vor dem Tod oder der sicheren Gefangenschaft gerettet. Außerdem waren sie eine Truppe, die sowohl als reine Reiterei als auch als gemischter Reiter- und Fußtruppenverband zu kämpfen vermochte. Bei diesem gemischten Verband hing sich jeweils ein Fußkrieger in die Mähne des Pferdes seines Reiterkameraden und lief im Angriff mit. Fiel das Pferd, so deckte der Fußkrieger seinen Reiter, bis dieser wieder kampffähig auf den Beinen stand.

Zur Zeit des AUGUSTUS gab es zwei verschiedene Arten von *alen,* wie die Hilfsreiterverbände genannt wurden, die *ala quingenaria* und die *ala milliaria.*

Welche Art Arminius damals führte, steht nicht fest. Die *ala quingenaria* bestand aus einem Präfekten mit seinem etwa 10 Mann starken Stab und 505 Reitern, die wiederum in 15 Turmen von 33 Reitern eingeteilt waren. Eine *turma* umfaßte drei Decurien zu je 10 Reitern mit je einem *decurio* als Führer, wobei deren Ältester zugleich der Führer der *turma* war. Insgesamt bestand die *ala quingenaria* mit ihrem kleinen Troß aus 1080 Mann und 574 Pferden. Die *ala milliaria* war größer. Sie bestand aus einem Präfekten und 1002 Reitern, die wie oben gegliedert waren. Mit ihrem kleinen Troß erhöhte sich die Stärke auf 2129 Mann und 1144 Pferde. Die *ala quingenaria* darf also der Stärke nach in etwa mit einem Kavallerieregiment des 19. Jahrhunderts und die *ala milliaria* mit einer Kavalleriedivision der gleichen Zeit verglichen werden. Nur ihr Kampf unterschied sich grundlegend von demjenigen moderner Kavallerie. Antike Reiterei konnte keine Attacken im modernen Sinn reiten, da sie mangels Steigbügel den Schock[46] nicht ausnutzen konnte. Sie ritt an, warf ihre Speere oder stieß damit zu und schlug dann mit dem Schwert drein, soweit die Reiter ein solches besaßen. Bei den Germanen jener Zeit waren Schwerter aber sehr selten. Ihre Hauptwaffe war der Speer. Der Bogen galt noch nicht als Kriegswaffe. So lösten sich Reiterkämpfe immer in Einzelkämpfe auf. In der Schlacht stand die Reiterei daher grundsätzlich an den beiden Flügeln, jederzeit bereit, dem durch die Legionen erschütterten Feind in die Flanke zu fallen oder ihn in der Verfolgung zu vernichten. Daneben hatte die antike Reiterei – genau wie die moderne – Erkundungs-, Aufklärungs- und Sicherungsaufgaben durchzuführen. Nationalrömische Reiterei gab es schon lange nicht mehr.

Die Kommando- und Befehlssprache bei den immer nur aus der gleichen Nation bestehenden Hilfstruppen war, wie im alten k. u. k. Heer deutsch, im römischen lateinisch. Die Umgangssprache in der Truppe blieb aber natürlich die jeweilige Muttersprache. Danach gab also Arminius zwar seine Kommandos lateinisch, aber er sprach bei allen anderen Gelegenheiten mit seinen Männern germanisch. Besonders auf diesem Feldzug nach Pannonien hatte Arminius Gelegenheit, sich römische Taktik und Strategie anzueignen. Nach seinen späteren kriegerischen Erfolgen als Führer des germanischen Befreiungskampfes zu urteilen, führte er wohl eher eine *ala milliaria* als eine *ala quingenaria*, da er nur auf dieser Befehlsebene den rechten Einblick in das römische Kriegswesen erlangen konnte. Diese Kenntnisse ermöglichten es ihm dann, die Römer zu schlagen, wo sie geschlagen werden konnten. In offener Feldschlacht, das erkannte er mit sicherem Blick, waren germanische Heere seiner Zeit weder nach Bewaffnung noch nach Disziplin und Führungskunst der unteren und mittleren Führer trotz aller Tapferkeit und körperlicher Überlegenheit römischen kaum gewachsen.

Im Jahr 7 oder 8 n. Chr., nach gut dreijähriger römischer Ausbildung, kehrte Arminius nach Hause zurück. Wahrscheinlich war seine Rückkehr durch den Tod oder durch eine tödliche Krankheit seines Vaters SIGIMER notwendig geworden. Im gleichen Jahr wurde QUINCTILIUS VARUS, aus Syrien kommend, zum Statthalter Germaniens berufen.

PUBLIUS QUINCTILIUS VARUS wurde als Sproß der vornehmen *gens Albana* im Jahr 47 v. Chr. geboren. Sein Vater, der in die Wirren des Bürgerkriegs zwischen CÄSAR und POMPEIUS hineingezogen worden war, nahm sich als Republikaner nach der Doppelschlacht von Philippi, in der CASSIUS und zwanzig Tage später MARCUS BRUTUS von ANTONIUS geschlagen wurden, im Jahr 42 v. Chr. das Leben. Der damals kaum fünfjährige VARUS wuchs daraufhin bei einem Verwandten auf, einem Freund des HORAZ und des VERGIL. Seine Pflegemutter war die berüchtigte CLAUDIA PULCHRA, die 26 v. Chr. ihres sittenlosen Lebenswandels wegen verurteilt wurde. Durch sie war die Verschwägerung mit der *gens Claudia* und den julisch-claudischen Kaisern von TIBERIUS bis NERO (27–68 n. Chr.) hergestellt.

Nach der für römische Adlige üblichen Ausbildung ergriff VARUS die Ämterlaufbahn und begleitete Kaiser AUGUSTUS von 22 bis 19 v. Chr. als Quästor auf einer Orientreise. Zu jener Zeit war der Quästor ein hoher Finanzbeamter. Mit dieser Stufe in der Ämterlaufbahn erlangte VARUS automatisch einen Sitz im Senat. Diese Reise brachte aber auch die ein ganzes Leben währende enge und freundschaftliche Beziehung des VARUS zum Kaiser. Danach wirkte VARUS erfolgreich in Pergamon und Athen, was durch zwei Ehreninschriften belegt ist. Im Jahr 13 v. Chr. war er zusammen mit dem späteren Kaiser TIBERIUS Konsul in Rom. Zwar hatten die Konsuln zu dieser Zeit nur noch geringe Befugnisse, doch wurden sie auf Vorschlag des Kaisers gewählt, der dieses Amt als höchste Auszeichnung an Mitglieder der Nobilität verlieh. Nach Ablauf ihrer Amtszeit blieben sie die angesehensten Mitglieder des Senats und gingen dann als prokonsularische Statthalter in die Provinzen. Censoren und Diktatoren wurden gewöhnlich aus ihrer Mitte gewählt. Das alles zeigt einmal die hohe Gunst, in der VARUS beim Kaiser stand, und zum anderen die hohe Stellung, die er im Römischen Reich einnahm. Keinesfalls darf er als unbedeutender »Provinzgouverneur« im modernen Sinn des Wortes angesehen werden. Im Gegenteil, noch als Konsul führte er die Spiele anläßlich der Errichtung der *ara pacis* ein, des berühmten Friedensaltars zu Ehren der glücklichen und siegreichen Rückkehr des AUGUSTUS aus Gallien und Spanien. Er genoß das besondere Vertrauen seines kaiserlichen Herrn.

Nach der allgemein von AUGUSTUS vorgeschriebenen fünfjährigen Amtspause heiratete er die Enkelin OCTAVIAS, der Schwester des AUGUSTUS. Damit verschwägerte er sich auch mit dem Haus der Julier und der ehemaligen plebejischen, von JULIUS CÄSAR ins Patriziat erhobenen Familie der Octavier. Im Alter von 40 Jahren, im Jahr 7/6 v. Chr., wurde er zum Prokonsul, zum Statthalter einer senatorischen Provinz, der Provinz Afrika gewählt, die zu jener Zeit für Rom die wichtigste war. Danach kam er als *legatus Augusti pro praetore,* als Statthalter einer kaiserlichen Provinz, nach Syrien. Das muß im Jahr 6 v. Chr. gewesen sein.

Zu jener Zeit lebte noch HERODES DER GROSSE (37–4 v. Chr.), dessen politischer Berater VARUS im Auftrag des AUGUSTUS war. Der bereits um 72 v. Chr. geborene HERODES stammte aus Südpalästina, wurde 47 römischer Statthalter in Galiläa und gelangte dann mit Hilfe des ANTONIUS auf den Thron. Obwohl er nicht jüdischer Herkunft war, baute er den Tempel in Jerusalem neu. Bei der Revolte seines Sohnes ANTIPATER saßen er und VARUS zusammen über diesen zu Gericht. Dabei verhielt sich VARUS außerordentlich geschickt. Er sandte einen ausführlichen Bericht an den Kaiser, überließ aber dem HERODES die Urteilssprechung. Nach der Hinrichtung ANTIPATERS und dem fünf Tage später eingetretenen Tod des HERODES brach in Palästina der Aufstand aus, den VARUS energisch und grausam niederschlug.

Besonders wichtig in diesem Zusammenhang ist die Tatsache, daß noch zu Lebzeiten HERODES DES GROSSEN der salomonische JESUS geboren wurde.[47] Der gleiche HERODES gab den Befehl zum bethlehemitischen Kindermord. Ohne Wissen und Beihilfe des VARUS ist diese grausame Tat nicht denkbar. HERODES wußte – wie sein Verhalten gegenüber den drei Weisen aus dem Morgenland zeigt – bis zu einem gewissen Grad über esoterische Vorgänge Bescheid. Geht man zu weit, anzunehmen, daß er auch VARUS als den Vertreter der finsteren Cäsarenmacht darüber unterrichtete? Falls er es getan hat, wäre dies ein weiterer Grund für das spätere Verhalten des Römers in Germanien, dessen Vorgehen – wie noch zu zeigen sein wird – sich gegen das göttlich gebundene germanische Recht und auf die Überwachung des germanischen Zentralheiligtums richtete, in dem die esoterische Lehre vom Sonnengeist bewahrt wurde.

Auch bei der Regelung der Nachfolge des HERODES bewies VARUS, daß er eine glückliche Hand im römischen Sinne hatte. Nach dem Grundsatz des *divide et impera* hatte er HERODES zur Reichsteilung unter dessen Söhnen HERODES ANTIPAS, ARCHILAOS und PHILIPPOS beeinflußt. Die Entscheidung behielt er aber klugerweise dem AUGUSTUS vor. Tüchtig, energisch, auch brutal regelte er die Dinge, die er selbst regeln konnte und durfte. Was seine Kompetenz überschritt, überließ er dem Kaiser. Seine Statthalterschaft endete wahrscheinlich im Jahr 3 v. Chr. Sie war ein großer Erfolg für die römische Reichspolitik und für ihn persönlich. Sein Ansehen bei Kaiser, Senat und Volk stieg weiter.

Diese hervorragende Bewährung in Syrien und Palästina bewog AUGUSTUS, seinen Günstling im Jahr 7 n. Chr., vielleicht auch schon im Jahr 6, wiederum als Statthalter, als *legatus Augusti pro praetore*, in die mindestens ebenso wichtige Provinz Gallien und damit auch nach Germanien zu entsenden. Sein Auftrag lautete, das von TIBERIUS, seinem Amtskollegen als Konsul, kurz vorher scheinbar zur römischen Provinz gemachte Germanien weiter zu »befrieden«, die Reichsgrenze, falls sie nur bis zur Weser ging, bis zur Elbe vorzuschieben und den Herrschaftsbereich zu sichern. Wie in Syrien hatte er damit einen sowohl militärischen als auch politischen Auftrag, der wie immer bei römischen »Befriedungsaktionen« ein religiöses Ziel im Sinne der Vergöttlichung des CÄSARS und der Roma als oberste Götter für die Unterworfenen einschloß. An dieser Aufgabe – das darf vorweggenommen werden, da es ja allseits bekannt ist – scheiterte er. Er starb durch Selbstmord während der Schlacht im Teutoburger Wald 9 n. Chr., nahe bei den Externsteinen.

Das Bild, das VELLEIUS PATERCULUS von VARUS entwirft, dürfte wohl nur zur Ehrenrettung des römischen Heeres in Germanien gezeichnet worden sein. Er schreibt in seinen »Historiarum libri duo ad Vinicium consulem«: »Quinctilius Varus stammte aus einer Familie, die mehr durch ihre Abstammung als durch ihre Verdienste bekannt war. Er war ein Mann von weichlicher Art, ruhigem Charakter, körperlich wie geistig ziemlich schwerfällig, mehr an die Muße des Lagerlebens als an den Kriegsdienst gewöhnt. Daß er das Geld nicht verachtete, bewies die Provinz Syrien, die er verwaltet hatte. Arm war er in das reiche Land gekommen, reich verließ er ein armes Land. Als er das in Germanien stehende Heer befehligte, hielt er die Germanen für Menschen, die außer der Sprache und den Gliedmaßen nichts Menschliches an sich hätten ...«[48] Der tatsächliche Lebenslauf des VARUS aber zeigt, daß er keineswegs verweichlicht und körperlich und geistig schwerfällig war, obwohl er schon im 57. Lebensjahr stand, als es um die Schlacht im Teutoburger Wald ging. Es wird noch zu zeigen sein, wie richtig und umsichtig er handelte, als die Katastrophe hereinbrach. Auch sein Tod zeugt eher von soldatischer Tapferkeit. Der Vorwurf der persönlichen Bereicherung und Korruption als Statthalter ist zwar gerechtfertigt. Aber welcher römische Feldherr hätte nicht so gehandelt? Das abschreckendste Beispiel dafür gab JULIUS CÄSAR selbst, ohne daß ihm die Mehrzahl der römischen Senatoren einen Vorwurf machte. Ein solches Verhalten war damals in Rom üblich. Provinzen waren dazu da, ausgesaugt zu werden. Das entsprach wenigstens der allgemeinen Anschauung.

Noch eine höchst merkwürdige Tatsache muß hier angeführt werden. Sie betrifft PONTIUS PILATUS, der in den Jahren 26 bis 36 n. Chr. römischer Prokonsul, nach neuesten Funden eher *praefectus*, Vertreter des Kaisers für ein bestimmtes Ressort der Verwaltung, für Judäa war und das Todesurteil über Jesus auf Drängen der jüdischen Hohenpriester und des Volkes sprach. Zuvor hatte er durch seine Unduldsamkeit schon etliche jüdische Volksaufstände heraufbeschworen. Er wurde deshalb sogar aus Judäa abberufen. Dieser gleiche Pontius Pilatus befand sich als junger Offizier im Heer des Julius Cäsar Germanicus (15 v. Chr. – 19 n. Chr.), als dieser im Jahr 16 n. Chr. mit einem gewaltigen Heer den letzten Versuch unternahm, Germanien bis zur Elbe zu erobern. Vielleicht nahm Pontius Pilatus schon am Feldzug des Jahres 15 n. Chr. teil, der Germanicus auch auf das Schlachtfeld im Teutoburger Wald führte, wo er die an den germanischen Altären den Göttern geopferten Centurionen und Offiziere sowie die Gebeine der gefallenen Legionäre fand und bestattete. Germanicus kannte demnach das Zentralheiligtum der Externsteine persönlich. Es ist unwahrscheinlich, daß er nicht auch einiges über die dort gepflegten religiösen Bräuche erfuhr, und mit ihm natürlich seine Offiziere. Sollte Pontius Pilatus im Jahr 15 noch nicht im Heer des Germanicus gewesen sein, so wird er ein Jahr später bestimmt beim abendlichen Gespräch genügend über jene Bestattungen und die Bedeutung des germanischen Kultplatzes gehört haben. Etwas anderes anzunehmen, widerspräche jeder Feldzugs- und Soldatenerfahrung. Dieses Ereignis war zu bedeutend und aufsehenerregend, um vergessen zu werden. Es darf daher ohne weiteres angenommen werden, daß Pontius Pilatus etwas über die Geheimnisse des Sonnengeistes gehört hat, der dort verehrt und dessen Erscheinen angekündigt wurde.

Der gleiche Pontius Pilatus weigerte sich als Prokonsul von Judäa zunächst, Jesus zum Tode zu verurteilen. Ja, er fragte ihn sogar mehrmals eindringlich, wer er sei, und wusch vor der Urteilssprechung seine Hände in Unschuld. Auch seine Frau Claudia Procla, die von der Ostkirche als Heilige verehrt wird, suchte, ihn von dem verhängnisvollen Urteil abzuhalten, da ein Traum sie gewarnt hatte. Auch die Frage des Pilatus: »Was ist Wahrheit?« zeigt unter anderem seine Unsicherheit und seinen Zweifel. Die Sage berichtet, Pilatus habe sich vor seinem Tod in den Raum um den Chiemsee zurückgezogen. Ging er in damals keltisches Gebiet, weil er noch immer nach der Wahrheit suchte und sie bei den die Sonne verehrenden keltischen Druiden zu finden hoffte? Nach einer anderen Sage aber zog er sich nach Lugdunum, der Stadt des keltischen Sonnengottes Lug, ins heutige Lyon zurück und beging dort jenes Urteils wegen Selbstmord. Am Geist der Sonne hatte er sich versündigt, in der Stadt des Sonnengottes glaubte er, seine Freveltat durch Selbstmord sühnen zu können. Gewiß, beides sind Sagen aus der Legenda aurea. Aber die moderne philologische Forschung scheut sich im Gegensatz zur Forschung des vorigen Jahrhunderts nicht mehr, Sagen Quellenwert beizumessen, wenn sie gründlich erforscht worden sind und der historisch verbürgte Ablauf der Geschehnisse oder der Charakter einer bestimmten Persönlichkeit auf den Wahrheitsgehalt der Sage hinweisen. PONTIUS PILATUS kann demnach sehr wohl durch das, was er auf dem Feldzug in Germanien erfahren hat, und durch die Persönlichkeit JESU beeindruckt, in seinen Zweifeln über sein Tun bestärkt und zum Selbstmord getrieben worden sein.

Vergleichen wir die Schicksale des VARUS und des PONTIUS PILATUS, so ergeben sich denkwürdige Parallelen und Schicksalskreuzungen. VARUS kommt aus Palästina. Er hatte dort durch HERODES DEN GROSSEN von der Geburt des salomonischen JESUS gehört und den bethlehemitischen Kindermord zumindest gebilligt. An den Externsteinen, von deren keltisch-germanischen Sonnengeheimnissen er wenigstens andeutungsweise bei seinem zweijährigen Aufenthalt in Germanien, davon mindestens einen Sommer im Lager in der Nähe des Zentralheiligtums bei den »Hirschleuten«, gehört haben muß, begeht er während der Entscheidungsschlacht Selbstmord. Umgekehrt – geographisch gesehen – verläuft das Schicksal des PONTIUS PILATUS. Als junger Offizier des GERMANICUS erfährt er einiges über die keltisch-germanischen Geheimnisse des Sonnengeistes, die an den Externsteinen gehütet werden. Ungefähr fünfzehn Jahre später verurteilt er in Judäa mit schweren Bedenken und nur, um einen erneuten jüdischen Aufstand zu vermeiden, aus Schwachheit JESUS zum Tode. Im Alter geht er in die Stadt des Sonnengottes Lug, um nach der Sage dort, vom Gewissen geplagt, Selbstmord zu verüben.

Die römische und die moderne Geschichtsschreibung ist an all diesen Verbindungen vorbeigegangen. Es wird höchste Zeit, sie sich ins volle Bewußtsein zu heben. Die esoterische Erwartung der Christgeburt, wie sie an den Externsteinen in der Verehrung des Sonnengeistes gepflegt wurde, und das historische Ereignis des Christusopfers in Golgatha bilden zwei Pole der geistigen Geographie. Zwei Menschenschicksale, das des VARUS und das des PONTIUS PILATUS, sind eng mit ihnen verknüpft. Das dritte Menschenschicksal, das des Arminius, stößt hinzu. Zugleich mit ihnen schlägt an diesen Polen die Schicksalsstunde dreier Völker, des jüdischen, des römischen und des germanischen.

Der heilige Bezirk der Externsteine

RUDOLF STEINER nennt die Externsteine die geistige Mitte Europas. Es wurde bei den dort lebenden Germanen die Entwicklung vom Seelischen zum Geistigen veranlagt. Und RUDOLF STEINER fährt fort: »In der außenstehenden Welt kann es nur als Narretei gelten, wenn geradezu hingewiesen wird auf jenen Punkt des europäischen Kontinents, von dem einst die größten Impulse nach allen Seiten ausgestrahlt sind, auf jenen Punkt, der der Sitz erhabener Geister war, bevor der keltische Volksgeist als keltisches Erzengelwesen in der Hochburg des Grals ein neues Zentrum errichtet hatte. Von jenem Punkte, der in alten Zeiten Zentrum war für die Ausstrahlung der Geistigkeit Europas, ist auch ausgestrahlt dasjenige, was zunächst der nordische Volks-Erzengel als seine Mission erhalten hat. Für die Außenwelt muß es, wie gesagt, als Narretei erscheinen, wenn wir als den Punkt, von dem ausstrahlt, was nach den verschiedensten germanischen Volksstämmen hinwirkt, dasjenige Gebiet bezeichnen, das heute über Mittel-Deutschland liegt, aber eigentlich über der Erde gelegen ist. Wenn Sie etwa eine Kreislinie zögen, so daß in diese Kreislinie hineinfallen würden die Städte Detmold und Paderborn, so kommen Sie in die Gegend, von der ausströmte die Mission der erhabensten Geister, welche nach Nord- und Westeuropa ihre Mission ausdehnten. Weil dort das große Inspirationszentrum war, deshalb ging die Sage, daß Asgard eigentlich an diesem Punkte der Erdoberfläche gelegen habe. Es lag aber da das große Inspirationszentrum in uralter Vergangenheit, das Zentrum, welches dann später seine Hauptwirksamkeit abgegeben hat an das Zentrum des heiligen Gral.«[49]

Die genaue Mitte des Kreises, der den heiligen Bezirk umschließt, liegt am Kreuzweg bei Oesterholz (Fig. 3). Dorthin wandten sich die Seher, wenn sie mit den führenden Geistern der Kelten und Germanen sprechen wollten. Geleitet wurden sie der Richtung nach durch die Irminsul, die dreifach an den Externsteinen errichtet war. RUDOLF STEINER nennt die Seher Druiden. Aber er bezeichnet damit nur Eingeweihte dritten Grades, und zwar ohne Rücksicht auf ihre Volkszugehörigkeit. Mit den historischen keltischen Druiden, wie sie uns

Julius Cäsar schildert, haben sie nur wenig gemein. Zur Zeit Cäsars befand sich außerdem das gallische Druidentum in der Mehrzahl bereits in der Dekadenz.

Der Begründer der an den Externsteinen gepflegten Wotans- oder Drottenmysterien – wie Rudolf Steiner sie nennt – war ein hoher Eingeweihter mit Namen Siegfried, Sigurd oder Sig, Namen, die immer die gleiche Persönlichkeit bezeichnen. Hören wir weiter: »Es mußte eine Mysterienweisheit geschaffen werden. Es hatten sich große Weistümer mitgebracht Menschen, die aus der alten Atlantis herübergezogen sind nach Europa und weiter. In der alten Atlan-

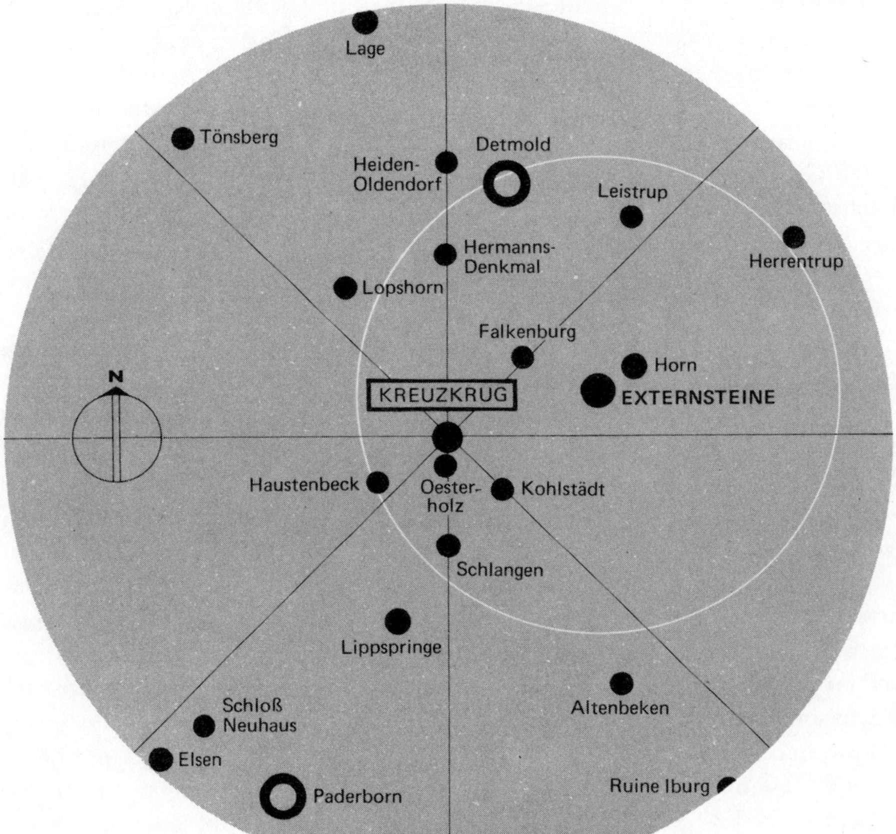

Fig. 3 Der heilige Bezirk um den Kreuzkrug bei Oesterholz. Über ihm lag nach den Angaben Rudolf Steiners Asgard.

tis waren die meisten Menschen hellseherisch. Sie konnten hineinsehen in die Gebiete des Geistigen. Diese Hellsichtigkeit konnte sich nicht fortentwickeln. Sie mußte sich zurückziehen zu einzelnen Persönlichkeiten des Westens. Sie wurde da geleitet von einem Wesen, das in tiefer Verborgenheit lebte, zurückgezogen selbst hinter denen, die schon zurückgezogen und Schüler waren jenes großen Eingeweihten, von einem Wesen, das sozusagen zurückgeblieben war, bewahrend dasjenige, was aus der alten Atlantis herübergebracht werden konnte, bewahrend es für die späteren Zeiten. Diesen hohen Initiierten, diesen Bewahrer der uralten atlantischen Weisheit, die tief hineinging sogar in all dasjenige, was die Geheimnisse des physischen Leibes sind, kann man Skythianos nennen, wie es im frühen Mittelalter üblich war, und es blickt derjenige, der das europäische Mysterienwesen kennt, zu einem der höchsten Eingeweihten der Erde hinauf, wenn der Name Skythianos genannt wird.«[50] Man darf annehmen, daß der erwähnte, große germanische Eingeweihte SIEGFRIED geheißen hat. Alle seine Nachfolger trugen den gleichen Mysteriennamen. Ihn umgaben zwölf Gehilfen, und über diesem Kreis der Eingeweihten stand zu Anfang als höchster Priester und Weiser SKYTHIANÓS. Das waren die geistigen Führer, die der Bedeutung des Heiligtums entsprachen.

Der Name SKYTHIANÓS weist auf das Volk der Skythen hin, das vom 8. bis 6. Jahrhundert v. Chr. als Reitervolk vom Schwarzen Meer her auftauchte und nach Mitteleuropa vordrang. Die Bodenfunde sind dafür ein Beweis. Hierzu gehört auch der Fund von Vettersfelde, der aber nach den neuesten Erkenntnissen wahrscheinlich nicht aufgrund eines Kriegszuges dorthin kam, sondern vermutlich als Schatz einer Geisel oder eines Abgesandten jenes Volkes. Die Skythen haben demnach die beiden geistigen Pole auf einer okkulten Achse verbunden, von der HANS GSÄNGER spricht[51] und die sich quer durch Europa vom Ostende des Schwarzen Meeres, wo Jason das Goldene Vlies holte, bis zu den hybernischen Mysterienstätten in Irland erstreckt. Während die kolchischen Mysterien in die Vergangenheit zurückreichten, wiesen die hybernischen in die Zukunft. Die Sonnenmysterien von Kolchis lehrten die Griechen, die hybernischen die Kelten. Durch die Skythen trafen beide aufeinander. Im Kreuzabnahmerelief der Externsteine sind beide Ströme dargestellt, dort flossen sie zusammen.

Aus diesem Zusammenfließen ergibt sich für die Germanen ein höchst bedeutsames Ereignis, das ursächlich mit dem Entstehen der germanischen Sprache, des germanischen Volkstums und den Missionen der späteren germanischen Einzelvölker zusammenhängt. Gewiß sind die ersten Ansätze ihrer Entstehung bereits in die zweite Hälfte des 2. Jahrtausends v. Chr. zu datieren, als sich im Gebiet der unteren Elbe, Dänemarks und Südskandinaviens ein einheitlicher Kulturkreis aus der Verschmelzung der Megalithgräberkultur mit der Schnurkeramikkultur, den Streitaxtleuten, bildete. Etwa ein Drittel des germanischen Grundwortschatzes, besonders in bezug auf Schiffahrt, Gesellschaft, Kriegswesen und Ackerbau, läßt sich nicht aus dem Indoeuropäischen herleiten; es dürfte von der Megalithgräberkultur übernommen worden sein. Doch der entscheidende Anstoß zur Bildung des Urgermanischen, das mit der germanischen Lautverschiebung begann, ist viel später anzusetzen. Bezeichnenderweise bedient sich die Sprachwissenschaft für die Datierung dieser Lautverschiebung des Wortes Hanf, das auf das griechische *kánnabis* zurückgeht. Dieses Wort aber stammt aus dem Skythischen. Urgermanisch lautete es **hanap–*. Man weiß, daß das griechische *kánnabis* erst im 5. Jahrhundert v. Chr. übernommen wurde. Wann das germanische **hanap–* entlehnt wurde, und wer dabei den Vermittler spielte, ist nicht bekannt. Auf jeden Fall aber zeigt dieses Wort bereits Merkmale der germanischen Lautverschiebung. Der Vorstoß der Skythen bis nach Mitteleuropa lag zwischen dem 8. und 6. Jahrhundert v. Chr. Auch SKYTHIANÓS muß zu dieser Zeit an die Externsteine gekommen sein, wo er die Einweihung der germanischen Priesterweisen vollzog. Die letzten keltischen Bewohner dieser Gegend müssen damals bereits abgezogen gewesen sein.[52] Ist es daher zu gewagt anzunehmen, daß hier der Impuls zur Bildung der germanischen Sprache, des germanischen Volkstums und der Missionen der späteren germanischen Einzelvölker gegeben wurde?

Wie noch gezeigt werden wird, sind die Externsteine weit vor den historischen Germanen bereits als Heiligtum benutzt worden, mindestens seit der Jungsteinzeit. Ergebnisse der Sprachwissenschaft und der Archäologie deuten darauf hin, daß sich der italo-keltische Zweig der Indoeuropäer zunächst geschlossen, dann in getrennten Gruppen in die späteren Siedlungsräume nach Italien bzw. Süddeutschland absetzte. Aber in der Bronzezeit müssen sich Kelten und Germanen in ihren Siedlungsgebieten wieder berührt haben; der Wortschatz verrät es. Sicher wurde ein so heiliger Ort wie der Raum um die Externsteine von den Kelten nicht einfach aufgegeben. Vielmehr ist dabei an eine regelrechte Übergabe unter Bewahrung der Tradition zu denken. Kelten dürften neben den eingedrungenen Germanen dort noch verhältnismäßig lange ihre feierlichen Riten vollzogen haben.

Die zentrale Bedeutung des Raumes um die Externsteine wird zunächst einmal, rein äußerlich gesehen, durch das ausgedehnte Straßennetz unterstrichen, das den Verkehr – zumindest in germanischer Zeit – von und in alle Richtungen gestattete. Aus allen Himmelsrichtungen kommend und in alle Himmelsrichtungen führend, kreuzen sich die Straßen beim heutigen Paderborn, am südwestlichen »Haupteingang« zum heiligen Bezirk. Die hohe politische und religiöse Anziehungskraft dieses Ortes, der vor der Zeit KARLS DES GROSSEN vielleicht den Namen Teuderi trug,[53] ergibt sich aus der Tatsache, daß dieser Frankenkönig und spätere Kaiser allein ihn achtmal besuchte. Im Jahr 777 ließ er einen großen Teil der Sachsen dort taufen und das Sachsenland in Missionssprengel einteilen; auch ein Feldzug gegen die Sarazenen wurde dort beschlossen. Im Juni 799 bat Papst LEO III. KARL um Hilfe und bewog ihn selbst dort zu seinem Romzug, und im Jahr 785 berief KARL nach dort eine Reichsversammlung, deren Beschlüsse unbekannt geblieben sind. Man darf mit Sicherheit annehmen, daß KARL DER GROSSE diesen Ort nur deshalb wählte, weil ihm die hohe Bedeutung des Raumes für den gesamten germanischen Bereich klar war; die Zerstörung der Irminsul hatte das bereits bewiesen. Dem Brauch der Zeit gemäß, demnach auch die alten heiligen Stätten, wo immer möglich, in christliche Heiligtümer umgewandelt wurden, erließ er von dort aus den Verwaltungsbefehl für die Missionierung, beschloß den Kreuzzug gegen die Sarazenen und empfing dort das Oberhaupt der Kirche. So sollte die alte Heiligkeit des Raumes zerstört und eine neue Heiligkeit ganz in der Nähe begründet werden. Der politischen Wichtigkeit entsprechend erschien dazu der Papst, den KARL DER GROSSE nicht nach Aachen, Köln oder Mainz kommen ließ, sondern in das bisher scheinbar unbedeutende Paderborn. Dort aber begann der heilige Bezirk. Wollte man ihn zerstören, so konnte das damals nur durch den höchsten Priester der Christenheit geschehen, und dieser mußte zudem dreimal erscheinen. Nicht umsonst verschwieg man den wahren Inhalt der fränkischen Reichsversammlung von 785: die endgültige Aufhebung der alten germanischen Zentralkultstätte. So darf es nach allem, was zuvor geschehen war, mit an Sicherheit grenzender Wahrscheinlichkeit angenommen werden.

Auffällig ist auch die starke Häufung von Wallburgen in und um diesen Bezirk, im Weser- und Wiehengebirge, im Osning- und Eggegebirge sowie im Sauerland (s. Karte 8). Man könnte fast von einem inneren und einem äußeren Befestigungsring sprechen. Doch ist die Rolle dieser altgermanischen Wallburgen wissenschaftlich umstritten. Mit Ausnahme des Kampfes um die Eresburg bei Obermarsberg zwischen SEGESTES und Arminius, in den dann die Römer eingriffen, berichten die Römer niemals von der planmäßigen Belagerung oder Einnahme einer germanischen Wallburg. Eher dürfte es sich daher bei ihnen um Kult- und Verwaltungszentren oder Fürstensitze gehandelt haben. Erst im 7. und 8. Jahrhundert werden im deutschen Raum Wallburgen für Verteidigungszwecke angelegt. Dennoch wird die politische und religiöse Bedeutung des Bereiches um die Externsteine gerade durch das Vorhandensein der Wallburgen, gleich, welchem Zweck sie tatsächlich gedient haben mögen, unterstrichen.

Abb. 1 Ansicht der Externsteine. Von rechts nach links: Fels 1 mit Eingang zur Grotte und Öffnung der »Sakristei«, davor Sargstein der Julinitiation; Fels 2 mit ehemaliger Verbindung zu Fels 1 durch die Öffnung und erkennbaren Zerstörungen beim Sazellum; zu Fels 3 führt heute eine Brücke; Fels 4 mit dem Wackelstein, der Fels der »Hindin«. Der Einweihungsritus verlief der Folge nach bei den Felsen 1 bis 4.

Abb. 2 Grotte in Fels 1 mit der runden Vertiefung zur Aufnahme des Opferkessels.

Abb. 3 Sargstein vor dem Fenster der »Sakristei« in Fels 1.

Abb. 4 Nische im Sargstein zur Aufnahme des Initianden bei der Julinitiation.

Anschaulich wird die hohe Bedeutung dieses Raumes bereits seit der Jungsteinzeit auch anhand einer Karte über das Vorkommen von Schädeltrepanationen.[54] Diese Schädelöffnungen wurden in Gebieten vorgenommen, die von alters her als besonders heilig bekannt sind: Bohuslän in Schweden mit den berühmten Felsbildern, Stonehenge, Chartres, Nîmes, Orléans, der Silingenberg südlich Breslau und – die Externsteine.

Wenden wir uns nun dem heiligen Raum selbst zu. Vom heutigen Paderborn aus kommend, führte die alte Straße wie die neue in nordostwärtiger Richtung weiter. Sie kreuzte die Lippe bei dem heutigen Marienloh, das schon durch seinen Namen den Verdacht erregt, daß sich dort ehemals ein der Freya geweihter heiliger Hain befand. Über das heutige Bad Lippspringe und die Jordanquelle, wo die vorher erwähnte Sachsentaufe tatsächlich stattgefunden haben soll – die Entfernung von Paderborn beträgt wenig mehr als 5 km –, führt die Straße zur Dedinger Heide. Der dort heute befindliche Teich füllt einen Geländeabschnitt, der zu germanischer Zeit von einem Ringwall eingeschlossen war. Der Name Dedinger Heide geht in seinem ersten Wort auf althochdeutsch *deotangart,* gotisch *thiudangards,* Platz, Bezirk oder Gehege des Volkes, zurück. Hier nahm ursprünglich einmal die sogenannte Fürstenallee ihren Anfang, auf die noch zurückzukommen ist (Karte 3). Die Vorstellung ist berechtigt, daß sich auf diesem »Platz des Volkes« die Teilnehmer an den feierlichen Prozessionen versammelten, die in germanischer Zeit, vielleicht auch schon weit früher, zu den Externsteinen führten. Für eine solche Bedeutung dieser Stelle spricht auch die Tatsache, daß die Orte Schlangen und Kohlstädt sowie die Siedlung Oesterholz zu den ältesten in jener Gegend zählen. Nur wo viele Menschen zusammenkamen, konnten sich in germanischer Zeit nicht in erster Linie bäuerliche, sondern mehr dorf- oder stadtähnliche Siedlungen bilden, um die Bedürfnisse der Pilger zu befriedigen. Bezeichnenderweise liegen alle drei Orte etwas abseits von den Anlagen, die dem eigentlichen Kultus dienten, aber doch so nahe, daß sie noch bequem erreicht werden konnten. Kohlstädt bildet dabei in gewisser Beziehung eine Ausnahme, auf die noch zurückzukommen ist.

Die erwähnte Fürstenallee ist als moderne Straße in fast 5 km Länge noch immer zu erkennen (Karte 4); vom Nordrand des heutigen Schlangen führt sie schnurstracks nach Norden bis zum Kreuzkrug, der hart ostwärts des ehemaligen Kreuzweges (Creutzwech) liegt. Die Straße besitzt die ungewöhnliche Breite von 35 m und führt etwa 700 m lang an der Sennetrift vorbei. Allerdings wird die Straße erst nach dem Übergang über die Strote bei der sogenannten Schwedenschanze so breit. Der Name Schwedenschanze ist, wie so oft, irreführend. Auf ihrer halben Höhe wurde eine starke Holzkohlenschicht gefunden, die auf Feuer hindeutet, die über einen längeren Zeitraum hinweg immer wie-

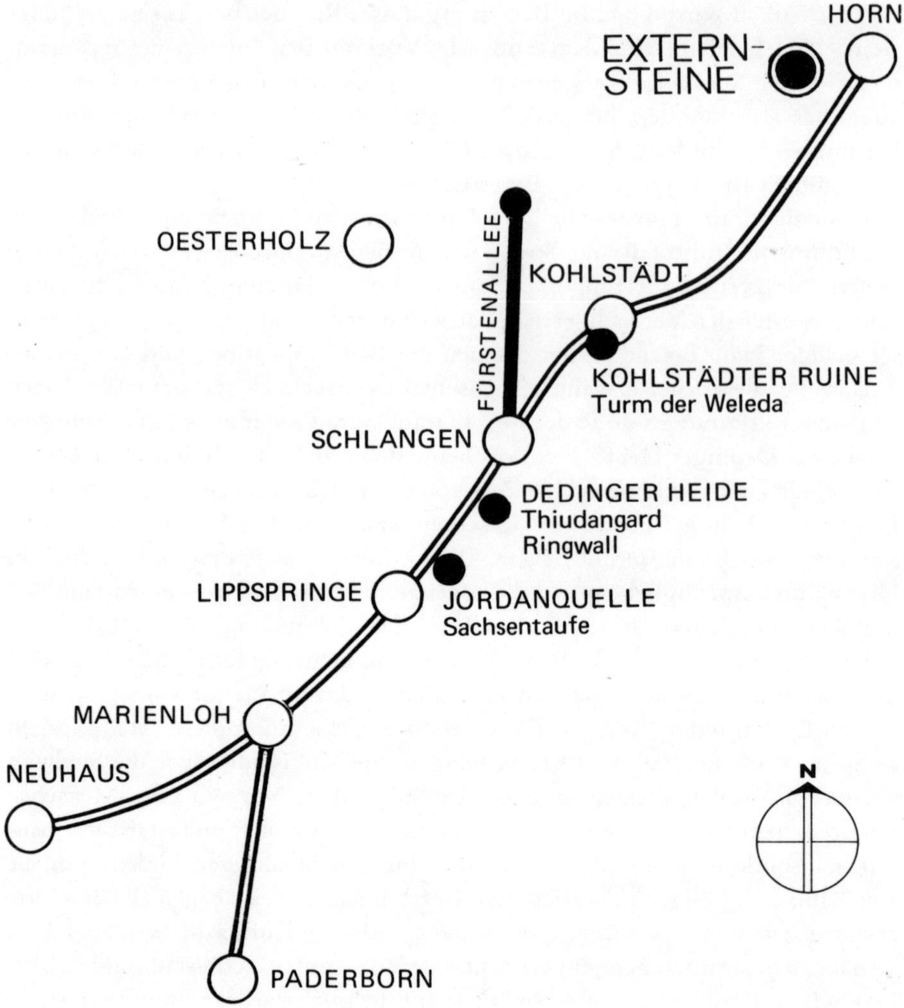

Karte 3 Zugang zum heiligen Bezirk und den Kultorten nahe den Externsteinen. Die Dedinger Heide war der Thing- und Versammlungsplatz, von dem aus die feierlichen Prozessionen auf der Fürstenallee ihren Ausgang nahmen.

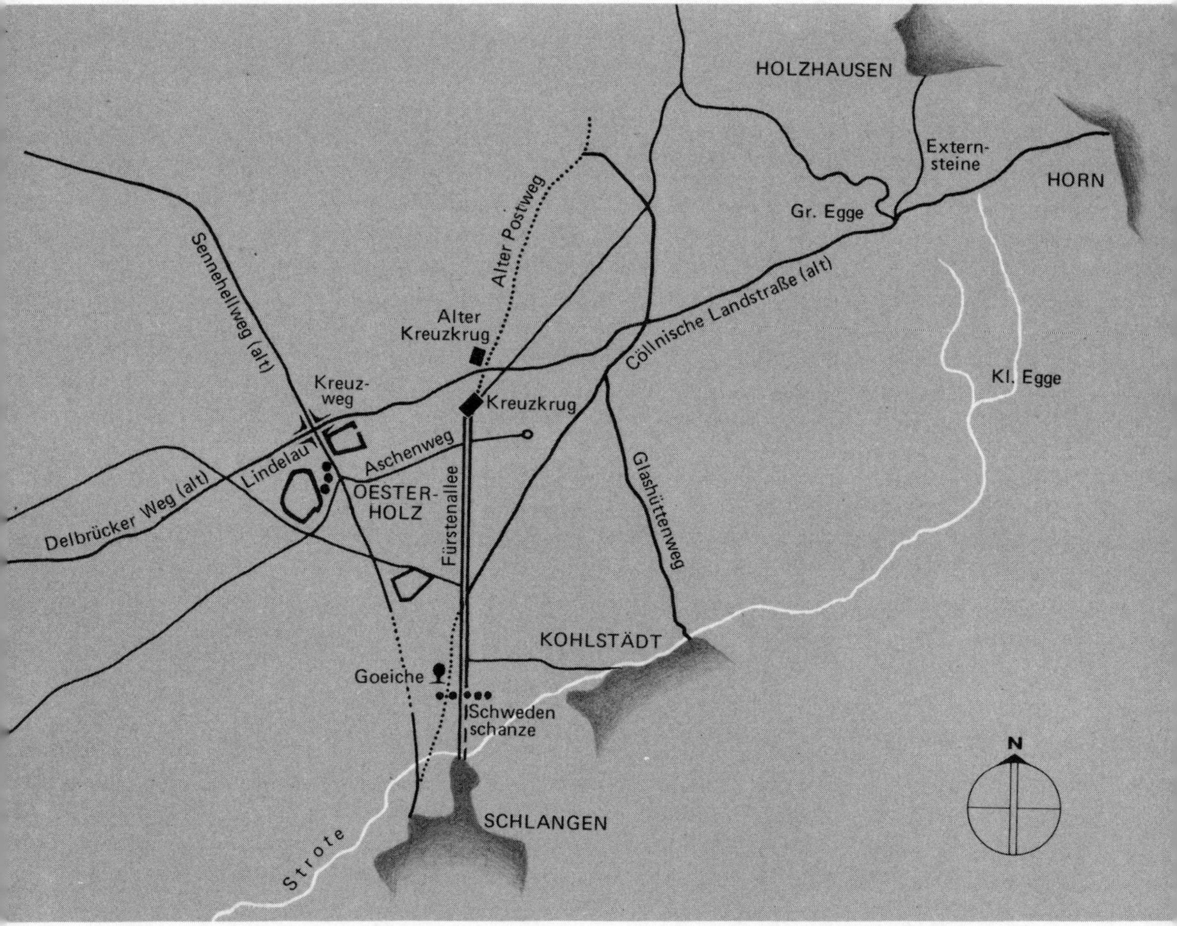

Karte 4 Straßen zu den Kultorten und den Externsteinen.

der entzündet worden sind. Auf beiden Seiten des nördlichen Teils dieser Straße befinden sich Hügelgräber, die den letzten Rest der noch vor hundert Jahren in der Karte verzeichneten Gräberfelder darstellen. Das weist auf eine Benutzung dieser Straße weit vor der Zeit des Arminius zurück. Dort, im nördlichen Teil der Fürstenallee, wird diese Straße vom Aschenweg gekreuzt, der aus südwestlicher Richtung kommt und nach etwa 700 m an einem riesigen Grabhügel beim Forsthaus Nassesand unvermittelt endet. Grabhügel wurden im allgemeinen nur für die Mächtigen des Volkes angelegt und fast immer entlang von

Straßen, die dadurch geheiligt wurden. Sehr wohl kann der Aschenweg seinen Namen davon erhalten haben, daß auf ihm die Asche der verbrannten Toten feierlich zum Grabhügel getragen wurde.

Im übrigen stammen die beschriebenen Hünengräber aus der Zeit zwischen 2000 und 1600 v. Chr. Das ist jene Zeit, die das Ende der Jungsteinzeit und den Anfang der Bronzezeit umfaßt. Da die Fürstenallee aber nicht Teil einer durchgehenden Fernverkehrsstraße war, muß sie bereits zu jener Zeit den angedeuteten kultischen Zwecken gedient haben. Sie ist ein erster Hinweis auf das hohe Alter der in diesem Raum vorhandenen Kultplätze.

Etwa 1 km nördlich der Schwedenschanze befindet sich hart westlich der Fürstenallee der heutige Ort Oesterholz, ein Name, der sich ursprünglich auf eine Mark, also ein Grenzgebiet, bezog. In den ältesten Urkunden steht *Astanholte* oder *Marcha in Osterholte*. In seiner »Dissertatio de statua illustri Herminii«[55] erwähnt WASSERBACH »lucos ac nemora consecrata diis apud Colstede et fanum Osterae deae prope Osterholz«, den Göttern geweihte heilige Haine und Wälder bei Kohlstädt und ein Heiligtum der Göttin Ostara bei Oesterholz. Der Name Oesterholz gibt in diesem Zusammenhang nicht die Himmelsrichtung an, sondern verweist auf ein ehemaliges Heiligtum jener Göttin. Diese Bemerkung WASSERBACHS ist immer wieder als Phantasterei abgetan worden. Aber es gibt doch zu viele Lokalsagen, die auf die Wahrheit der Aussage WASSERBACHS hinweisen. Da geht im nahen Gutshof die Weiße Frau um, was fast immer auf Freya hindeutet; Goldschätze sollen dort verborgen liegen; und in einem hohen Turm, der sich dort befunden habe, soll eine Frau gewohnt haben, die sich nur von Tauben, dem heiligen Vogel der Freya-Ostara, ernährt hat; außerdem hätten sich in dem Turm Speere und andere Waffen befunden. Der Gutshof Oesterholz bestand nach den ältesten Urkunden bereits in der ersten Hälfte des 9. Jahrhunderts. Aber bereits vor dieser Zeit belehnte KARL DER GROSSE seinen verläßlichsten Mann mit der Mark Oesterholz. Das läßt angesichts der dort herrschenden schlechten landwirtschaftlichen Bedingungen nur den Schluß zu, daß dieses Gebiet für die heidnischen Sachsen von großer Bedeutung gewesen sein muß, so daß KARL es einem starken und verläßlichen Mann zum Lehen gab. Noch deutlicher wird die Sache, wenn man erfährt, daß 815 dort ein Kloster gegründet wurde, das aber schon sieben Jahre später wieder aufgegeben wurde. Die Mönche hielten es an diesem Spukort nicht aus. Doch zeigt der Versuch der Klostergründung, daß man die alte heidnische Stätte in eine christliche verwandeln wollte.

Ganz dicht bei Oesterholz liegen bis zum Creutzwech, den RUDOLF STEINER als Mittelpunkt des heiligen Bezirks bezeichnet hat, fünf Laue. Das Wort *Lau* ist die dialektische Form von Loh, Lohe, heiliger Hain. Dieses Wort stimmt in seiner Bedeutung und in seiner Form ganz genau mit dem lateinischen *lucus* überein. Das südlichste dieser Laue heißt Gudenslau, weist also genau wie alle anderen Ortsnamen dieser Art – Godesberg bei Bonn, Gudensberg im heiligen Gebiet der Chatten südwestlich Kassel usw. – auf Wotan hin. Die Südwestecke dieses Laues liegt im übrigen auf einer Geraden, die in nordostwärtiger Richtung über die Externsteine hinweg zum Steintischberg verläuft, eine steinzeitliche Kultstätte bei Bad Meinberg. Der südwestliche Eckpunkt weist zum Sonnenuntergang zur Mittwinterzeit, während der nordostwärtige Eckpunkt den Sonnenaufgangspunkt zur Mittsommerzeit anvisiert (Fig. 4). Vom Gudenslau

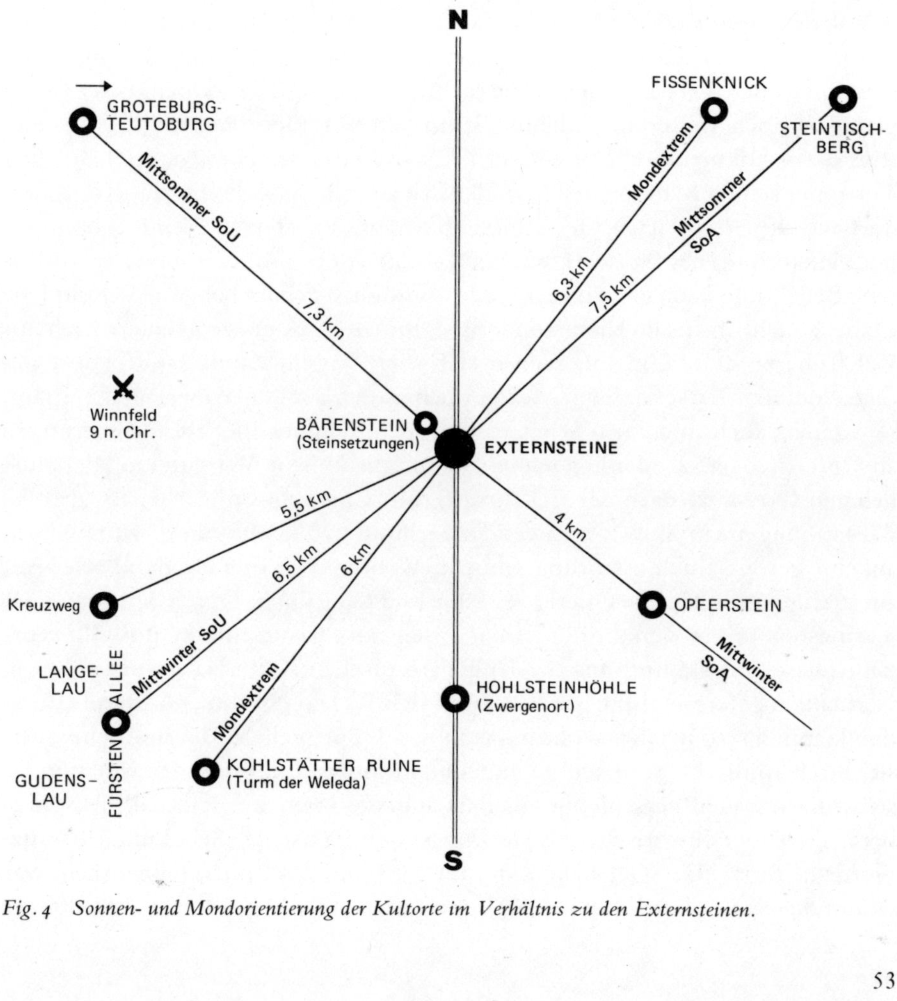

Fig. 4 Sonnen- und Mondorientierung der Kultorte im Verhältnis zu den Externsteinen.

aus verläuft direkt nach Norden eine Linie zur Groteburg bei Detmold, etwa zu der Stelle, wo heute das Hermannsdenkmal steht.

Nördlich des Gudenslau und jenseits des Aschenweges liegen dicht beieinander Langelau, Lindelau, Eckelau und Königslau (Karte 5). Alle vier sind durch Wälle begrenzt. Der Behauptung, das Langelau habe Kampfspielen, das Lindelau der Rechtsprechung, das Eckelau dem Halten heiliger Pferde – wie es TACITUS beschreibt – und das Königslau mit seinem Hügelgrab dem Aufenthalt der Fürsten bei den Kulthandlungen gedient, ist nicht zu widersprechen.[56] Diese Rekonstruktion vermutet das Heiligtum der Ostara bei den drei Hügeln zwischen Langelau und Königslau und vergleicht diese mit dem Heiligtum von Altuppsala in Schweden, das außer dem Tempel aus ebensolchen drei Hügeln bestand.

Wie der *parvis de Notre-Dame,* auf dem die mittelalterlichen Mysterienspiele in Frankreich stattfanden, mutet dieser Bezirk bei der Fürstenallee an, wenn man ihn zu den Externsteinen in die rechte Beziehung setzt. Doch dieser »Vorplatz« ist noch weiter ausgedehnt: Er umfaßt vor allem Kohlstädt mit seiner Ruine, der Hünnenkirche, die etwa 1 km ostwärts der Fürstenallee liegt. Der Turm mit seinen Mauerresten befindet sich am Südende des Dorfes Kohlstädt, dort wo die Straße nach Oesterholz abzweigt. Er ist weder eine Wohnburg noch ein technisches Bauwerk wie ein Kalkofen oder ähnliches gewesen. Taktische Bedeutung kann er an dieser Stelle unmöglich gehabt haben. Auch sind die Mauern nicht mittelalterlich, sondern stammen ihrer ganzen Bauart nach aus viel früherer Zeit. Um ihn weben sich viele Sagen: Kinder sollen dort geschlachtet worden sein, deren Mütter noch immer auf dem nahen Weinberg um sie weinen; auch sind darin Schätze vergraben. Klingen hier alte Erinnerungen an Opferriten nach, oder handelt es sich um die übliche Verteufelung der alten heiligen Orte kurz nach der Bekehrung zum Christentum? Sicher ist, daß bei Ausgrabungen ein Skelett in sitzender Stellung gefunden wurde, woraus man auf eine gewaltsame Zerstörung schließt. Wichtiger ist aber der Fund einer Axt aus blasigem Eisen ohne Querloch, Tülle und Längsloch. Durch den Brand des Turmes bei seiner Zerstörung ist das Eisen mit Glasurschlacke umhüllt worden. Diese Axt stammt aus der frühen römischen Kaiserzeit, wurde aber in Germanien gefertigt. In dieser Zeit hielt sich WELEDA in dieser Gegend auf, in den Jahren 69/70 n. Chr. wohnte sie an den Lippequellen. Bekanntlich wurde sie durch römische Soldaten gefangengenommen, ihr Turm zerstört und sie selbst nach Italien verschleppt. Es darf angenommen werden, daß der Turm bereits vor der historischen WELEDA von germanischen Seherinnen benutzt wurde (s. S. 77). Den Germanen, die am Aufstand des CIVILIS teilnahmen, war es durchaus möglich, das bei Köln erbeutete römische Admiralsschiff der

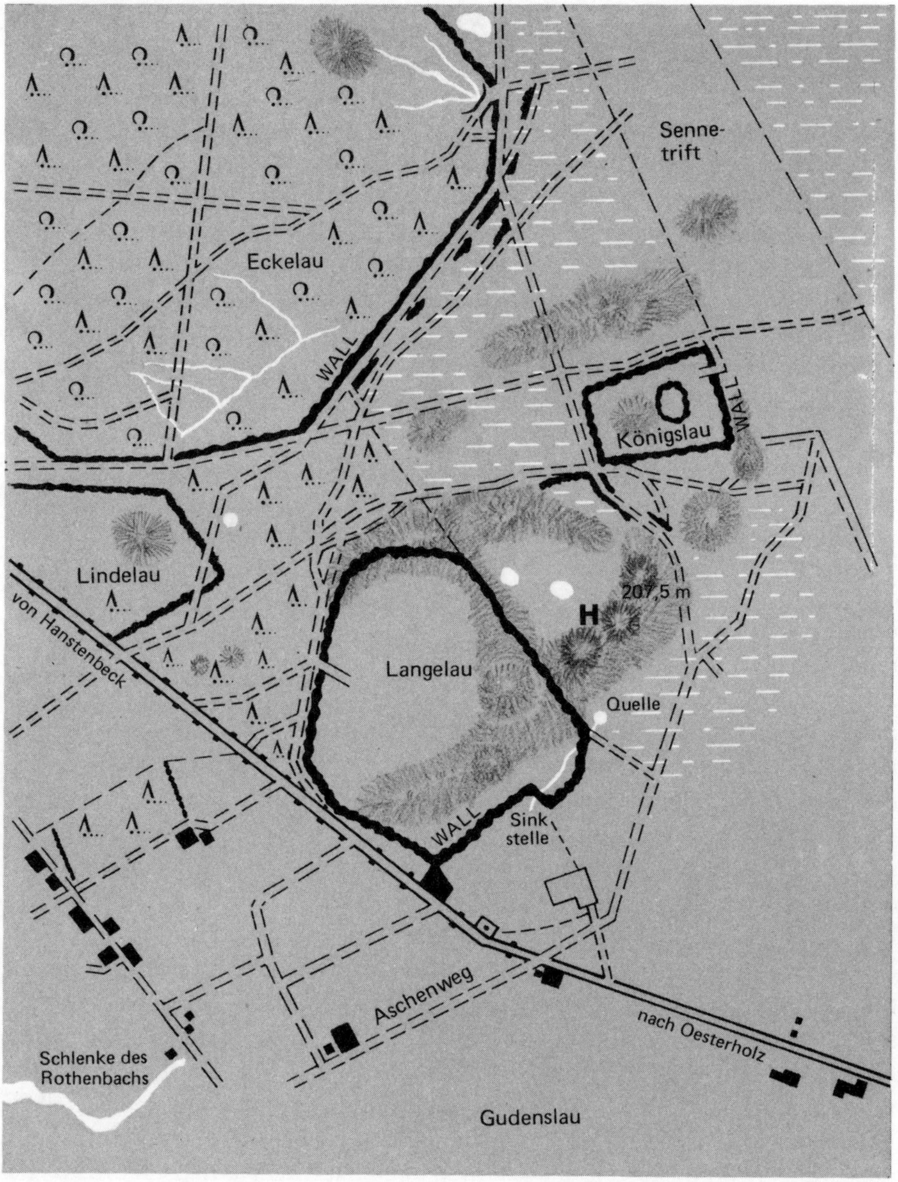

Karte 5 Lage der Laue nahe dem Kreuzweg; als heilige Haine dienten sie unterschiedlichen kultischen Handlungen.

WELEDA zum Geschenk zu machen, wie das TACITUS berichtet.[57] Die Lippe war damals bis Neuhaus schiffbar, und weiter konnte die Strote (Thüne) benutzt werden.[58] So darf die Kohlstädter Ruine zu Recht als der Ort vermutet werden, an dem sich alle, die Fragen an die Seherin hatten, vor oder nach der heiligen Handlung an den Externsteinen Rat holten.

Noch eine andere Tatsache weist ganz deutlich auf die Benutzung der Kohlstädter Ruine durch eine Frau hin: Zieht man eine Gerade von der Hünnenkirche über die Externsteine bis zur Fissenknicker Mühle im Nordosten, so erhält man mit den Endpunkten das nördliche und südliche Mondextrem (Fig. 4). Die Fissenknicker Mühle wiederum bildet das Südwestende des heiligen Gebietes im Leistruper Wald mit seinen Opfersteinen, Steinsetzungen, Alignements und Hügelgräbern. Es bildet das nordostwärtige Gegenstück zum *parvis* bei Oesterholz. Zudem sind die Entfernungen von den Externsteinen zur Fissenknicker Mühle einerseits und zur Kohlstädter Ruine andererseits fast genau gleich, 6 und 6,3 km.

Es gäbe noch eine große Anzahl wichtiger Kultplätze innerhalb des von RUDOLF STEINER beschriebenen Kreises im einzelnen zu behandeln; doch reicht der hier gegebene Rahmen dazu nicht aus. So sollen die wichtigsten nur erwähnt werden: die uralte Hünenkapelle auf dem Tönsberg westlich von Detmold und die dicht dabei liegenden Hügelgräber; Detmold selbst, dessen Name auf ein althochdeutsches *theotmali,* Volksgerichtsstätte, zurückgeht; der Roßmarkt von Wilbasen ostwärts von Detmold, der bis auf germanische Zeit zurückgeht und von religiösen Festen begleitet war; die heilige Quelle in Bad Pyrmont, in der kostbare Opfergaben aus germanischer Zeit gefunden wurden; die Herlingsburg zwischen Blomberg und Lügde, von der viele annehmen, sie sei der Wohnsitz des Arminius gewesen; die Wallburg beim uralten Ort Schieder, die, von der Groteburg (Teutoburg) aus gesehen, zusammen mit der Stukenbrocker Kirche im Westen auf der Linie der Tag- und Nachtgleiche liegt; der Bollerborn bei Altenbeken, eine bis zum 17. Jahrhundert intermittierende Quelle, in die KARL DER GROSSE, um das Geheimnis der Quelle wissend, auf seinem Marsch zur Zerstörung der Irminsul auf den Externsteinen seinen Speer stieß und damit dem zaudernden Frankenheer nicht nur Wasser verschaffte, sondern ihm auch Mut zur Zerstörung des noch bis vor kurzem als Zentralheiligtum verehrten Platzes machte; die Bielsteinhöhlen südlich Veldrom, in denen die Zwerge hausten; die Steinsetzungen auf dem Bärenstein, dicht bei den Externsteinen selbst; und die steinzeitliche Kultstätte auf dem Steinberg bei Bad Meinberg. Die Aufzählung dieser Namen allein gibt bereits einen Eindruck vom gewaltigen Umfang dieser heiligen Anlagen, die, wie leicht daraus zu erkennen ist, sich zurück bis in die Steinzeit verfolgen lassen.

Wenden wir uns nun aber dem Zentralheiligtum der Externsteine selbst zu. Auch darüber kann in diesem Rahmen nur ein allgemeiner Überblick gegeben werden;[59] auf die Bedeutung des Namens ist an anderer Stelle eingegangen worden (s. S. 25).

Im 11. Jahrhundert gehörten – nach einer angeblichen bischöflichen Urkunde über den Ankauf aus dem Jahr 1093 – die Externsteine einem ungenannten Edelmann, der sie an seine drei Söhne vererbte, bezeichnenderweise zusammen mit Liegenschaften bei Kohlstädt, zu denen auch die Ruine gehörte. Zwei von ihnen schenkten ihren Anteil der Kirche; die Externsteine gehörten nicht dazu. Sie behielt weiterhin der dritte der Brüder als Eigentum. Dessen Mutter vererbte sie erst nach dem Tod ihres Sohnes an das Kloster Abdinghof in Paderborn. Hierbei sind für uns drei Dinge wichtig: Erstens wurde nachgewiesen, daß es sich bei diesem Vorgang um die bekannte Übergabe eines ehemals heidnischen Kultbesitzes handelte;[60] zweitens wird in der Urkunde mehrmals erwähnt, daß es sich um die Externsteine »cum vicino nemore« – mit dem nahen heiligen Hain – handelte, was sowohl Punkt eins bestätigt als auch darlegt, daß noch im 11. Jahrhundert im Volk eine Anschauung von der Heiligkeit des Ortes herrschte; drittens gab es in Paderborn ein Kloster Abdinghof, ein Name, der nichts anderes als »Abschwörhof« bedeutet. Dieses Kloster hatte am Zugang zum Zentralheiligtum also den ausdrücklichen Auftrag, die dort Wohnenden oder dorthin Pilgernden zum Abschwören vom alten Glauben zu bewegen; ein weiterer Beweis für die große Bedeutung der Externsteine in germanischer Zeit. Einen weiteren Hinweis bietet der die Externsteine umspülende Bach, die Wiembeke, dessen Name geweihter, oder besser, von sich aus heiliger Bach bedeutet.

In den ältesten schriftlichen Urkunden wird der Name der Externsteine stets im Singular gebraucht, oft unter der Bezeichnung Agisterstein, vielleicht weil man die ganze sichtbare Gruppe von vier Felsen als eine Einheit ansah, was wiederum durch deren kultischen Gebrauch verursacht worden sein kann. Unter dem Erdreich und dichtem Bewuchs verborgen, finden sich neun weitere, zu dieser Kette gehörende Felsen.

Um die ganze Felsgruppe spinnt sich eine Reihe von Sagen.[61] Die Tatsache, daß es sich dabei um sogenannte Baumeistersagen handelt, in denen der Teufel überlistet wird, weist darauf hin, daß hier ein Stück alten Heidentums verteufelt werden soll. Auch die Erwähnung historischer Persönlichkeiten wie Karls des Grossen läßt erkennen, daß ihre jetzige Fassung sehr spät anzusetzen ist, das heißt nach der Christianisierung.

Die urkundlich belegte Geschichte der Externsteine nach der erwähnten Bestätigung des Ankaufs interessiert in unserem Zusammenhang wenig. Es sei lediglich darauf hingewiesen, daß sie eine Zeitlang im Mittelalter den Mönchen als Klause dienten, die sich später als Straßenräuber betätigten und deshalb vertrieben wurden. GRAF HERMANN ADOLPH ZUR LIPPE ließ den Externstein »anno 1664 zu seinem Vergnügen anrichten und dabey ein Hauß erbauen«. Das älteste bekannte Bild der Externsteine zeigt neben der größten Klippe einen Treppenturm, der fast bis zur halben Höhe des Steines hinaufführt; von dort geht eine offene Treppe zum Gipfel. Den ersten bis dritten Felsen verband demnach eine befestigungsartige, vorgelagerte Mauer mit Rundtürmen, zwischen denen sich ein großes Tor befand. Das erwähnte Haus sollte außerhalb der »Festung« stehen, wurde aber nie vollendet. Der ganze Bau wurde einem Hoflakaien überlassen, und so verfielen die Mauern allmählich oder wurden von den Anwohnern als bequemer und billiger Steinbruch für ihre eigenen Bauten benutzt. Um die Mitte des 18. Jahrhunderts waren nahezu alle diese Anlagen wieder verschwunden. Nach einer kurzen Benutzung als Stadtgefängnis von Horn wurden die Felsen und ihre Umgebung im Jahr 1809 zu einem Ausflugsort umgestaltet. 1934 begann ANDREE schließlich mit seinen wissenschaftlichen Ausgrabungen, deren durch Aushub sichtbar gewordene Ergebnisse unsinnigerweise 1945 nach Kriegsende wieder zerstört wurden.

Nehmen wir die Gesamtergebnisse der in diesem Zusammenhang so wichtigen Ausgrabungen ANDREES voraus,[62] denen entsprechend er es als erwiesen betrachtete,

»daß alle Felsenräume in vorgeschichtlicher Zeit geschaffen worden seien,
daß der Raum in der Höhe des zweiten Felsens auf den Sonnenaufgang am Tage der Sommer-Sonnenwende ausgerichtet gewesen sei, ehe er von Menschen zerstört wurde,
daß über diesem Raum ein Wahrzeichen, d. h. eine Irminsul gestanden habe,
daß in dem Sargsteine der Rest eines Felsens zu erblicken sei, der an der Wende der vorgeschichtlichen zur geschichtlichen Zeit zerstört wurde,
daß auf dem Zwischenfelsen (1 a) ein bislang unbekannter Raum gewesen sei, der gleichfalls aus vorgeschichtlicher Zeit stammt,
daß vor dem Kreuzabnahmebild ein Steintisch gestanden habe, der in den Sachsenkriegen des 8. Jahrhunderts zerstört wurde, und daß in diesem Gebiet Baumsargbestattungen vorkommen,
daß die Trockenmauern und der Schacht samt der weißen Sandschicht vor dem zweiten Felsen in vorgeschichtlicher Zeit angelegt worden seien und dem kultischen Brauche gedient hätten,

wie auch sämtliche Räume in den Steinen als Kulträume anzusehen wären, weil sie nach heutiger Kenntnis der germanischen Kultur als Wohnstätten nicht in

Betracht kommen. Damit galten zwangsläufig auch alle Befunde und Anlagen als zu kultischen Zwecken geschaffen.

Nahe der Wiembeke wurde im folgenden Sommer 1935 eine dritte Trockenmauer freigelegt, ›von 25 cm Stärke und 25 cm Höhe, sorgfältig aus faustgroßen Steinen zusammengesetzt‹, etwa 47 cm lang. Im NO der Felsen grub Andree eine Umwallung aus, bestehend aus Holz/Erde-Mauern von ehemals 1,50 m Höhe und reichlich 1 m Breite, zu beiden Seiten begleitet von einem flachen Graben, dessen Aushub die Holzkonstruktion füllte. In etwa 10 m Abstand lief eine zweite Mauer. Stellenweise war die Anlage gedoppelt, so daß also vier Mauern dieser Art vorhanden waren. Das Gelände ist im Kataster als ›Immenburg‹ verzeichnet. Teudt fragt, ob Immenburg = Irminburg sein könne, da im lippischen Niederdeutsch das r wie ein Laut zwischen a und e klinge.«[63]

Zu erwähnen ist hierbei, daß ANDREE die Trennungslinie zwischen geschichtlich und vorgeschichtlich in die Zeit der gewaltsamen Sachsenbekehrung durch KARL DEN GROSSEN legt und andeutungsweise – jedoch klar genug – die Zerstörung des Heiligtums mit der Zerstörung der Irminsul im Jahr 772 durch den großen Frankenkönig gleichsetzt. Über das Alter der einzelnen »vorgeschichtlichen« Anlagen ist damit allerdings noch nichts ausgesagt. Bei der Betrachtung der vier Felsen ist stets im Auge zu behalten, daß in vorgeschichtlicher Zeit alle Felsen miteinander durch hochgelegene Brücken verbunden waren.[64] Stufenartige Widerlager, die deutlich auf allen Felsen zu erkennen sind, lassen diesen Schluß zu.

Der Fels 1 ist der größte und ist in drei Teile gegliedert, von denen die höchste Spitze heute als Aussichtspunkt dient (Fig. 5, Abb. 1). Die dorthin über den Felsen 1a führende Treppe wurde im 17. Jahrhundert durch GRAF HERMANN ADOLPH ZUR LIPPE gebaut. Drei Meter unterhalb der Plattform ist ein zerstörter Raum zu erkennen, von dem nur noch die Rückwand mit einer Nische und ein Teil der linken Seitenwand stehen. Wahrscheinlich führte von ihm aus die Verbindungsbrücke zum Gestirnsbeobachtungsraum auf Fels 2, wie es die dort noch sichtbaren Balkenlager erkennen lassen. Von der Plattform aus ist auch die Zerstörungsarbeit an Fels 2 noch gut zu erkennen. Der ruinierte Raum unterhalb der Plattform kann sehr gut dem jeweils höchsten Eingeweihten als Wohnung gedient haben, in der er sich, von allem abgeschieden, den Gedanken über die Führung der alteuropäischen, keltischen oder germanischen Menschheit hingeben konnte.

Durch die sogenannte Adlertür betritt man heute die tiefer gelegene Grotte im Felsen 1. Ob es sich dabei tatsächlich um eine von jeher bestehende Tür oder um ein Fenster handelt, mag dahingestellt bleiben; die Frage ist in unserem

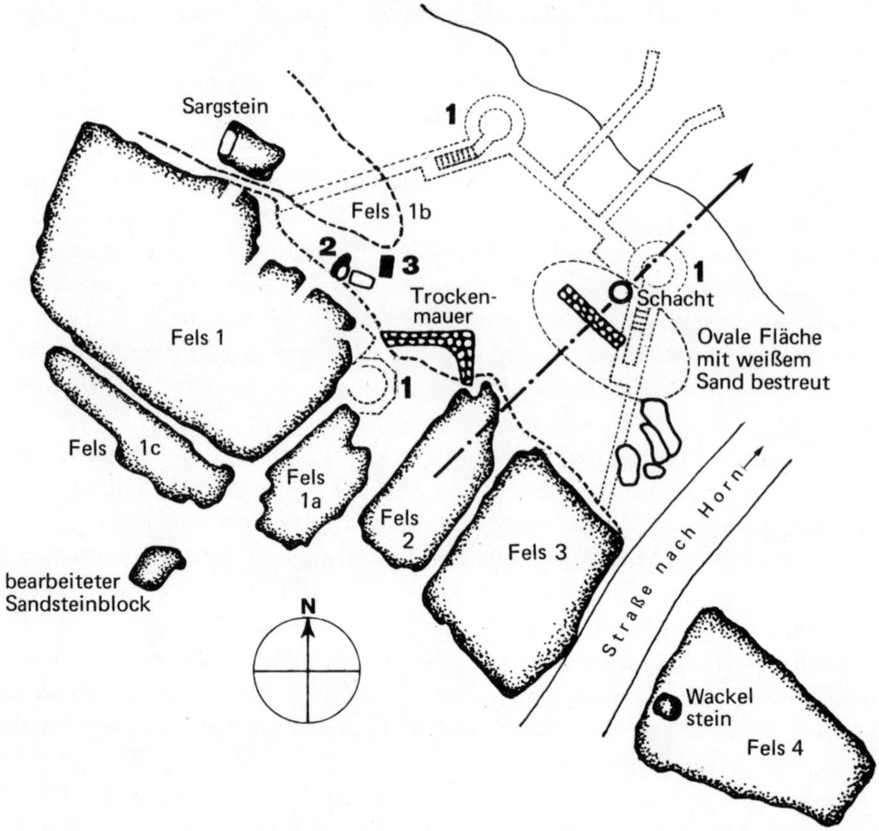

Fig. 5 Lageplan der Externsteine.
1 Die Anlage von Mauern und Türmen des Jagdhauses von 1660
2 Steintisch
3 Baumsarg
Die Pfeillinie gibt die NNO-Richtung zum Sonnenaufgangspunkt zur Sommersonnenwende vom kreisrunden Durchbruch des Sazellums aus an.

Zusammenhang nicht von Interesse. Fest steht nur, daß es sich bei dem Adler um ein altes sächsisches Hoheitszeichen handelt, er also vor der Christianisierung angebracht worden ist. Form und Ausrichtung der Grotte schließen die zweckmäßige Benutzung für den christlichen Gottesdienst aus. An den 10,20 m langen, 3,10 m breiten und 2,90 m hohen Hauptteil der Grotte schließt sich im rechten Winkel ein Nebenraum an, den man fälschlich Sakristei nennt (Fig. 6). Es ist nachgewiesen worden, daß der ursprüngliche Felsenraum nahe dem Fenster der »Sakristei« kubisch war, auch wurde der Verbindungsraum zur Grotte nachträglich vergrößert. Der Zugang zum kubischen Raum war wohl gerade noch groß genug, einen Mann durchzulassen. Genaue Untersuchungen haben nun ergeben, daß jedes in der »Sakristei« gesprochene Wort von einer vor den Felsen stehenden Menschenmenge verstanden werden konnte, ohne daß sie den Sprechenden sah.[65] Die akustische Wirkung muß um so größer gewesen sein, je enger der Durchgang und der kubische Raum selbst waren. An der Nordwestwand dieses Raumes befinden sich die Binderunen (s. S. 26). Außerdem fand man bei der Entfernung des Verputzes aus dem 17. Jahrhundert in der Decke eine abgebrochene Feuersteinklinge. So erweist sich dieser Raum als Kultraum, der diesem Zweck von der Jungsteinzeit bis zur Zeit vor der Christianisierung diente. Man kann sich gut vorstellen, daß von dort aus der Eingeweihte und Führer dem Volk ungesehen seine Orakelsprüche verkündete.

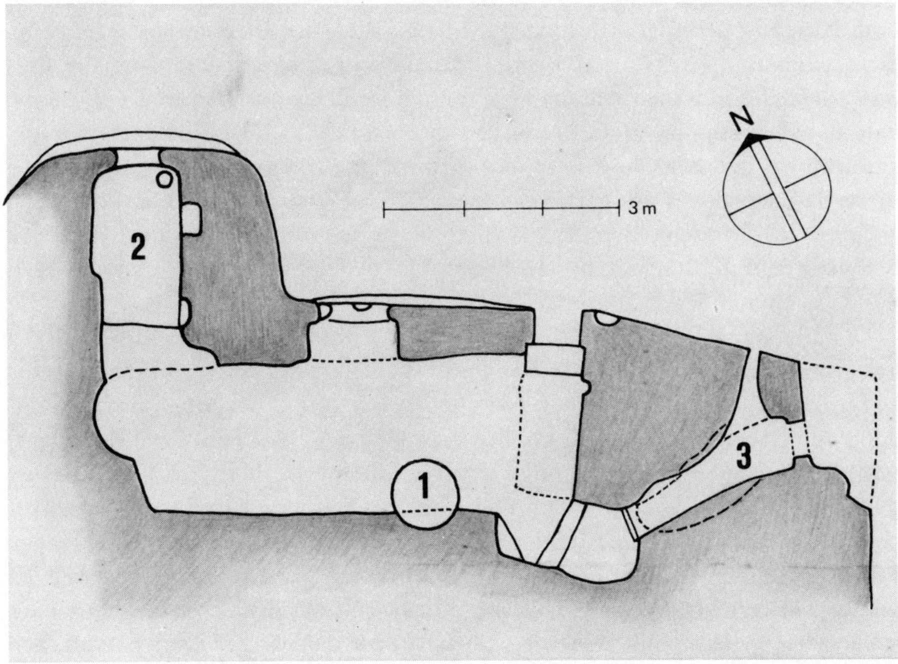

Fig. 6 Grundriß der Grotte in Fels 1.
1 Runde Vertiefung zur Aufnahme des Opferkessels
2 »Sakristei«, von der aus der Priester ungesehen zur versammelten Menge sprechen konnte
3 »Petrusgang«, durch ihn war ein unbeobachtetes Kommen und Gehen möglich

Schräg gegenüber dem Eingang befindet sich im Hauptteil der Grotte eine beckenartige Vertiefung im Fußboden, die auch 50 cm tief in die Rückwand der Grotte eingelassen ist (Abb. 2). Für den späteren christlichen Kult, der zeitweilig in der Grotte abgehalten wurde, war sie selbst als Tauf- oder Fußwaschbekken unsinnig. Zudem ist deutlich zu erkennen, daß sie schon vor dieser Zeit vorhanden war. Sie kann in vorchristlicher Zeit nur zur Aufnahme des Opferkessels gedient haben, wenn der Kreis der hohen Eingeweihten dort sein eigenes, geheimes Opferfest mit Opfermahl beging, wie es auch sonst in der Blothalle germanischer Tempel zu geschehen pflegte. Die Weiheschrift aus dem Jahr 1115, die ebenfalls in diesem Teil der Grotte zu finden ist, interessiert hier nicht. Schon eher der darunter eingeritzte merkwürdige Kopf mit den überlangen Ohren. Meist wird er als Abbild eines Unholds erklärt, der durch das Christentum überwunden worden ist und stellvertretend für alle heidnischen Unholde steht.

Beim Gang zurück gelangt man nach links über drei Stufen in den sogenannten Petrusgang und danach in eine natürliche Verwitterungskuppel. Kurz vor dem Ausgang befindet sich links ein Lichtschlitz, der aber sinnlos war, wenn die sogenannte Petrustür, die gleich danach kommt, der ursprüngliche Ein- oder Ausgang gewesen wäre. Er ist aber sinnvoll, wenn man sich vor Augen hält, daß der Gang bis in die Schlucht zwischen Fels 1 und 2 führte. Da vorauszusetzen ist, daß der Gang 1115 in die christliche Anlage einbezogen wurde – dieser Teil wurde erst im 17. Jahrhundert entfernt –, so muß man die Folgerung ziehen, daß Mönche den Lichtschlitz einfügten und dabei im Relief den Schwanz des Flugdrachens beschädigten. Das bedeutet aber, daß das Relief weit vor 1115 entstanden sein muß!

Der alte Gang führte zwischen Fels 1 und 2 hindurch auf die Rückseite der Felsgruppe, wo er nach rechts abbog und sich längs des Felsens hinzog. Da die 1935 freigelegte Trockenmauer zwischen Fels 1 und 2 den Blick auf den Zugang zur Grotte verhinderte, konnte man von der Rückseite des Felsens aus, von der vor den Felsen harrenden Menge unbemerkt, heimlich in die Grotte gelangen. Darüber hinaus fanden sich zwischen Fels 1 und 1 a Reste vorchristlicher Steinstufen, die den Aufstieg in die hochgelegenen Räume dieser beiden Felsen ermöglichten. Der Raum auf Fels 1 a bestand aus stehengelassenen Felswänden und einer Holzkonstruktion. Ein Felsblock, der heute an der Seeböschung liegt, gehört mit seinen Keillöchern, die denen auf Fels 1 a entsprechen und von der früher üblichen Sprengung mit Holz und Wasser herrühren, zu diesem Raum. Beide Räume sind, wie die Ausgrabungen ANDREES ergeben haben, vorchristlich und dienten den Eingeweihten und Priesterweisen zur Vorbereitung.

Die sogenannte Petrusfigur ist sicher erst in christlicher Zeit zum Jünger umgewandelt worden. Damals erhielt sie einen Arm mit Schlüssel. In früherer Zeit aber war sie der Hüter der Schwelle. Unbekannt ist der Zweck einer vom Sargstein aus sichtbaren und unzugänglichen Öffnung von 52 cm Höhe, hinter der sich ein schräg ausgebrochener Raum von 1,20 m/1,30 m/1,40 m befindet. Man hielt ihn für eine Reklusenzelle oder eine Schatzkammer.[66] Für beide Zwecke erscheint er in dieser Form ungeeignet, da er sowohl für den Aufenthalt eines Menschen wie für die Aufbewahrung jener Schätze an Gold und Silber zu klein ist, von denen EINHARD sagt, KARL DER GROSSE habe sie von dort weggeführt. Denkbar ist, daß hier mit einer neuen Höhlung begonnen wurde, die aber nicht mehr durchgeführt werden konnte.[67]

Dicht bei der Nordostwand von Fels 1, unmittelbar unter dem Fenster der »Sakristei«, befindet sich ein Sandsteinklotz von 5 m/5 m/3 m, aus dem auf einer Seite eine halbkreisförmige Nische ausgemeißelt ist. In den waagrechten Boden der Nische ist die Hohlform einer menschlichen Gestalt von 197 cm Länge und 50 cm Schulterbreite eingearbeitet (Abb. 3,4). Nur mit gekreuzten Armen kann man in dieser Hohlform liegen. An der Rückwand dieses Sargsteins finden sich Reste zweier kleiner Treppen, die auf einer 50 cm/50 cm breiten Plattform enden. Der auf dieser Plattform Stehende blickt genau nach Norden. Mit dem Heiligen Grab hat dieser Sargstein, wie in jüngster Zeit immer wieder bewiesen werden sollte, nichts zu tun. Auch weist seiner Meißeltechnik nach die Ausarbeitung auf eine Entstehung in vorchristlicher Zeit hin. Ähnliche Sargsteine gibt es vor allem in den vorchristlich keltischen Heiligtümern auf dem Odilienberg und in der Höhlenkultstätte am Hertenstein bei Zabern, beide also im Elsaß gelegen. Sie dienten dem »Gang zu den Müttern«. Bekannt ist, daß sowohl die Kelten als auch die Germanen die drei Mütter verehrten. Im angelsächsischen England war das Julfest geradezu den Müttern geweiht.[68] Damit wird die Benutzung des Sargsteins bei der Julinitiation deutlich, vor allem, wenn man das Traumlied des OLAF ÅSTESON zur Deutung heranzieht.[69]

Bei der Julinitiation wurde der Geheimschüler in den Raum mit dem Sargstein geführt – um einen Raum muß es sich auch hier früher gehandelt haben – und in den dreitägigen Einweihungsschlaf versetzt. Verließ die Seele des Schülers ihren im Sargstein liegenden Leib, so geriet sie bei der Fülle der neuen Eindrücke in der geistigen Welt in große Gefahr. Wohl war der Schüler durch den Hierophanten darauf vorbereitet worden, doch mußten ihm seine zwölf Helfer die ganze Zeit über beistehen. Das geschah von dem Podest aus, das jeweils einer über die Treppe betrat, um heilige Texte aufzusagen. Wenn er die Plattform über die eine Treppe verließ, konnte der nächste über die andere Treppe hinaufsteigen. Der Hierophant überwachte während der ganzen Zeit den Einweihungsschlaf seines Schülers von der »Sakristei« aus.[70] Am Ende der Einweihung weckte er den Initianden aus seinem Schlaf und verließ, ungesehen wie er gekommen war, durch den Felsengang wieder die Grotte. Für unseren Zusammenhang ist hinzuzufügen, daß Arminius diesen »Gang zu den Müttern« wohl in der ersten Phase seiner Einweihung durchgemacht hat.

Vor dem Felsen 2 steht die sogenannte Rednerkanzel, von der der Sage nach Arminius im Jahr 9 n. Chr. zu den versammelten Fürsten gesprochen haben soll (Abb. 5). Zu ihr führt und um sie windet sich eine immer schmaler werdende Felstreppe, die im Lauf der Geschichte immer wieder zerstört worden ist. Ursprünglich führte sie nach den Untersuchungen Andrees von der Südostseite des Felsens 2 über die Nordwestseite des Felsens 3 zu einer Brücke, die zum sogenannten Sazellum auf dem Felsen 2 führte (Fig. 7). Bei dem Sazellum, dem kleinen Weiheraum, handelt es sich um einen Raum von 5,46 m Länge und 3,10 m Breite, der deutliche Spuren der Zerstörung aufweist. In der südwestlichen Rückwand befindet sich eine von dünnen Halbsäulen flankierte Nische, während in der Nordostwand, in einer Apsis, ein 83 cm hoher, 33 cm breiter und 70 cm tiefer Ständer steht, in dessen Oberfläche sich ein 6 cm/6 cm/6 cm großes Loch befindet. Über dem Ständer durchbricht eine kreisrunde Öffnung von 35 cm Durchmesser die Nischenwand (Abb. 6). Links neben der Apsis führen Stufen ins Leere.

Zweifellos ist der Raum verändert worden. Zieht man durch die ursprüngliche Form des Raumes die Mittellinie, die von der Ecke der linken Säule der Nische in der Rückwand über den Ständer durch die Mitte der kreisrunden Öffnung führt, so trifft man in ihrer Verlängerung genau den Aufgangspunkt der Sonne zur Sommersonnenwende (Fig. 4). Diese Linie zeigt gleichzeitig auf die steinzeitliche Kultstätte des Steintischberges bei Bad Meinberg. Das dicht bei der Rückwand gelegene Fenster dagegen gibt den Blick über die Steinsetzungen am nahen Bärenstein zur Groteburg und zum Sonnenuntergangspunkt in der Mittsommernacht frei.

Um den Aufgangspunkt der Sonne ganz genau anvisieren zu können, muß sich auf dem Ständer, dessen Verwendung als christlicher Altar im übrigen aus rein praktischen Gründen unmöglich war, ein säulen- oder stabähnlicher Gegenstand befunden haben, worauf auch das in seiner Oberfläche befindliche Loch hindeutet. Es erscheint keineswegs zu kühn anzunehmen, daß es sich dabei um eine kleine Irminsul gehandelt hat, durch deren beide Arme hindurch die Sonne anvisiert wurde. Außerdem konnten die Goden aus dem Schatten das lesen, was Rudolf Steiner im Hinblick auf die Druiden wie folgt ausgedrückt hat: »... nun erinnere ich Sie an das, was ich Ihnen über die Druiden gesagt habe. Die dämpften ab durch die Kromlechs das physische Sonnenlicht, sahen

Abb. 5 Rednerkanzel vor Fels 2, von der herab der Sage nach Arminius vor der Varus-Schlacht zu den versammelten Gaufürsten gesprochen haben soll.

Abb. 6 Ständer und Durchbruch im Sazellum. Auf dem Ständer befand sich wahrscheinlich eine kleine Irminsul, über die der Sonnenaufgang am Sommersonnwendtag anvisiert wurde. Links sind die ersten Stufen einer Treppe zu erkennen, die zerstört wurde. Über sie gelangte man zur großen Irminsul auf Fels 2, die der Wotanseinweihung diente.

Abb. 7 Fürstenbank vor Fels 3. Auf ihr nahmen wohl vornehme Gäste während der Kulthandlungen Platz.

Abb. 8 Das Externstein-Relief an Fels 1. Es entstand wohl um 830 n. Chr. und weist besonders durch den den Christus stützenden Eingeweihten Nikodemus auf die Verbindung von alter und neuer Einweihung hin.

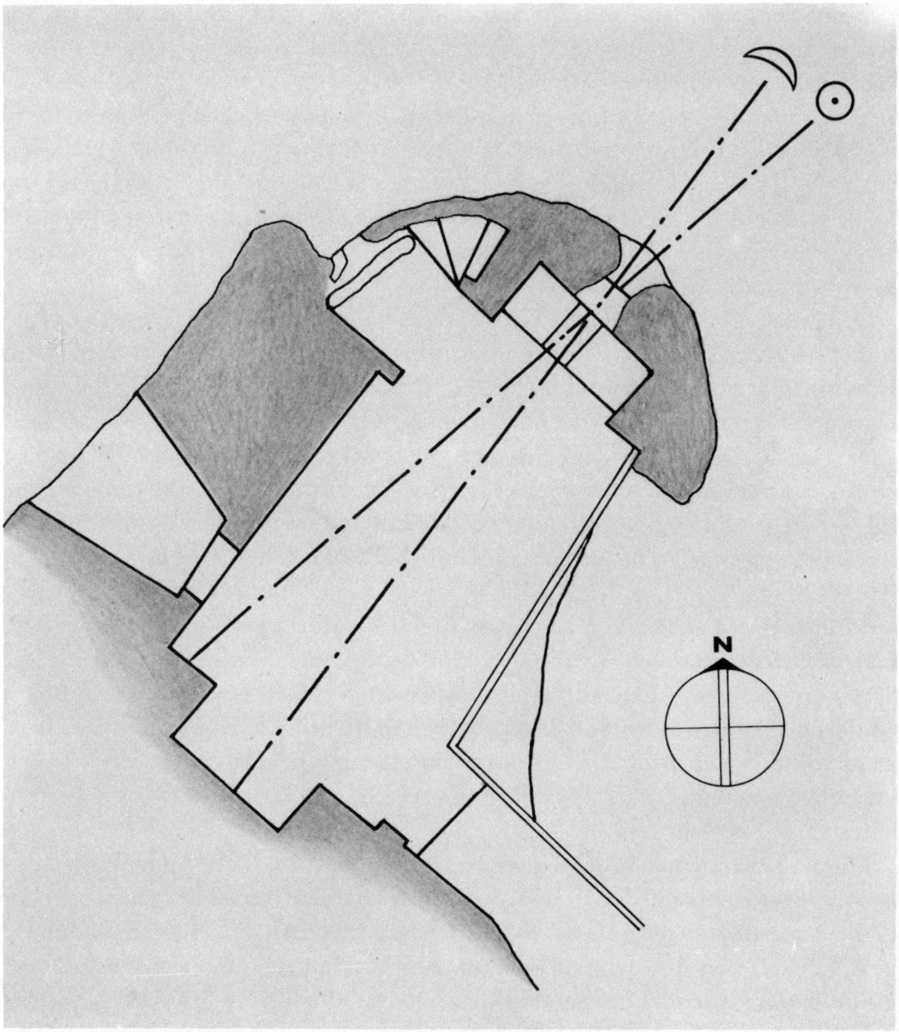

Fig. 7 Grundriß des Sazellums auf Fels 2. Die Linie durch die kreisrunde Öffnung zum Sonnenaufgangspunkt am Sommersonnwendtag war ursprünglich Mittellinie des Raums; in der überkommenen Form ist der Raum nach dem nördlichen Mondextrem orientiert. Das dicht bei der Rückwand gelegene Fenster gibt den Blick zum nahen Bärenstein, zur Groteburg und zum Sonnenuntergangspunkt am Sommersonnwendtag frei.

in den Schatten hinein, und im Schatten sahen sie das Geistige, was von der Sonne ausstrahlt. Für andere Menschen ist halt der Schatten Schatten, ist kein Licht, ist etwas Negatives. Für die Druiden war das etwas sehr Reales. Und der Schatten war ihnen nicht nur nach seiner Richtung verschieden, je nachdem er im März oder Oktober erschien, sondern auch durch seine innere Haltung, durch seine Färbung, durch sein Kolorit, aber auch namentlich durch das Geistige, was er enthielt. Wenn man die physischen Sonnenstrahlen gewissermaßen zurückschiebt, dann erscheint gerade im Schatten das Geistige, was die Sonne ausstrahlt.«[71]

Die links von der Apsis ins Nichts führenden Treppenstufen gingen wohl früher bis zum Gipfel des Felsens 2. Dort befindet sich ein Rundloch mit einem Durchmesser von 27 cm und 26 cm Tiefe. Hier stand einmal die 2,0 bis 2,5 m hoch geschätzte Irminsul.[72] In der Lotebene bildet sie mit der Mitte des Rundloches im Sazellum und dem Schacht vor der Trockenmauer vor Fels 2 eine Gerade zum Sonnenaufgangspunkt am Sonnwendmorgen. Diese hohe Irminsul auf dem Gipfel des Felsens 2 ist die Einweihungssäule für die Wotanseinweihung gewesen, bei der der Initiand wie Wotan neun Tage am »windigen Baum« hing.

Vom Felsen 3 aus kann man die schweren Zerstörungen am oberen Teil des Felsens 2 deutlich sehen. Darüber hinaus hat ANDREE bewiesen, daß Keile zur Sprengung an verschiedenen Stellen angesetzt wurden. Die Irminsul auf dem Gipfel und der Raum zur Sonnenbeobachtung darunter dienten zusammenhängenden kultischen Aufgaben, so mußten sie auch beide zerstört bzw. völlig verändert werden. Dieses Zerstörungswerk begann KARL DER GROSSE ab dem Jahr 772.

Für die Volksmenge möchte man annehmen, daß sie das Fest der Wintersonnenwende in der Nähe des Steinsarges und das der Sommersonnenwende in der Nähe der großen Irminsul, am Schacht oder »Brunnen« vor Felsen 2 beging.

Was hat es nun mit den Anlagen vor Felsen 2 auf sich? Zunächst stand dort inmitten eines mit weißem Sand aufgeschütteten Ovals eine Trockenmauer. Sie weist auf einen Hörg hin, althochdeutsch *harug* (s. S. 34), einen heiligen Steinhaufen oder ursprünglich eingefriedeten Steinhaufen, der mit einem Kultobjekt verbunden war. In ihrer ältesten Form war diese Einfriedung kreisförmig, und damit ist die genaue Form des Hörg gegeben. Sie umschloß darüber hinaus den Standplatz der zur Verehrung durch das Volk errichteten großen Irminsul und einen Schacht oder »Brunnen«. Daß diese Irminsul und dieser Hörg mit den Kulthandlungen auf Fels 2 in Zusammenhang standen, beweist schon ihre einheitliche Ausrichtung auf den Aufgangspunkt der Sonne zur Mittsommerwende.

Unter dem Sand des Ovals wurden Rückstände von vielen Feuern gefunden. Dabei lagen einige vorgeschichtliche Scherben, aber keine Knochenreste. Dennoch schloß ANDREE hier auf Opferfeuer der Germanen. Da die Feuerrückstände aber unter dem Sandoval lagen, müssen sie einer relativ früheren Zeit zugerechnet werden. Die germanische Kulthandlung teilte sich in ein Opfer, das am Altar geleistet wurde, und ein Opfermahl, das in einer Halle stattfand. Von einer Halle sind jedoch keine Spuren gefunden worden. Es ist nur vorstellbar, daß der kleine Kreis der Eingeweihten das Opfermahl in der Grotte zu sich nahm, wo auch das Opferfleisch gekocht wurde. Die Feuer in vermutlich vorgermanischer Zeit müssen einem Zweck gedient haben, der uns unbekannt ist.

Wenn aber an diesem Platz keine Opferhandlung für das Volk stattfand, das Volk aber dort vor der Irminsul die Verkündigung der Sommersonnenwende durch den auf der Rednerkanzel stehenden Goden erwartete, wozu dienten dann der Hörg und vor allem der Schacht oder »Brunnen«? Um es gleich vorwegzunehmen: Der Schacht ist niemals ein Brunnen gewesen, obwohl er oft in der Literatur so bezeichnet wird. Und doch hat nach unserer Auffassung diese Bezeichnung ihre Berechtigung. Der Schacht stellt nichts anderes dar als einen Mundus, den Eingang zur Unterwelt oder zur Welt der Götter. Im Märchen ist das meist ein Brunnen, wie es uns z. B. das Märchen von Goldmarie und Pechmarie verrät. Hier, unmittelbar bei der Irminsul, die ja auch die Weltenesche Yggdrasil darstellt, ist es der Brunnen des Mimir, die Quelle des Wissens um die Geheimnisse der Welt. Daher läßt sich schließen, daß nach der Julinitiation und bei der Wotansinitiation der Einzuweihende dort saß und vernahm, was ihm der Hierophant von der Rednerkanzel aus mitzuteilen hatte, bevor er die neun Tage oben auf dem Gipfel des Felsens 2 an der Irminsul hing.

Nur kurz abzuhandeln sind in unserem Zusammenhang die restlichen, vor den Felsen befindlichen Gegenstände, und zwar zunächst diejenigen vor Fels 1. Zum einen handelt es sich um einen Steintisch, dessen Platte zersprungen ist. Zwischen den Trümmern lagen Reste eines karolingischen Gefäßes; die umgebende vorgeschichtliche Kulturschicht war völlig unangetastet. Sicher zu Recht weist man den Steintisch der alteuropäischen Schicht zu, die man von etwa 7000 bis 1500 v. Chr. ansetzen kann, das heißt in einen Zeitraum, der von der mittleren Steinzeit bis in den Anfang der Bronzezeit hineinreicht, der die vorindoeuropäische und die indoeuropäische, aber noch nicht in Kelten und Germanen getrennte Bevölkerung dieses Raumes umfaßt.[73] Der Baumsarg gehört dagegen der germanischen Zeit kurz vor der Christianisierung an. Damals waren Baumsargbestattungen in diesem Raum durchaus üblich.

Am Felsen 3 befindet sich links von der Treppe zum Sazellum auf Fels 2 eine Steinbank (Abb. 7). Sie war offenbar als Sitzgelegenheit bei den kultischen

Handlungen für besonders ausgewählte Persönlichkeiten bestimmt. Vielleicht nahmen auf ihr die Fürsten Platz. Ebenfalls auf Fels 3 ist das Widerlager einer Brücke vom Sazellum aus zu sehen. Zwei tief und deutlich eingehauene Balkenlager mit einem Zwischenraum von 2,10 m verlaufen in Richtung auf Fels 4. Hier muß also die Verbindungsbrücke zwischen den beiden letzten Felsen gestanden haben.[74] Sie war auch notwendig, denn anders hätte der Neueingeweihte nach dem Hängen am »windigen Baum« nicht auf den Felsen 4 gelangen können.

Das äußerlich auffallendste Merkmal des Felsens 4 ist der Wackelstein auf dessen westlicher Ecke. Nach der Sage hat ihn der Teufel dorthin geschleudert, als er das Sazellum treffen wollte und sein Ziel verfehlte. Es scheint nun sicher, daß der Wackelstein künstlich dorthin geschafft worden ist, denn seine Maserung ist völlig anders als die des Gesteins, auf dem er liegt. Welche Bedeutung könnte er aber gehabt haben? Man hat eine ganze Reihe einleuchtender Gründe angeführt, die Sage vom Wackelstein mit der heiligen Ehe von Sonne und Erde und den Handlungen zur Sommersonnenwende im Sazellum zusammenzubringen. Das blitzartige Befruchten der Erde durch die Sonne stellt auch das Symbol der Doppelaxt dar. Auch der Steinwurf des »Teufels«, wie er in der Sage geschildert wird, zeigt dieses blitzartige Befruchten. Nur bringen wir diese »heilige Ehe« nicht mit der Kulthandlung im Sazellum, sondern mit der Gewinnung der Jungfrau, des übersinnlichen Bewußtseins, zusammen, die der Neueingeweihte dort erlebte (s. S. 19). Noch stärker betont wird dieses Ereignis rückweisend durch die Gestalt des am »windigen Baum« auf der Nordwestseite Hängenden und vorwärtsweisend durch das Bild der Hindin auf der Südostseite des Felsens. Dieses Bild spielte ja im Kapitel über Kindheit und Jugend des Arminius eine bedeutsame Rolle.

Als Ergebnis ist festzuhalten, daß die Externsteine selbst und die Orte im Umraum der Externsteine seit der Steinzeit, über Kelten- und Germanenzeit hinweg bis zur Christianisierung ununterbrochen als heilige Stätten gedient haben. Für die Germanen stellen sie nach Rudolf Steiner sogar das Zentralheiligtum dar.

Es bleibt noch die Frage nach dem berühmten Relief an Fels 1, von dem bisher nur andeutungsweise gesprochen worden ist. Urkundlich wird es 1385 zum ersten Mal erwähnt. Doch ist die Entstehung weit früher anzusetzen (s. S. 62); das zeigen schon die byzantinischen Kompositionselemente (Abb. 8). Auffällig ist das sächsische Gewand des Joseph und des Nikodemus. Daraus und aus der Gesinnung, die derjenigen des Heliand vergleichbar ist, darf man wohl auf die gleiche Entstehungszeit schließen, das heißt die Zeit um 830 n. Chr.[76] Die Zeit der alten Mysterien war nun vorüber; die Germanen mußten zum neuen Mysterium des CHRISTUS geführt werden. Das zeigt das Relief ganz deutlich zum einen durch die bildliche Darstellung dessen, was in den alten Mysterien geschehen war, durch das Zusammenfließen der kolchischen und hybernischen Mysterien, in der Darstellung von Sonne und Mond, der Gefährdung des Menschen durch den Drachen, zum anderen aber durch die Schilderung des neuen Mysteriums im Bild, in dem der kosmische und der vom Kreuz abgenommene CHRISTUS dargestellt ist. Ihn hält NIKODEMUS, der »bei der Nacht« zu CHRISTUS kam (Joh. 3, 2). RUDOLF STEINER sagt, dieser Ausdruck zeige, daß NIKODEMUS ein Eingeweihter war. Hier wird im Bild die Verbindung zwischen alter und neuer Einweihung geheimnisvoll geknüpft. Offen konnte das der Künstler des Kreuzabnahmereliefs nicht zeigen, aber er macht es doch klar. Noch deutlicher wird er, wenn er diesen NIKODEMUS auf einer geknickten Irminsul stehen läßt. Wohl ist sie geknickt, aber sie ist noch immer die Stütze des Eingeweihten, auf der er bei seinem Griff nach CHRISTUS festen Halt findet. So wird geheimnisvoll das Alte mit dem Neuen verbunden. Der Betrachter mußte dies selbständig erkennen und seinen neuen Weg finden.

Frühere römische Eroberungsversuche

Seit dem Kimbern- und Teutonenschreck der Jahre 113 bis 102 bzw. 101 v. Chr., dem MARIUS nur mit Mühe Herr werden konnte, hatten die Römer noch mehrmals vor der Zeit des Arminius mit den Germanen militärischen Schlagabtausch. 58 v. Chr. besiegte CÄSAR mit großer Mühe das Heer des ARIOVIST im Oberelsaß; drei Jahre später überwand er nur durch heimtückischen Bruch des Völkerrechts, nachdem er die Oberhäupter der vorher siegreichen Usipeter und Tenkterer während der Verhandlungen hatte niedermetzeln lassen, die führerlosen Stämme. Er entschloß sich daraufhin zu einer militärischen Demonstration, in deren Verlauf er die eingangs erwähnte Brücke über den Rhein schlug. Obwohl er die Demonstration im folgenden Jahr wiederholte, blieben ihre Auswirkungen gering. Doch sammelte er für die Römer wertvolle Informationen, die sich zum Teil in der Schilderung germanischer Sitten und Bräuche in seinen Kommentaren über den Gallischen Krieg niederschlugen.[77] Als verbündete Hilfstruppen lernte er die Germanen schätzen. Danach folgten weitere Zusammenstöße. Sie sollen hier jedoch nicht alle aufgeführt werden. Wie ein Alarmsignal aber schlug in Rom die Nachricht von der Niederlage des Legaten LOLLIUS in Gallien im Jahr 16 v. Chr. ein, bei der sogar der Adler der V. Legion den siegreichen Sugambrern, Usipetern und Tenkterern in die Hand fiel. Arminius war damals ein Jahr alt, und Kaiser AUGUSTUS begann, drei Jahre lang die Eroberung des germanischen Gebietes bis zur Elbe hin persönlich vorzubereiten.

Wie sehr die Römer die Germanen fürchteten, geht schon aus den Truppenstärken hervor, die sie jeweils gegen sie mobilisierten. Seit langem schon ist nachgewiesen, daß die Angaben der Römer über die Verhältnisse von Truppenstärken in antiken Schlachten nicht stimmen.[78] So gab CÄSAR zum Beispiel nur die Stärke der nationalrömischen Truppen an, also der Legionen ohne Hilfstruppen und Troß, während er bei seinen Gegnern immer den gesamten Troß mitzählte, um seinen Ruhm, den Sieg gegenüber einem angeblich zahlenmäßig weit überlegenen Feind errungen zu haben, gebührend zu erhöhen. Mit

Sicherheit waren römische Heere, besonders dem germanischen Feind gegenüber, an Zahl meist überlegen, zumindest aber gleich stark.[79] Man gab die Stärke der römischen Legionen des Marius 102 v. Chr. bei Aquae Sextiae mit 35000 Mann an, denen etwa 35000 teutonische Krieger gegenüberstanden. Das gesamte Wandervolk aber zählte zwischen 100000 und 150000 Männer, Frauen und Kinder. Dagegen waren die Kimbern ein Jahr später bei Vercellae an Kriegern eindeutig unterlegen.[80] Beim Beispiel der Teutonen ergäbe sich danach ein Anteil von Kriegern an der Gesamtbevölkerung von rund 23 bis 35 Prozent*. Diese Zahl dürfte richtig sein, wenn man berücksichtigt, daß damals jeder waffenfähige germanische Mann auch Krieger war. Die kleineren bis mittleren Germanenstämme haben nach Ausweis der Bodenfunde etwa 30000 bis 50000 Menschen gezählt. Davon konnten höchstens 11000 bis 18000 Krieger sein. Nehmen wir also ruhig 15000 Krieger für einen Stamm wie die Marser an, die Germanicus mit zwei Legionen, 26 Auxiliarkohorten und 8 Alen Reitern, insgesamt rund 38000 Mann Kampftruppen ohne den Troß, überfiel. Er war also mehr als doppelt so stark wie seine germanischen Feinde.

Die erwähnten Angriffsvorbereitungen auf Germanien, die Nero Claudius Drusus (38–9 v. Chr.) unter Leitung des Kaisers durchführte, umfaßten den Bau von über 50 Kastellen im Rheingebiet mit den Lagern *Castra Vetera* (Xanten) und *Mogontiacum* (Mainz) als Hauptbasen. Dorthin wurden 5 Legionen verlegt, rund 30000 Legionäre. Mit Trosse und Hilfstruppen verdoppelte sich etwa die gesamte Truppenzahl. Außerdem baute Drusus die notwendigen Verbindungsstraßen und kanalisierte die Vecht-Ijssel-Linie *(fossa drusiana),* um den *flevo lacus,* den späteren Zuidersee, mit dem Rhein zu verbinden. In Köln wurde eine Rheinflotte aufgebaut, die spätere *classis germanica pia fidelis,* mit der er in die Nordsee vorstoßen wollte. Ziel des gesamten Angriffsunternehmens war die Gewinnung der Elblinie und die Verkürzung der Reichsgrenze um rund 500 km, um so Truppen einzusparen.

Drusus war ein fähiger und bei seinen Soldaten beliebter Heerführer, der die ihm gestellte Aufgabe nach der Eroberung des Raumes südlich der Donau im Jahr 15 v. Chr. durch eine nördliche Umfassung lösen wollte. Mit den Batavern, die im Rheindelta saßen, hatte er einen Bündnisvertrag abgeschlossen,

* Wagen wir einen Vergleich. In Uganda gab es 1969 bei einer Bevölkerung von 5074000 Einwohnern im Alter von über 15 Jahren 2600000 Männer; davon gehen 729000 ab, die über 45 Jahre alt sind. Das hieße, daß 1871000 Männer theoretisch waffenfähig sind. Davon müssen aber sicher noch 1 % als krank usw. abgezogen werden. Es bleiben demnach 1852290 Krieger oder 36 % der Gesamtbevölkerung. Ähnliche Verhältnisse dürfen auch bei den frühen Germanen vorausgesetzt werden.

um von ihnen ungestört mit den Legionen und seiner Flotte die Zange bei den Friesen und Chauken ansetzen zu können. Nach einem Überfall auf die gegenüber Xanten sitzenden, unruhigen Sugambrer, um sie vor Angriffen auf die Rheinlinie zu warnen, erschien er im Jahr 12 v. Chr. (Karte 6), durch den Kanal in die Nordsee vorstoßend, bei den arglosen und verstreut siedelnden ingwaeonischen Friesen und Chauken und zwang sie zu einem Bündnisvertrag. Von da an hatten sie ihm Hilfstruppen zu senden. Im Norden schien damit das Land bis zur Ems- und Wesermündung »befriedet«.

Ein Jahr später griff er erneut an, diesmal aber nicht mit der Flotte, denn diese hatte durch Wetter und Sturm in der Nordsee schwere Verluste hinnehmen müssen. Jetzt marschierte er von *Castra Vetera* (Xanten) aus die Lippe aufwärts – ein sich anbietendes Einfallstor. Dort verlief eine Straße, die er zur Nachschubstraße ausbauen konnte. Zuerst aber nutzte er die Lippe aus, die damals bis Schloß Neuhaus schiffbar war, nordwestlich Paderborn und südwestlich Bad Lippspringe. Sie konnte als schnellster Nachschubweg benutzt werden. Noch Friedrich der Grosse hat, wo immer es möglich war, Flüsse statt Straßen für seinen Nachschub benutzt. Die Wahl der Stoßrichtung entsprach demnach, äußerlich gesehen, den taktischen und operativen Voraussetzungen, die Drusus brauchte. Entsprach sie aber auch den Fähigkeiten und vor allem dem Charakter dieses hochbegabten und kühnen Feldherrn? Auch das ist zu prüfen. Wie bekannt, hatte Feldmarschall Montgomery im Zweiten Weltkrieg stets ein Bild Rommels auf seinem Gefechtsstand in Afrika hängen. Es sollte ihn mahnen, immer zu bedenken, welche Gegenmaßnahmen der deutsche Heerführer auf seine eigenen Operationen, seinem Charakter entsprechend, ergreifen würde. Diese Methode ist uralt, und nur mittelmäßige Heerführer haben sich ihrer in der Geschichte nicht bedient.

Der Auftrag des Drusus lautete, die bisherige Grenze des Römischen Imperiums vom Rhein bis zur Elbe vorzuschieben, so daß sie in einer ungefähr geraden Linie von der Elbe nach Süden zur seit 15 v. Chr. römisch besetzten Donaulinie verlief. Dazu gab es für Drusus vier Möglichkeiten: 1. den Vorstoß aus dem von ihm und seinem Bruder Tiberius eroberten Donauraum zur Elbe bei Ohrum als Umfassungsangriff aus dem Süden, 2. den im Norden angesetzten Umfassungsangriff, wie er ihn, allerdings zu kurz geführt, im Jahr 12 v. Chr. angesetzt hatte, 3. den Vorstoß die Lippe aufwärts, um das nördliche Drittel Germaniens vom südlichen, größeren Teil abzutrennen, 4. den Vorstoß, der die klassische Lösung für die Kriegsgeschichte darstellte, von Mainz durch die Untermainebene zum Osthang des Taunus, weiter durch die Wetterau und die hessische Senke zur Weser oder über den Vogelsberg und die Rhön nach Thüringen; für beide Stoßrichtungen waren uralte Straßen vorhanden. Gegen die

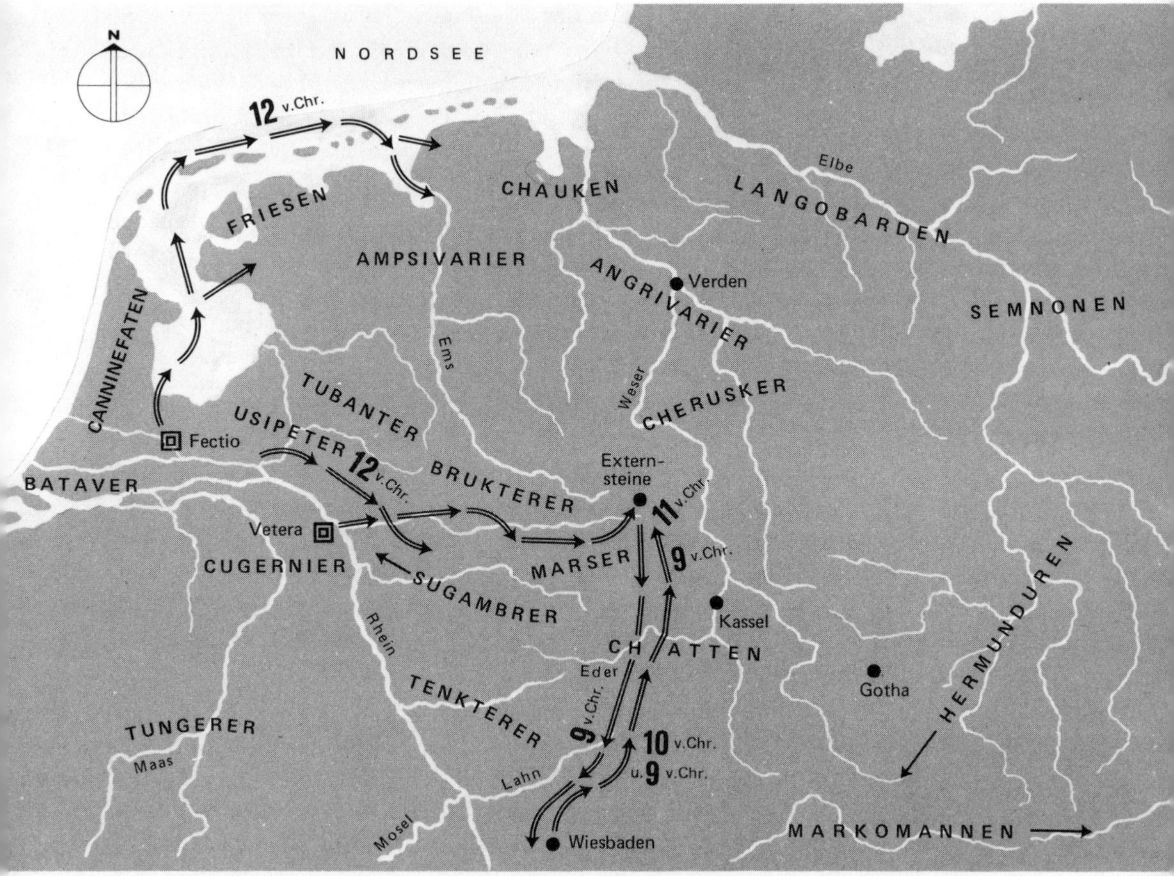

Karte 6 Feldzüge des Drusus in den Jahren 12 bis 9 v. Chr. Mit Ausnahme des Vorstoßes gegen die Friesen und Chauken im Jahr 12 v. Chr. galten alle Kriegszüge des Drusus dem Zentralheiligtum der Externsteine. Abweichend von der häufig vertretenen Ansicht, Drusus sei 9 v. Chr. bis Magdeburg vorgestoßen, vermuten wir als Ziel auch dieses Felszuges die Externsteine. Das Auftreten des »Weibes von übermenschlicher Größe«, der Seherin, bekommt so einen neuen und einleuchtenden Sinn.

Lösung 1 sprach die Tatsache, daß DRUSUS dabei durch das Gebiet der Markomannen hätte stoßen müssen, die unter ihrem König MARBOD geeint worden waren und mit etwa 74000 Kriegern als kampfkräftigster Stamm der Erminonen auch starken Einfluß, wenn nicht gar eine Art Hegemonie, über die ebenfalls erminonischen Semnonen, Langobarden und Lugier ausübten; MARBOD plante außerdem, sein Heer nach einer in Rom abgeschlossenen militärischen Ausbildung nach römischem Muster zu gliedern und auszubilden; DRUSUS hätte demnach seinen Angriff gegen den feindlichen Schwerpunkt geführt. So wählte der Römer die Lösungsmöglichkeit 2, die nördliche Umfassung, die er mit Erfolg durchführte. Für die weitere Lösung seines Auftrags standen ihm nun noch die Möglichkeiten 3 (Lippe) und 4 (Wetterau) zur Verfügung. Lösung 4 wäre davon die kühnere und erfolgversprechendere gewesen, denn er hätte damit Germanien in zwei fast gleich große Teile aufgesplittert. Einen Stoß der Markomannen in seine rechte Flanke brauchte er bei der römerfreundlichen Haltung MARBODS nicht zu befürchten. Außerdem hätte der mit dem römischen Kriegswesen gut vertraute MARBOD ein solches Unternehmen mit seinem Heer gescheut. Das zeigt auch sein späteres Verhalten, als er in den Jahren 8 bis 6 v. Chr. sein Volk, römischem Druck weichend, aus dem Maingebiet nach Böhmen führte, das er den keltischen Boiern abnahm. Das Markomannenreich mußte, einmal isoliert, den Römern zum Opfer fallen. Lösung 4 (Wetterau, Chattengau) wäre demnach strategisch und operativ die beste gewesen.

DRUSUS aber entschloß sich für die Lösung 3 (Lippe) als nächsten Schritt. Er folgte damit, wie man sagen könnte, einer Art »Salamitaktik«. Das aber steht in krassem Widerspruch zu seinem sonstigen Verhalten als Feldherr, der bisher immer die kühnere Lösung gewählt hatte. Was bewog ihn zu diesem für seinen Charakter so ungewöhnlichen Schritt? Hatte er von dem germanischen Zentralheiligtum gehört, das in seiner Stoßrichtung lag, wenn er, der Lippe ostwärts folgend, bei Horn durch den Teutoburger Wald nach Hameln vorstieß? Es ist zu unterstellen, wenn man sein weiteres Verhalten berücksichtigt. Erwähnt wird dieser Grund von den römischen Schriftstellern, für DRUSUS war es vor allem sein Zeitgenosse LIVIUS (59 v. Chr. – 17 n. Chr.), wie schon eingangs gesagt, nicht. Aber einen Mann, der seine Angriffe zur Eroberung Germaniens zunächst nach dem Vorbild der Eroberung Galliens durch JULIUS CÄSAR angesetzt hatte, mußte gerade die Kühnheit verlocken, mit der durch die Besetzung des Zentralheiligtums der Krieg mit einem Mal beendet werden konnte. Das entsprach genau dem Charakter des DRUSUS.

So marschierte er, entsprechend der römischen Taktik, täglich knapp 20 km die Lippe aufwärts und legte dabei die üblichen Lager an, die dem römischen Heer den nötigen Rückhalt im Kampf und in der Versorgung gaben. An der Mündung des Elison in die Lippe ließ er auf seinem Rückmarsch ein großes Lager errichten, jenes berühmte Aliso, das von den Archäologen noch immer nicht gefunden wurde. Meist nimmt man an, es sei das Lager Haltern gewesen, das ausgegraben wurde. Dem widerspricht aber der Name. Aliso mußte im Neuhochdeutschen Elsen ergeben. Diese Ortschaft gibt es wenige Kilometer südwestlich Paderborn. Gefunden wurde dort ein römisches Lager bisher nicht, dafür aber eines bei dem nahegelegenen Anreppen. Die Entfernung zwischen beiden Ortschaften beträgt etwa 15 km. Aber was besagt das schon? Bis über Anreppen hinaus war die Lippe für damalige Schiffe schiffbar, die Ortschaft eignete sich also als Nachschubhafen. Von dort bis Elsen ließ sich leicht ein Marschweg bauen. Elsen selbst aber liegt nicht weiter als 28 km, etwas mehr als ein Tagesmarsch, von Horn und den Externsteinen entfernt, zu weit für eine unmittelbare Beherrschung und doch nahe genug für eine ständige Bedrohung. DRUSUS stand damit genau an der Grenze des heiligen Bezirks, dicht beim Hellweg A.

Angeblich erreichte DRUSUS die Weser bei Hameln durch den Paß bei Horn, dicht an den Externsteinen vorbeimarschierend. Aber inzwischen hatten die Sugambrer und Cherusker ihr Heer versammelt und stellten ihm auf dem Rückmarsch eine Falle, aus der er nur mit schweren Verlusten entkam – so nach Mitteilung des DIO CASSIUS,[81] alle anderen Schriftsteller verschweigen diese Niederlage. Aber das ist nicht nur bei Römern so üblich gewesen. Auf jeden Fall mußte DRUSUS sich zurückziehen. Die siegreichen Germanen eroberten und zerstörten das Lager Aliso, eine außergewöhnliche Tat für die damaligen Germanen, die mit ihren weit unterlegenen Waffen Angriffe auf römische Lager nur selten wagten. Alle anderen Lager entlang der Lippe ließen sie deshalb auch ungeschoren; das die Externsteine bedrohende mußte aber zerstört werden. Durch diese restlichen Lager und die nach römischem Muster ausgebaute alte Heerstraße blieb jedoch die Bedrohung des Cheruskergebietes bestehen. Der Plan des DRUSUS aber war gescheitert.

Im Jahr 10 v. Chr. griff der römische Feldherr auf die Möglichkeit 3, Vorstoß über die Wetterau, zurück und stieß ins Land der Chatten vor. Damit konnte er Germanien in zwei Teile trennen und, was für ihn wohl noch wichtiger war, die Cherusker isolieren. Der Plan gelang, denn die Chatten schlossen Frieden und durften daraufhin die Wetterau und das von Teilen der Sueben geräumte Gebiet am mittleren und oberen Main besiedeln. Das Cheruskergebiet und die Externsteine schienen nun offen vor DRUSUS zu liegen. Aber die Jahreszeit war weit vorgeschritten, so daß er seinen nächsten Angriff auf das folgende Jahr verlegen mußte.

Im Jahr 9 v. Chr., wie meist angenommen, soll DRUSUS wieder durch das Chattenland bis etwa nach Göttingen marschiert sein, dann nach Norden bis etwa Hildesheim abgedreht haben und von da nach Osten bis ungefähr Ohrum an der Elbe vorgestoßen sein (Karte 6). Dabei mußte er Cheruskergebiet durchqueren. Der lange Marschweg durch Nordböhmen aber erscheint ziemlich unwahrscheinlich, es sei denn, er wäre aus dem Donauraum aufgebrochen. Der Stoß durch das Chattengebiet war kürzer und durch den Friedensvertrag einfacher. Der Marschweg des DRUSUS läßt sich nicht genau festlegen. Es ist auch durchaus möglich, daß er nicht von Göttingen nach Hildesheim, sondern weiter westlich an der Weser entlang oder über die Straße, die nach Obermarsberg, die Eresburg oder ostwärts davon nach Paderborn zum Hellweg A verlief, durch den Paß von Horn in Richtung Hameln vorstoßen wollte. Auch von dort aus konnte er über die alte Heerstraße von Elze bei Hildesheim nach Ohrum vorgehen. Dieser Lösung ist sogar der Vorzug zu geben. Das wird durch die Auslegung der von DIO CASSIUS und SUETON abgefaßten Berichte untermauert, während LIVIUS das unten erwähnte Ereignis nicht bringt. Allgemein gibt die Wissenschaft LIVIUS den Vorzug, weil sie ihn für glaubwürdig hält. Schenkt man jedoch DIO CASSIUS und vor allem SUETON Glauben, und ist man von dem Vorhandensein jenes Zentralheiligtums der Germanen bei den Externsteinen überzeugt, so ergeben sich bemerkenswerte und klare Übereinstimmungen und Erklärungen.

DIO CASSIUS schreibt nämlich: »... er [Drusus] fiel in das Gebiet der Chatten ein und rückte bis zu den Sueben vor. Es gelang ihm, sie unter schweren eigenen Verlusten zurückzudrängen und schließlich zu unterwerfen. Dann durchquerte er das Cheruskerland, *überschritt* die Weser und erreichte die Ufer der Elbe, verbrannte Erde hinter sich zurücklassend. Die Elbe ist ein mächtiger Strom, der von den wandalischen Bergen kommt und im nördlichen Ozean mündet, und als er sie zu überschreiten versuchte, *trat ihm ein Germanenweib entgegen* von übermenschlicher Größe und rief ihm zu: ›Wohin willst du, unersättlicher Drusus? Es ist dir nicht beschieden, das jenseitige Land zu schauen. Kehre um! Denn das Ende deiner Taten und deines Lebens ist gekommen.‹ Es ist freilich seltsam, daß eine solche Stimme von Seiten der Gottheit jemandem offenbar wurde, doch ich kann daran nicht zweifeln. Denn sofort erfüllte sich das, wie er schleunigst umkehrte und unterwegs an einer Krankheit verschied, noch ehe er den Rheinstrom erreicht hatte. Ich sehe auch darin eine Bestätigung für das Erzählte, daß Wölfe um die Zeit seines Todes sein Lager heulend umkreisten; auch sah man zwei Jünglinge mitten durch das Lager reiten, weibliches Klagegeschrei wurde vernommen, und Sternschnuppen gingen am Himmel nieder.« Soweit DIO CASSIUS.[82] LIVIUS erklärt die von DIO CASSIUS erwähnte Krankheit genauer:[83] Demnach stürzte DRUSUS vom Pferd, das ihn unter sich begrub. Dabei brach er sich den Schenkel so unglücklich, daß er dreißig Tage später vermutlich an Wundbrand und inneren Verletzungen verstarb.

DIO CASSIUS verlegt das Auftreten der Germanin an die Elbe und in jenen Zeitpunkt, zu dem DRUSUS den Fluß zu überschreiten versuchte, und zwar offenbar, um weiter vorzudringen. Das aber war nicht sein Auftrag. Das Überschreiten des Flusses wäre nur zu rechtfertigen gewesen, wenn er die jenseits sitzenden Germanen durch eine Demonstration seiner Macht einschüchtern wollte. Das aber hätte er, wie später sein Bruder TIBERIUS, auch durch einen Aufmarsch der Legionen am diesseitigen Ufer tun können. DIO CASSIUS irrt sich jedoch sicher in bezug auf den Ort des Geschehens.

Anders berichtet den Vorfall dagegen SUETON in seinen Kaiserbiographien.[84] Nach ihm ist dem DRUSUS »die Gestalt eines barbarischen Weibes von übermenschlicher Größe« entgegengetreten und hat ihn in lateinischer Sprache gewarnt, weiter vorzudringen. DRUSUS aber sei weitermarschiert und »ruhig an einer Krankheit« gestorben. Auch SUETON wußte nichts vom Pferdesturz, der aber als tatsächlich geschehen angenommen werden darf. Wenn man jedoch der Aussage des SUETON über die in den Wind geschlagene Warnung der Seherin und Fortsetzung des Feldzuges Glauben schenkt und dazu noch den Marschweg über Paderborn und den Paß von Horn in Richtung Hameln voraussetzt, so erklärt sich alles auf sehr einfache Weise. Der Weg von Paderborn zum Paß von Horn führt über das heutige Bad Lippspringe und an den Lippequellen vorbei. Dort aber befand sich nach TACITUS der Turm, in dem sich beim Aufstand der Bataver, Brukterer und anderer Stämme unter Führung des CIVILIS im Jahr 69 n. Chr. die weissagende brukterische Jungfrau WELEDA aufhielt. Sie, die »bei den Rheinwassertrinkern verehrt wird«, sagte den Sieg der Germanen für das Jahr 70 n. Chr. voraus. Ausdrücklich wird auf einer bei Ardea, südlich von Rom gefundenen Marmortafel hervorgehoben, sie sei eine »hochgewachsene Jungfrau«. Schon der Name WELEDA, etymologisch verwandt mit keltisch *filid,* »Seherin«, deutet darauf hin, daß er nicht unbedingt ein Personenname gewesen sein muß. Sicher aber war sie nicht die einzige Seherin, die dort an den Lippequellen im Lauf der Zeit lebte. WELEDA wohnte in einem Rundturm und verkehrte mit der Außenwelt nur über Verwandte. Gewöhnlich baute man für Einzelpersonen keinen Steinturm, ein hölzerner hätte sicher genügt. Ein Rundturm muß jedoch aus Steinen erbaut worden sein. Es darf daher angenommen werden, daß jenes von DIO CASSIUS und SUETON berichtete Ereignis sich mit einer Vorgängerin der WELEDA bei den Lippequellen abgespielt hat. Möglicherweise läßt sich der Ort sogar noch genauer festlegen. Ein Bau, auf den die Beschreibung sich beziehen könnte, ist die Kohlstädter Ruine, die auch Hünnenkirche genannt wird.[85] Ihr Turm besaß einen unteren, mit Sicherheit fenster- und türlosen Raum von beträchtlicher Höhe. Der Zugang muß also höher gelegen sein. Darin stimmt diese Beschreibung mit der antiken überein. Sie erinnert aber auch sofort an das Märchen von Rapunzel, der Jungfrau Marleen u. a. Als militärischer Stützpunkt war der Turm an dieser Stelle sinnlos, er muß also anderen Zwecken gedient haben, und sicher lagen seiner Anlage andere Vorstellungen zugrunde. Der untere Raum hätte sehr gut zur Aufbewahrung kostbarer Geschenke dienen können, wie sie für die WELEDA durch TACITUS belegt sind.[86] Des weiteren befand sich die Hünnenkirche genau an der Grenze zum inneren heiligen Bezirk, der die Externsteine und die dicht dabei liegenden Heiligtümer umschloß. Auch das paßt zu dem Auftreten der Seherin, und es erklärt sogar ihre »übermenschliche Größe«. Außerdem, welchen Grund sollte sie gehabt haben, den römischen Feldherrn vor weiterem Vordringen zu warnen, wenn es nicht der war, ihn vom Betreten des geheiligten Raumes um die Externsteine abzuhalten.

Sowohl der verzweifelte Widerstand der Sugambrer und Cherusker gegen die eindringenden Legionen im Jahr 11 v. Chr. wie das Auftreten der Vorgängerin der WELEDA an den Lippequellen im Jahr 9 v. Chr. als auch des DRUSUS wiederholte Versuche, aufs Ganze zu gehen und sich jenes Raumes zu bemächtigen, sprechen für die zentrale Bedeutung, welche den Externsteinen als Heiligtum zugesprochen werden muß. Die weiteren Geschehnisse werden diese schon mehrmals aufgestellte Behauptung noch besser untermauern.

Im übrigen lassen sich auch das erwähnte Wolfsgeheul beim Tod des DRUSUS, das Auftreten der beiden Reiter, das weibliche Klagegeheul und das Fallen der Sternschnuppen erklären. Letzteres lag natürlich an der Jahreszeit. Sternschnuppen treten in unseren Breiten besonders im Spätsommer, also am Ende eines Feldzugjahres, auf. Beim Wolfsgeheul – wie auch bei den anderen Erscheinungen – muß es sich hingegen um germanische Kultkrieger, um Wotanskrieger, gehandelt haben, denn echte Wölfe nähern sich um diese Jahreszeit einem lagernden Heer nur höchst selten. Wotanskrieger aber tun es, um den Feind meist schon vor einer Schlacht durch Schleudern des Speeres über seine Köpfe hinweg dem Gott zu opfern. Das ist mehrfach belegt. Noch OTTO DER GROSSE handelte so, als er die Nordgrenze des Reiches gegen die Dänen sicherte, obwohl zu seiner Zeit diese Handlung nur noch symbolische Bedeutung besaß.

Nach dem Scheitern seines Unternehmens und nach seinem Sturz vom Pferd marschierte DRUSUS aus Germanien ab. Sein Bruder TIBERIUS eilte ihm entgegen. Er traf ihn sterbend auf dem Rückmarsch. Natürlich kam er als Adoptivsohn des Kaisers nicht allein, sondern mit großem Heeresgefolge. Doch wagte er nicht, den Feldzug wieder aufzunehmen. Er führte das Heer mit der Leiche seines Bruders nach Mainz zurück.

Was dem kühnen und bei seinen Soldaten so beliebten DRUSUS nicht gelungen war, wäre TIBERIUS, der nun sein Amt übernahm, durch List und Heimtücke beinahe geglückt. Hochgewachsen und von »gewaltigem Widerstand des Körpers«, aber auch verschlossen, mißtrauisch und als gewaltiger Trinker – sein Spitzname lautete *Biberius Caldius Mero,* »Glühweinschwelger« – und tüchtiger Feldherr bekannt, schlug er auf seine Weise im Jahr 8 v. Chr. gegen die Sugambrer los. Er verstand es, ihre Fürsten und Hunni in einer Gesandtschaft zu sich zu locken. Nachdem diese den Rhein überschritten hatte, ließ er sie nach CÄSARS Vorbild bei den Usipetern und Tenkterern in Fesseln legen und in eine gallische Stadt bringen. Dort begingen sie Selbstmord, um der Sklaverei zu entgehen. Typisch ist das Verhalten der Germanen, die das als Verlust an Heil ansehen mußten, ohne das sie nicht leben konnten, denn daraufhin ergaben sich angeblich 40000 Sugambrer. TIBERIUS siedelte sie am linken Rheinufer an. Doch ihre Nachfolge übernahmen in dem alten, den Cheruskern westlich vorgelagerten Siedlungsgebiet die Marser, in denen den Römern ebenso gefährliche Feinde entstehen sollten wie in den Sugambrern. Aber auch letztere traten nicht von der Geschichtsbühne ab, im Gegenteil, als einer der führenden Teilstämme der Franken, aus denen die Merowinger hervorgingen, bereiteten sie später dem weströmischen Gallien den Untergang.

Fast wäre es TIBERIUS gelungen, wenigstens in den Jahren 8 bis 6 v. Chr., die römische Oberhoheit bis zur Weser auszudehnen. Da überwarf er sich einer Familienangelegenheit wegen mit Kaiser AUGUSTUS und zog sich ins freiwillige Exil nach Rhodos zurück. Seine unbedeutenden Nachfolger im Amt, LUCIUS DOMITIUS AHENOBARBUS und MARCUS VINICIUS, vermochten den römischen Anspruch nicht aufrechtzuerhalten, geschweige denn auszubauen. Noch immer lag die Elblinie in schier unerreichbarer Ferne. Da veranlaßte ein neuer germanischer Unruheherd, den VINICIUS nur mühsam ersticken konnte, AUGUSTUS dazu, seinem Adoptivsohn TIBERIUS zu verzeihen und ihn erneut als Oberbefehlshaber nach Germanien zu schicken.

Im Jahr 4 n. Chr. kehrte er nach Germanien zurück. Arminius war damals 21 Jahre alt. Der Plan des TIBERIUS zur Gewinnung der Elbgrenze aber unterschied sich seinem Charakter gemäß grundlegend von dem seines Bruders. Mit Sicherheit hatte er 13 Jahre zuvor von der Bedeutung der Externsteine für die germanischen Stämme gehört. Er wußte auch, mit welcher Erbitterung die dort wohnenden Stämme sie zu verteidigen bereit waren. So beschloß er, durch List sein Ziel zu erreichen. Im gleichen Jahr, in dem er einen Bündnisvertrag mit den Cheruskern abschloß, marschierte er auch mit einem starken Heer und unterstützt von germanischen, meist batavischen Hilfstruppen zur Täuschung der Cherusker vom Rheindelta aus durch das Gebiet der Canninefaten, Friesen, Tubanten und Brukterer durch den Paß von Horn nahe den Externsteinen bis über den Raum Hildesheim hinaus vor (Karte 7). In diesem Jahr ging Arminius mit seinem Bruder FLAVUS nach *Castra Vetera* in römischen Kriegsdienst. Zur gleichen Zeit oder ein Jahr später errichtete TIBERIUS den genannten Altar bei Köln, der nach dem Vorbild des gallischen Lyon in Verehrung des göttlichen

Augustus und der Roma zum neuen germanischen Zentralheiligtum werden sollte. Segimund wurde sein erster Priester. Römische Legionslager und Straßen sowie die erste Provinzverwaltung hätten die arglosen Germanen warnen sollen.

Im folgenden Winter des Jahres 4/5 n. Chr. verhielt sich Tiberius in einer Weise, die völlig den Gewohnheiten antiker Heere, besonders aber des römischen, widersprach. Er überwinterte im Land der Cherusker, und zwar an den Lippequellen, obwohl es nicht allzu weit bis zu den bereits angelegten, fertigen Kastellen ostwärts des Rheins war. Von dort aus hätte er, falls er dem Friedensvertrag mit den Cheruskern nicht traute, immer noch eine unmittelbare Bedrohung dargestellt. Außerdem zogen sich römische Heere, selbst wenn der Feind noch nicht endgültig unterworfen war, stets im Winter in ihre festen Quartiere zurück und kamen erst im späten Frühjahr des folgenden Jahres wieder; Tiberius aber blieb und nahm mit seinem Heer alle Unannehmlichkeiten und Gefahren des Winters in Kauf. Was bewog ihn dazu? Sein Verhalten im Feldzugsjahr 5 läßt es uns erraten. Er segelte nämlich mit einer riesigen Flotte bis ins Land der Kimbern, ans Skagerrak (Karte 7). Sollte das Unternehmen der Erforschung jenes Gebietes gelten? Das ist nicht anzunehmen – die Römer hatten nur geringe geographische und ethnographische Interessen. Ihr Ziel war einzig und allein die Ausdehnung ihrer Macht. So läßt sich dieses Unternehmen nur als die Suche nach dem Heiligtum der Ingwaeonen bei Jelling verstehen, und das ist auch der Grund, aus dem er den Winter über an den Lippequellen blieb. Zweifellos kannte er das Zentralheiligtum der Externsteine, aber der verschlagene Tiberius wollte mehr auch über die anderen germanischen Kultverbände erfahren. Wo wäre das besser möglich gewesen als in der Nähe der Externsteine und eines Ortes, an dem die große Seherin wohnte? Sein Suchen nach dem Heiligtum bei Jelling war jedoch vergeblich. So kehrte er um und fuhr in die Elbe ein. Nach einem Sieg über die dort wohnenden Langobarden und Chauken demonstrierte er durch einen Heeres- und Flottenaufmarsch auf und an der Elbe seine Macht. Dann kehrte er mit der Masse seiner Truppen wieder an den Rhein zurück. In der Zwischenzeit hatte er auch die Donaugrenze befestigen lassen. Jetzt schien es ihm an der Zeit, die mächtigen Markomannen in Böhmen auszuschalten.

Mit zwölf Legionen und Hilfstruppen, insgesamt weit über 100000 Mann Kampftruppen, ohne Trosse gerechnet, setzte er seinen Angriff gegen die etwa 74000 Krieger des Marbod an. Nach der Vernichtung der Markomannen – so dachte er wohl – könnte er auch an die gewaltsame Unterwerfung der Cherusker und die Zerstörung ihres Heiligtums denken. Beinahe wäre dieser Plan gelungen, wenn ihn nicht der zur gleichen Zeit ausgebrochene Aufstand in Illy-

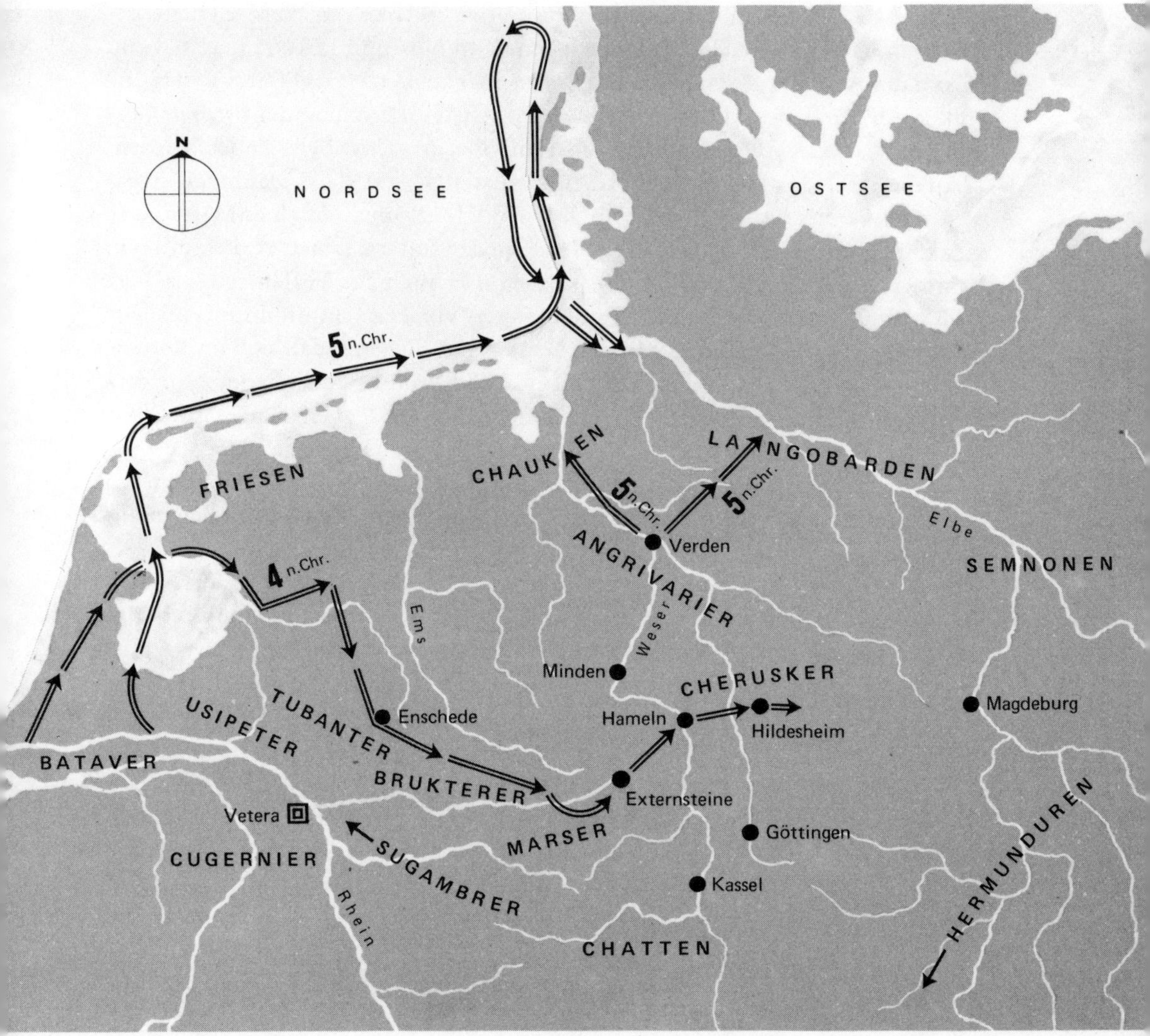

Karte 7 Feldzüge des Tiberius in den Jahren 4 und 5 n. Chr. Den Winter 4/5 n. Chr. verbrachte Tiberius mit dem gesamten Heer im Gebiet der Cherusker.

rien und Pannonien in Eilmärschen zum Abschwenken in diese Gebiete gezwungen hätte. Vielleicht begleiteten ihn Arminius und FLAVUS bereits beim Ansatz des Angriffs gegen MARBOD. Sicher aber stießen sie als Führer von Hilfsvölkern später zu ihm. Die vielleicht gefährlichste Bedrohung der Freiheit Germaniens war durch Geschehnisse außerhalb Germaniens abgewendet worden.

An die Stelle des TIBERIUS aber trat QUINCTILIUS VARUS, der glaubte, Germanien wäre bereits fest als Provinz in der Hand der Römer. Auch er marschierte drei Jahre später durch den Paß von Horn, an den Externsteinen vorbei, um sein Sommerlager an der Weser, in der Nähe von Hameln, zu beziehen.

Gewöhnlich wird die Sage des Rattenfängers von Hameln auf mittelalterliche Erzählungen zurückgeführt. Mir erscheint es naheliegend, daß sich im Rattenfänger vor allem die Gestalten des TIBERIUS und VARUS widerspiegeln. Sie versuchten die Kinder der Stadt, d. h. die jungen Männer der Germanen, durch ihr Gaukelspiel zu blenden und ins Verderben zu führen. Die Sage kann als Warnung vor den beiden tückischen Römern angesehen werden, die in der näheren und weiteren Umgebung der späteren Stadt Lager errichteten, von denen aus sie Germanien beherrschen und verführen wollten.

Bevor wir uns nun der Befreiungstat des Arminius ganz zuwenden, muß noch einmal betont werden, daß ausnahmslos alle römischen Feldherren von DRUSUS bis GERMANICUS im Jahr 15 n. Chr. in den Raum der Externsteine vorstießen. Für keinen anderen Raum trifft das gleiche zu.

Römisches und germanisches Heerwesen

Das römische Heer der frühen Kaiserzeit wurde von sechzehn bis zwanzig Jahre dienenden Berufssoldaten gestellt. Ihre Bewaffnung war im Gegensatz zur frührömischen Zeit gleichmäßig. Sie bestand aus dem *pilum,* einem Wurfspeer mit einem etwa 1,30 m langen Holzschaft, in den ein etwa gleich langes Eisenteil so eingefügt und mit Klammern befestigt war, daß sich eine Gesamtlänge von 2 m ergab. Die lange Eisenspitze war so konstruiert, daß sie sich, wenn sie im Schild des Feindes stak, durch das Gewicht des restlichen Teiles abbog und den feindlichen Schild mit sich nach unten zog; eine wahrhaft geniale Waffe für den ersten Anprall! Hatte der Legionär sein *pilum* geschleudert, so griff er mit der rechten Hand nach dem rechts hängenden *gladius,* dem Kurzschwert, und drang auf den nun meist schildlosen Feind im Nahkampf ein. Das Schwert war etwa 60 bis 70 cm lang, ohne Parierstange und zweischneidig. Dadurch war es hervorragend für Stich und Hieb geeignet. Es war die beste Waffe ihrer Art, die je erfunden wurde, weit besser als die großen Hiebschwerter der Feinde Roms und der römischen Spätzeit. Sie setzte allerdings eine hohe Fechtkunst und ständiges Üben voraus. Geschützt wurde der Legionär durch einen Helm, eiserne Schulterspangen, einen Lederkoller und vor allem durch den 1,20 m breiten und 1 m hohen, rechteckigen und leicht gewölbten Schild aus einer doppelten, geleimten Bretterlage, die außen mit Leinwand und Kalbfell bezogen war. Der obere und untere Rand war durch Blechbänder verstärkt. Mit diesen Schutz- und Trutzwaffen besaß der römische Legionär die absolute waffentechnische Überlegenheit über alle seine Feinde.

Neben der täglichen Übung, auch im Verband, gab es jedoch etwas, was ebenfalls kein Feind der Römer besaß – die Disziplin, die mit dem Rebstock der Centurionen und barbarischen Strafen aufrechterhalten wurde. Erst im Zeitalter der Renaissance hat man in Europa dieses Geheimnis der römischen Siege entdeckt und schleunigst, von den Niederlanden ausgehend, bei den Söldnerheeren eingeführt, im übrigen auch zum Segen der Zivilbevölkerung, die bis dahin unter den zuchtlosen Söldnerhorden schwer zu leiden hatte.

Römische Heere gliederten sich in Legionen und diese wieder in je 10 Kohorten und 60 Centurien. Die alten Manipel hatten keinerlei taktische Bedeutung mehr. Auch der Unterschied zwischen *triarii, principes* und *hastati* war längst gefallen.[87] Nur das *signum* trug der *signifer* noch immer. Es ist jedoch niemals Feldzeichen, sondern immer nur Kommandozeichen gewesen, nach dem sich die Legionäre im Gefecht richteten. Tuben unterstützten mit ihrem vollen Klang die Übermittlung von Befehlen. Feldzeichen war allein der Legionsadler, vom *aquilifer* getragen, und später bezeichnenderweise der Drache.

Führer einer Legion war der Legat. Ihm standen 6 Tribunen zur Seite, von denen meist drei je ein Treffen führten, während die restlichen drei dem Legaten zur Verfügung standen. Legaten und Tribune allein zählten zu den Offizieren. Die Centurien wurden von Centurionen geführt, die zu den Unteroffizieren zu zählen sind, aber in der Dienststellung einem modernen Hauptmann entsprechen würden. Der dienstälteste *centurio* einer jeden Kohorte war Kohortenführer. Vergleicht man die Legion mit einem modernen Verband, so entspricht sie der Gliederung nach in etwa einem verstärkten Infanterieregiment oder einer Brigade, da sie auch über Geschütze und eine kleine Legionsreiterei verfügte, der Stärke nach aber einer Division.

Im Gegensatz zu den etwa 3500 bis 4000 Mann starken Legionen CÄSARS war die Legion der ersten Kaiserzeit wieder auf die unter MARIUS um 100 v. Chr. übliche Stärke von 6000 Mann Kampftruppen, ohne kleinen Troß, herangewachsen. Im einzelnen bestand sie aus:

1 Legat als Legionskommandeur	1
6 Tribunen als Treffenführer oder z. b. V.	6
60 Centurionen als Führer von Centurien und z. T. Kohorten	60
59 Centurien zu je 80 Legionären	4720
1 Veteranen*vexillatio,* einschl. 6 Centurionen, davon 1 als normale Centurie kämpfend	486
60 Geschütze mit je 11 Mann Bedienung	660
1 Legionsstab	46
10 Kohortenstäbe mit je 9 Mann	90
1 Legionsreiterei aus vier Turmen, einschl. 4 Decurionen	124
Gesamtzahl der Kampftruppe:	6193
Dazu kamen je 2 Reitpferde für den Legaten, die Tribunen, Centurionen und Decurionen, sowie die Pferde der Legionsreiter und -stäbe;	410 Reitpferde

weiter je zwei Fahrzeuge pro Geschütz, davon eins für das Geschütz selbst und eins für die Munition, jedes Fahrzeug wurde von zwei Zugpferden gezogen;	240 Zugpferde
zu jedem Fahrzeug gehörte mindestens 1 Fahrer.	120 Fahrer

Damit bestand der kämpfende Teil einer Legion mindestens aus 6313 Mann, 650 Pferden und 120 Fahrzeugen.[88]

Zur Legion gehörten außerdem ein kleiner Troß, der Gefechtstroß, und ein großer Troß.

Der kleine Troß umfaßte für:

je 10 Mann *(contubernium)*	1 Knecht (*calo*) mit 1 Packpferd für Zelt, Schanzzeug, Handmühlen usw.
jeden Reiter	1–2 *calones*
jeden Centurio, Tribun und Legaten	2 *calones* mit 1 Packpferd mit Zelt usw.

Das ergibt zusätzlich rund 1060 *calones,* die zur Zeit des Augustus noch als leichte Infanterie, als Bogenschützen, Schleuderer usw. kämpften, und 750 Pferde.

Die Gesamtstärke einer Legion mit ihrem kleinen Troß, dem Gefechtstroß, beläuft sich demnach auf 7300 Mann, 1400 Pferde und 120 Fahrzeuge.

Eine solche Legion hätte aber ohne den großen Troß nicht lange kämpfen können, da ihr die nötige Verpflegung ebenso wie der Nachschub an Waffen und Ausrüstungsstücken gefehlt hätte.

Nehmen wir zuerst die Verpflegung. Für drei Tage führte sie jeder Legionär mit sich. Darüber hinaus erhielt er in regelmäßigen Zeitabständen eine Ration an Lebensmitteln, die trotz mehrerer anders lautender Meldungen bei den antiken Schriftstellern mit einer zu empfangenden Verpflegungsmenge für 17 Tage angenommen wird. Sie entspricht im übrigen in etwa dem Mittel aller Angaben und dem, was Cäsar ausgeben ließ. Daß der Legionär diese Menge nicht selbst tragen konnte, liegt wohl auf der Hand. Er wird daher auch nicht mehr mit sich geschleppt haben, als seine modernen Berufskameraden zu tragen vermochten: eine Eiserne Ration von drei Tagen. Zum Transport benutzte er statt eines Tornisters seinen *mulus marianus*, den marianischen Esel, der aus einem Stock mit Gabel und Querbrett bestand. Marius hatte ihn 101 v. Chr. für seine Soldaten eingeführt. Er muß ein wahres Marterinstrument gewesen sein, zumal er auf einer Schulter getragen wurde. Vor dem Gefecht wurde der *mulus marianus*, oder was später auch immer als Ersatz für ihn gedient haben mag, natürlich abgelegt.

Die wichtigste Verpflegung des Legionärs, sein »Kommißbrot«, bestand aus Weizen- oder Gerstenkörnern, Salz, Öl und Essig. Die Getreidekörner verarbeiteten die Soldaten, nachdem sie sie mit Hilfe einer Handmühle gemahlen hatten oder von Sklaven hatten mahlen lassen, zu einer Art Sterz. Der Essig wurde mit Wasser gemischt und diente als willkommenes Erfrischungsgetränk. Auch JESUS am Kreuz wurde von einem Legionär damit erfrischt. Auf dem Marsch trug der Soldat die Getreidekörner in einem Säckchen an dem Querbrett seines *mulus marianus,* dazu das Salz; in kleinen Krügen baumelten daneben Essig und Öl. Der Rest seiner empfangenen Verpflegung wurde entweder von einem Packpferd oder auf einem Wagen beim Gefechtstroß mitgeführt. Ein Packpferd kann etwa 100 kg tragen, ein Wagen 500 kg, das heißt, daß immer mehrere Soldaten die Verpflegung für ihre restlichen 14 Tage auf einem gemeinsamen Packpferd, wie im Feldzug CÄSARS in Gallien, oder einem Wagen mitführten. Es kann nicht mit Sicherheit gesagt werden, wie dieser Verpflegungstransport beim Gefechtstroß durchgeführt wurde.[89]

Beim großen Troß der Legion befand sich meist Verpflegung für die ganze Dauer eines Feldzuges, besonders in einem Land wie Germanien, in dem nicht genügend Verpflegung für ein großes, aus mehreren Legionen bestehendes Heer aufzutreiben war. Noch CLAUSEWITZ sagte: »Was will es sagen, wenn 30000 Mann in der Runde von einer Meile (7,5 km), also von einer 3 bis 4 Quadratmeilen betragenden Oberfläche, Lebensmittel herbeitreiben! Und doch werden sie das selten können ...«[90] Was für die Zeit von CLAUSEWITZ galt, gilt noch vermehrt für die der Germanen. Für den großen Troß einer Legion müssen in etwa – ohne Sicherheitszuschläge – die folgenden Verpflegungssätze für einen Mann und einen Monat von 30 Tagen angesetzt werden:

Weizen- oder Gerstenkörner	rd. 30 kg,
Salz	rd. 0,75 kg oder

für die ganze Legion 219000 kg oder 219 t (15 moderne Eisenbahnwagen) Körner und 5475 kg oder 5,47 t Salz. Dazu kam die Pferdegerste für die römischen Pferde mit 188 kg pro Pferd oder 269200 kg (269,2 t = 18 Eisenbahnwagen) insgesamt.

Die Zuglast eines Pferdes beträgt rund 250 kg. Danach ist die in einem zweispännigen Wagen mitzuführende Last rund 500 kg, wie das auch noch bei den Lebensmittelwagen des deutschen Heeres um 1900 der Fall war. Für die insgesamt 487675 kg Verpflegungslast einer Legion sind also etwa 975 Fahrzeuge mit mindestens 975 Fahrern und 1950 Zugpferden notwendig. Deren Verpflegung benötigt aber zusätzlichen Transportraum für 396 581 kg. Theoretisch wären das 793 Fahrzeuge mehr. Erfahrungsgemäß trennt sich kein Fahrer von seiner Verpflegung, so daß er bestimmt seine 30 kg Getreide noch auf dem Gefechtswagen unterbringt, den er selbst fährt. Das Fahrzeug bricht davon auch nicht zusammen. Problematisch wird die Sache bei der Pferdegerste. Doch kann dabei gut und gern die Frischfutterverpflegung in Rechnung gestellt werden, die es zur Zeit der Römerfeldzüge so gut wie immer und überall gab, so daß es für die Verpflegung ungefähr bei der oben genannten Fahrzeugzahl bleiben kann.

Mit dem gesamten großen Troß belief sich die Stärke einer einzigen Legion demnach auf rund 8 300 Mann, 3 350 Pferde und 1 095 Wagen.[91]

Fleisch gab es selten. War aber Fleischverpflegung notwendig, so muß bei minderwertigem Vieh und dreimaliger Ausgabe pro Woche mit einem zusätzlichen Herdentrieb von 128 Ochsen, 384 Schweinen oder 1 280 Hammel gerechnet werden. Da dieses Schlachtvieh langsamer als die Fahrzeuge marschiert, kann es unter Umständen die Beweglichkeit der Römer eingeschränkt haben. Selbst beim Feldzug der Österreicher 1859 in Italien erwies sich das gegenüber den mit Konserven ausgestatteten Franzosen als Nachteil.

Die Marschlänge einer Legion wäre demnach beim Verlegungsmarsch, bei dem nicht mit Feindberührung gerechnet wurde *(agmen pilatum)*, mit Kampfteilen aus Reitern und Legionären je nach Straßenverhältnissen und Abständen zwischen den Einheiten und Teileinheiten 2 000 bis 3 000 m gewesen; dabei wird der Marsch der Legionäre in Sechserreihen, entsprechend der üblichen Breite der Lagertore, der Reiter in Dreierreihen und der Wagen in Zweierreihen angenommen. Mit dem kleinen oder Gefechtstroß erhöhte sich die Marschlänge auf rund 3 000 bis 4 000 m und mit dem großen Troß auf mindestens 4 000 bis 5 000 m, wobei für jedes Fahrzeug 8 m mit Abstand gerechnet wird. Doch sind das recht theoretische Zahlen, da für einen Auftrag nur selten eine Legion allein eingesetzt wurde. Es kam aber vor. Marschierten dagegen mehrere Legionen, wie das meist der Fall war, so trat der große Troß jeder Legion an den Schluß der gesamten Heereskolonne als Armeetroß. Die Marschlänge einer Legion mit ihrem Gefechtstroß verkürzte sich dann entsprechend. Eine solche Marschformation wurde *iter impeditum* genannt (Fig. 8). Beim Gefechtsmarsch durch feindliches Gebiet, bei dem aber nicht mit einem sofortigen Zusammenstoß mit dem Feind gerechnet wurde, wählte man dagegen die Marschformation des *iter expeditum*. Dabei wurden Marschsicherungen abgestellt und sowohl die Gefechtstrosse als auch die großen Trosse der Legionen zusammengefaßt und hinter den gefechtsbereiten Legionen am Schluß des Gros eingegliedert (Fig. 9).

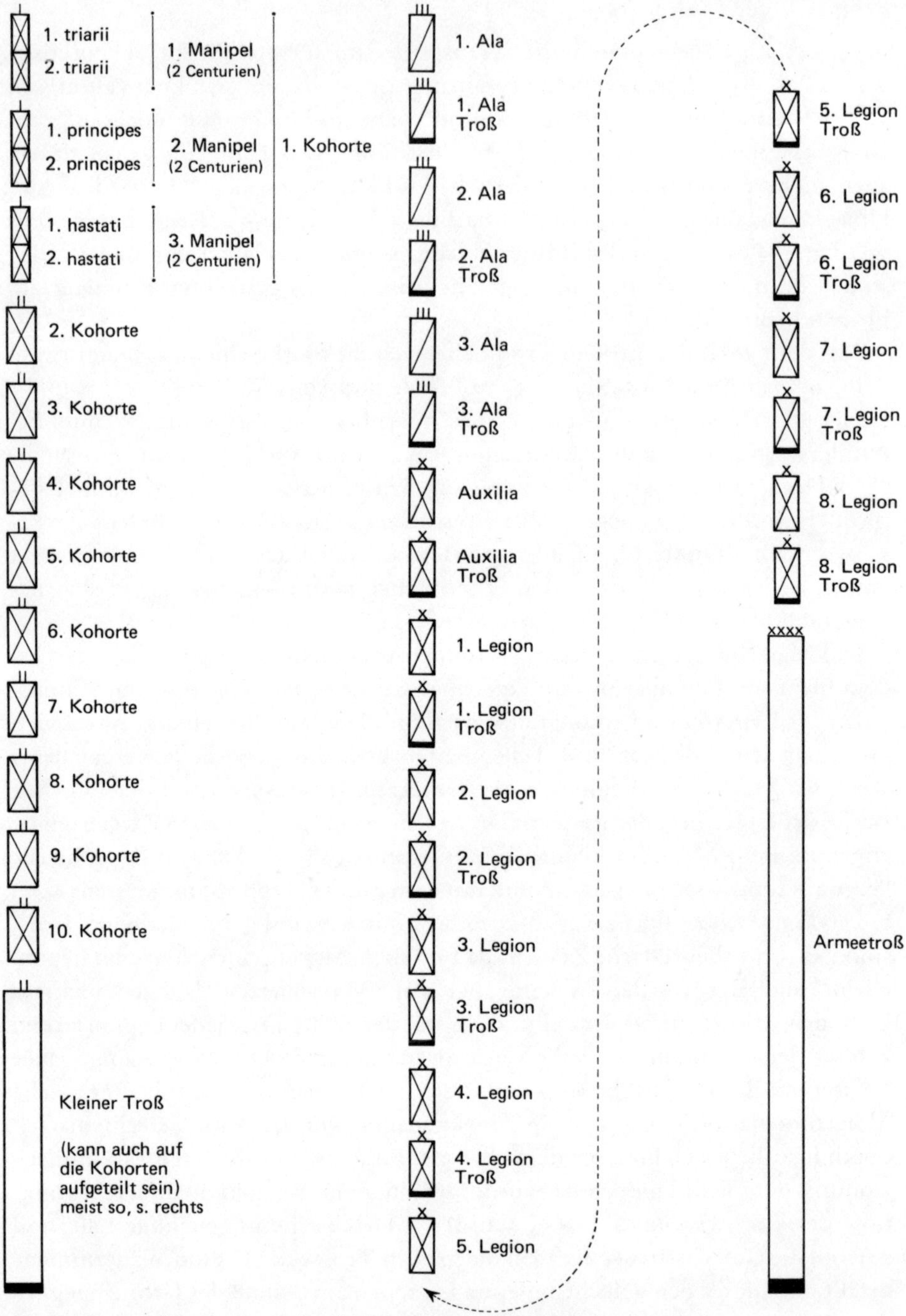

Fig. 8 Iter impeditum a) von einer Legion b) von acht Legionen

Erklärung der taktischen Zeichen

Einzelne Legionäre oder Krieger, Sicherungen

Einheit in Kompaniestärke

Verband in Bataillonsstärke (Kohorte)

Verband in Regimentsstärke (Ala)

Verband in Brigadestärke (Legion)

Armee

Die Zeichen der Verbandsstärken auf den Rechtecken weisen immer zum Feind oder in Marschrichtung. Stehen die Rechtecke mit der Breitseite zum Feind, so befinden sich die Verbände in Kampfstellung; stehen sie mit der Schmalseite zum Feind, so befinden sie sich im Marsch.

Versorgungsteile, Stärke entsprechend der Strichstärke am unteren Rand

Reiterei (auch mit Fähnchen, deren Anzahl dann die Stärke angibt)

Fußvolk

(geplante) Bewegung

geplante oder frühere Stellung

Ein Verband mußte Kräfte für andere Aufgaben abgeben.

Der Feind wird immer mit doppelten Strichen oder ausgefüllten Rechtecken gekennzeichnet.

Erklärung der Zeichen und Symbole in den militärischen Schema-Darstellungen

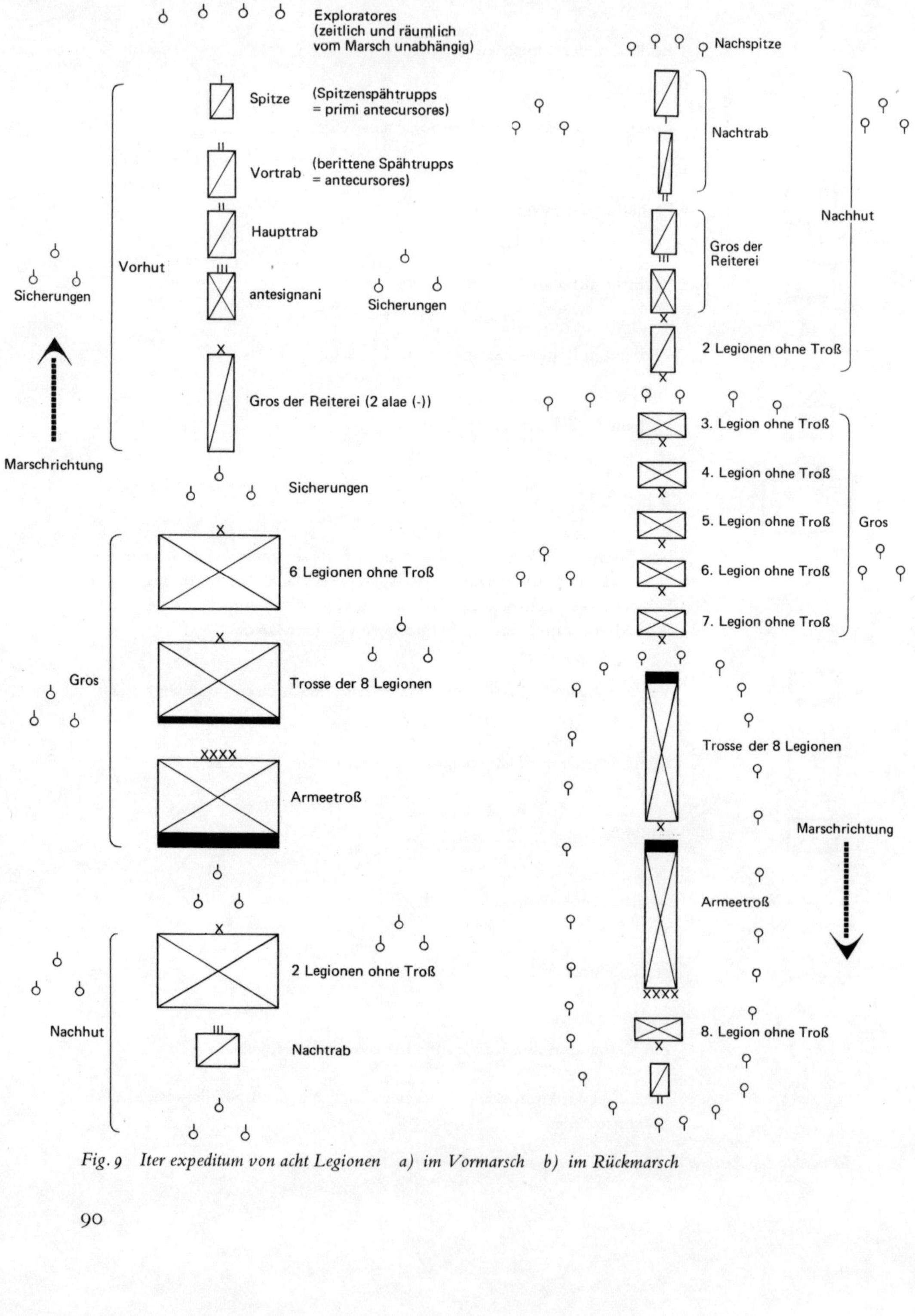

Fig. 9 Iter expeditum von acht Legionen a) im Vormarsch b) im Rückmarsch

Noch wichtiger als diese beiden Marscharten ist die des *agmen quadratum,* die dann eingenommen wurde, wenn man mit einem unmittelbar bevorstehenden Begegnungsgefecht oder Marschgefecht rechnete. In diesem Fall wurde der Armeetroß unter Bedeckung zurückgelassen, während die Gefechtstrosse der Legionen von diesen in die Mitte genommen wurden (Fig. 18). Der Aufmarsch zur Schlacht war so nach jeder Richtung und in verhältnismäßig kurzer Zeit möglich. Doch brauchte man für den Marsch im *agmen quadratum* allein für den kleinen Troß, den Gefechtstroß, bei

50 Wagen nebeneinander	200 m Breite,
40 Wagen nebeneinander	160 m Breite,
30 Wagen nebeneinander	120 m Breite,

da jedes Fahrzeug 4 m Raum der Breite nach brauchte. Die Tiefe des Trosses änderte sich natürlich mit der Anzahl der so marschierenden Legionen. Bei drei Legionen, wie z. B. beim Heer des VARUS, ist eine Tiefe von mindestens 525 m für 50 Wagen, 657 m für 40 Wagen oder 876 m für 30 Wagen notwendig gewesen. Dazu kommen natürlich sowohl der Breite nach als auch der Tiefe nach die Räume, welche die Kampftruppen und Sicherungen selbst brauchen, auch für den späteren Aufmarsch zur Schlacht.

Man wird sich fragen, wo es Straßen gab, die so breit waren. Dabei darf man selbstverständlich nicht an moderne Straßen oder an jene Heeresstraßen denken, die die Legionen gebaut haben. Alte Straßen in Deutschland glichen jenen unbefestigten Straßen, wie sie noch heute abseits der Städte in Osteuropa zu finden sind. Mehrere Fahrspuren, oft nebeneinander, bezeichneten allein ihren Verlauf. Manchmal waren sie nur 2 bis 4 m breit, an anderen Stellen aber, wo das Gelände es zuließ, konnten sie bis zu 100 m breit sein. Noch Anfang des vorigen Jahrhunderts sahen die Straßen in Deutschland abseits der großen Heeres- und Handelsstraßen nicht anders aus. Bei Regen verwandelten sie sich in einen grundlosen Morast, durch den nur schwer vorwärtszukommen war. CLAUSEWITZ bestätigt dies, wenn er sagt: »Für unsere Heere steht es längst fest, daß ein Marsch von 3 Meilen (22,5 km) das gewöhnliche Tagewerk ist, welches bei langen Zügen sogar auf 2 Meilen (15 km) heruntergesetzt werden muß, um die nötigen Rasttage einschalten zu können... Bei einer Division von 8000 Mann dauert ein solcher Marsch in ebenen Gegenden und mittelmäßigen Wegen 8 bis 10, in bergigen 10 bis 12 Stunden. Sind mehrere Divisionen in einer Kolonne beisammen, so dauert er noch ein paar Stunden länger, wenn man auch selbst die Zeit abrechnet, welche man die folgenden Divisionen später aufbrechen läßt...«[92] Moderne Infanterie marschiert dagegen aufgrund der guten Straßen 4 bis 5 km in der Stunde.

Römische Heere waren neben ihrer vorzüglichen Bewaffnung, Disziplin und Versorgung anderen Heeren vor allem durch ihre Lagertaktik überlegen. Nach einem Tagesmarsch von etwa 18 km machte das Heer Halt und errichtete stets ein Lager. Die aufgefundenen Lager entlang der Lippe, Holsterhausen, Haltern, Oberaden und Anreppen, lassen in ihren Entfernungen zueinander noch genau den 18 km langen Tagesmarsch erkennen; so beträgt die Entfernung von Holsterhausen nach Haltern 18 km, von Haltern nach Oberaden 36 km usw. Das Lager bot der Truppe Sicherheit für die Nacht und Rückhalt im Kampf, wenn sie in Lagernähe angegriffen wurde. Dem marschierenden Heer voraus erkundete ein Spähtrupp unter Führung eines Tribunen den Lagerplatz, der möglichst erhöht liegen und freien Ausblick sowie Möglichkeiten zur Entfaltung der Truppe auf einem Glacis bieten sollte. Dazu mußte er die Wasser-, Holz- und Grünfutterversorgung gewährleisten. Als Grundschema galt das Lager des einfachen konsularischen Heeres mit zwei Legionen und zwei Alen Bundestruppen. Seine quadratische Anlage besaß eine Seitenlänge von 666 m und war von einem Graben, einem Wall und einer darauf stehenden Palisade umgeben. Im Lagerwall befanden sich vier zwingerartig angelegte Tore, die den Ausmarsch des Heeres in Marschordnung gestatteten. Zwischen der Umfassung und der inneren Anlage verlief zunächst ringsum ein freier Raum von 60 m Tiefe, der die lagernde Truppe vor feindlichen Geschossen schützte, der Bereitstellung eigener Abteilungen diente und Möglichkeiten zum Unterbringen von überzähligen Kontingenten, Schlachtvieh, Gefangenen und Beute bot (Fig. 10). Innen war das Lager in zwei Abteilungen geteilt, die von den Straßen, die die Lagertore verbanden und zugleich die ganze Anlage in vier gleiche Teile gliederten, getrennt bzw. halbiert wurden: in die Abteilung für Führung und Verwaltung bzw. Versorgung und die Abteilung der lagernden Truppe. Zwischen dem Feldherrnzelt und der Quästur befand sich ein Platz zum Antreten, auf dem auch die Opferhandlungen vor dem Ausmarsch vorgenommen wurden. Die Truppe lagerte so, wie sie das Lager am besten verteidigen und am schnellsten zum Gefecht ausrücken konnte, das heißt: Reiter innen, Fußvolk außen. Der kleine Troß lagerte bei seinen Verbänden, der große mit dem Offiziersgepäck beim Quästor. In Sommerlagern baute sich die Truppe Unterkünfte aus den mitgeführten Lederzelten; in Winterlagern konnten dafür Baracken gebaut werden. Ständige Lager besaßen auch Steinbauten, wie sie vor allem in Garnisonsstädten oder auch an wichtigen Straßen zu finden waren, die als Einfallstraßen in feindliches Gebiet benutzt wurden und zum Teil ständig mit Truppen und Versorgungsgütern belegt waren. Oft gab es auch kleine Kohortenlager, die der Überwachung bestimmter Räume und der Versorgung durchziehender Truppen dienten.

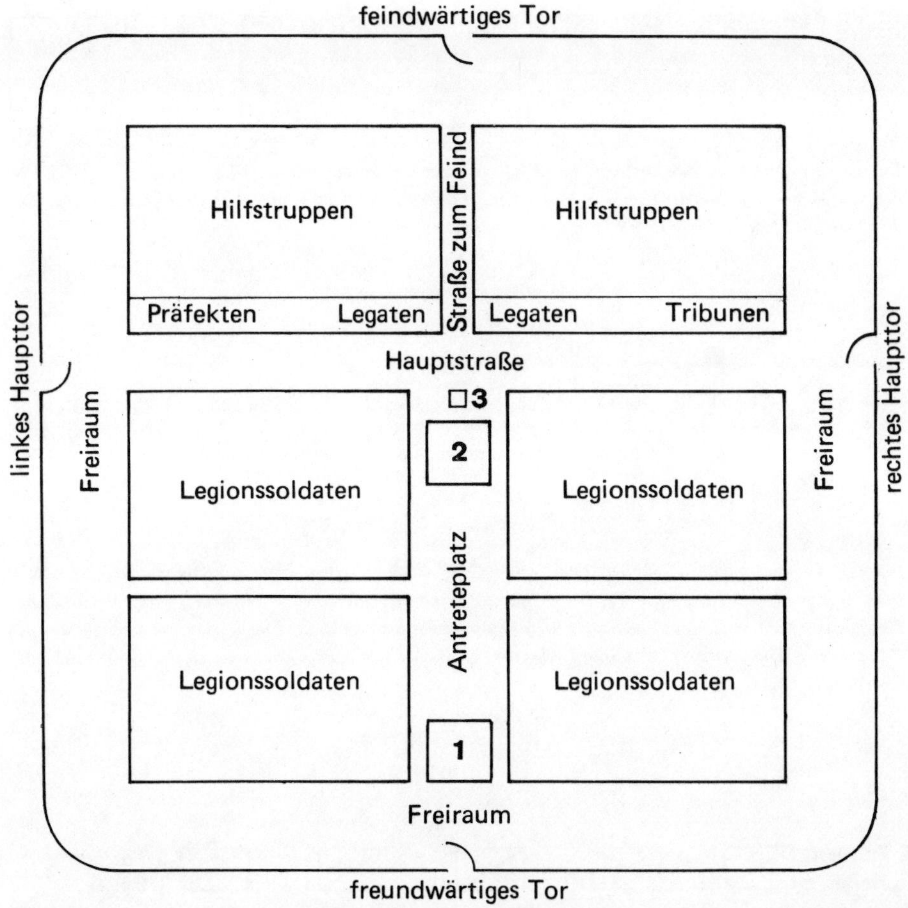

Fig. 10 Schema eines römischen Lagers zur Zeit Cäsars. 1 Quästur 2 Feldherrnzelt 3 Gerichtssitz

Wozu diese ausführlichen Betrachtungen? Die Antwort darauf ist sehr einfach. Ohne solche Angaben ist es völlig unmöglich, zu einem auch nur annähernd richtigen Schluß in bezug auf die Lage der Schlachtfelder, die Leistung der Germanen und Römer, das Verhältnis ihrer Truppenstärken, das Ausmaß des Sieges oder der Niederlage und die daraus sich ergebenden politischen Entscheidungen zu gelangen, schon gar nicht in Hinblick auf die Schlacht im Teutoburger Wald und ihre Beziehung zu den Externsteinen. Philologische Textkritik allein, und mag sie noch so gründlich sein, genügt nicht.

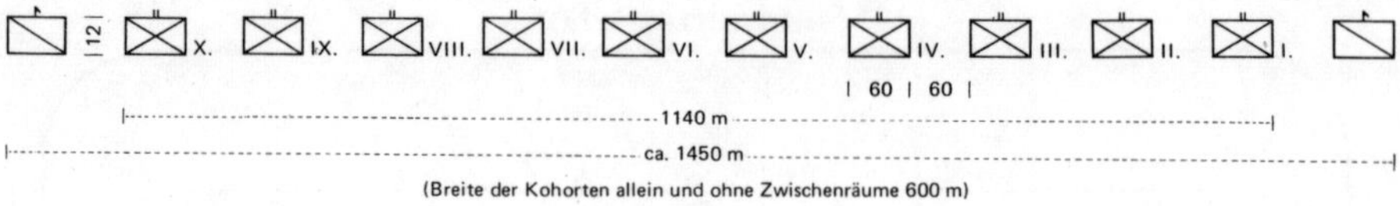

Fig. 11 *Legion in der acies simplex. Die Kohorten stehen nebeneinander, die Legionsreiterei auf den Flügeln. Der Zwischenraum der Kohorten untereinander ist etwa gleich der Kohortenbreite, richtet sich aber nach dem Gelände. Jede Kohorte ist 6 Mann tief, also etwa 12 m.*

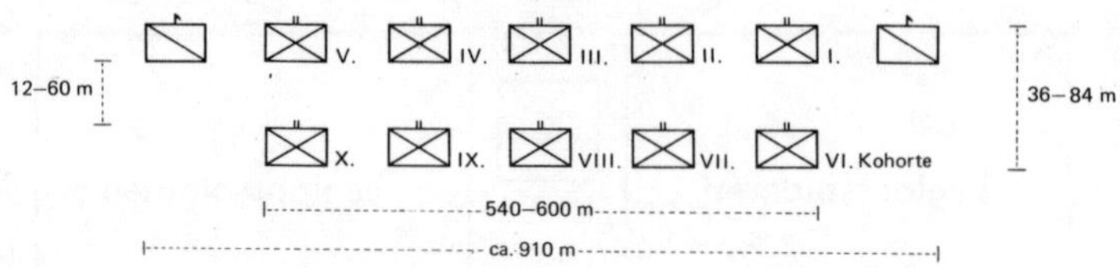

Fig. 12 *Legion in der acies duplex. Die Legion steht in zwei Treffen, deren Abstand voneinander mindestens so groß ist, daß das zweite Treffen nicht mehr in das Kampfgeschehen verwickelt oder von feindlichen Geschossen (Pfeilen oder geschleuderten Steinen) getroffen werden kann. Die Legionsreiterei steht auf den Flügeln des ersten Treffens. Die übrigen Abstände gleichen denen bei der acies simplex und richten sich auch nach dem Gelände.*

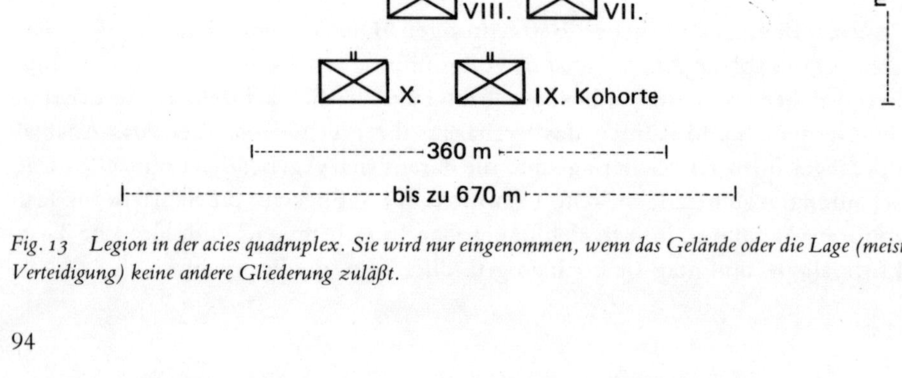

Fig. 13 *Legion in der acies quadruplex. Sie wird nur eingenommen, wenn das Gelände oder die Lage (meist Verteidigung) keine andere Gliederung zuläßt.*

Im Gefecht standen römische Heere entweder in der *acies simplex, acies duplex, acies triplex* – auch *acies instructa* genannt – oder *acies quadruplex*. Die Bezeichnungen beziehen sich jeweils auf die Gliederung jeder einzelnen Legion im Gefecht. Ein Heer aus mehreren Legionen war fast immer gleichartig gegliedert, nur traten Legionsreitereien oft geschlossen auf die Flügel des ganzen Heeres, unmittelbar an die Flügellegionen angelehnt. Noch weiter auf den Flügeln stand meist die Auxiliarreiterei, während die Auxiliarkohorten als leichte Infanterie vor der Front und in den Zwischenräumen der Truppenverbände kämpften, sich vor dem entscheidenden Zusammenprall aber hinter die Front der Legionen zurückzogen.

In der sehr seltenen *acies simplex* (Fig. 11) standen die zehn Kohorten einer Legion mit Zwischenräumen nebeneinander. Jede Kohorte war 12 m tief und rund 60 m breit. Der Zwischenraum zwischen den Kohorten betrug ebenfalls 60 m. Ohne Reiterei war die Breite einer Legion ungefähr 1 140 m. Kam die Legionsreiterei hinzu, so erhöhte sich die Breite auf rund 1 450 m.

Bei der ebenso seltenen *acies duplex* (Fig. 12) bildete die Legion zwei Treffen zu je fünf Kohorten. Ihre Breite ohne Legionsreiterei betrug dann 540 m. Das zweite Treffen hatte die gleiche Breite, stand aber mit einem ungefähren Abstand von 12 m – je nach Gelände jedoch verschieden – hinter dem ersten. Mit der Legionsreiterei auf den Flügeln vergrößerte sich die Legionsbreite auf rund 910 m. Die äußerst seltene *acies quadruplex* (Fig. 13) ist danach leicht zu errechnen.

Am häufigsten wurde die *acies triplex* angewendet (Fig. 14), die daher auch *acies instructa* genannt wurde. Sprechen römische Schriftsteller nur von der *acies*, ohne eine nähere Beschreibung hinzuzufügen, so meinen sie immer die *acies triplex* oder *instructa*. Dann stand die Legion in drei Treffen, wobei sich vier Kohorten im ersten und je drei Kohorten im zweiten und dritten befanden. Die Gesamtbreite der Legion ohne ihre Reiterei war dann 420 m, ihre Tiefe etwa 60 m, je nach Gelände. Mit Legionsreiterei belief sich die Breite auf etwa 750 m.

Mehrere Legionen konnten sowohl in einem als auch in zwei oder drei Treffen aufmarschieren (Fig. 15). Der Abstand zwischen den Treffen richtete sich nach dem Gelände, war aber mindestens so groß, daß das hintere Treffen nicht mehr von feindlichen Geschossen belästigt werden, aber dennoch in Minutenschnelle eingreifen konnte. Wie die Glieder und Treffen einer Legion in der *acies instructa*, so wirkten auch die einzelnen Treffen lose aufgehängten Teppichen vergleichbar, die die Wucht eines Gewehrgeschosses abbremsen und auffangen. Die Verwendung von Reservelegionen war den Römern durchaus geläufig. Bei Heeren mit Auxiliarreiterei kämpften die Alen auch oft in den Abstän-

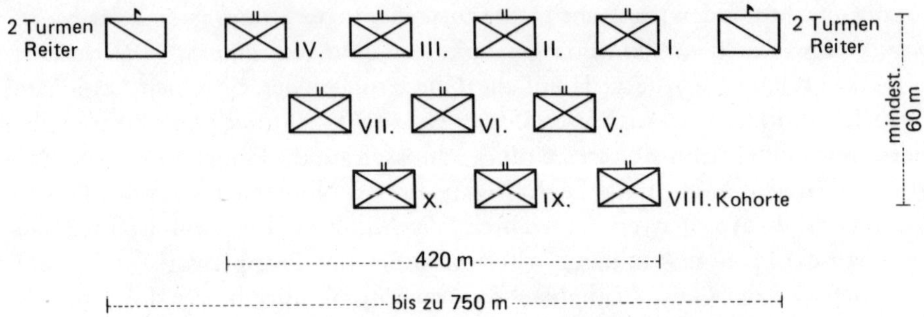

Fig. 14 *Legion in der acies instructa (triplex). Es ist die normale Gliederung der Legion in drei Treffen; sie wurde auch einfach nur acies genannt.*

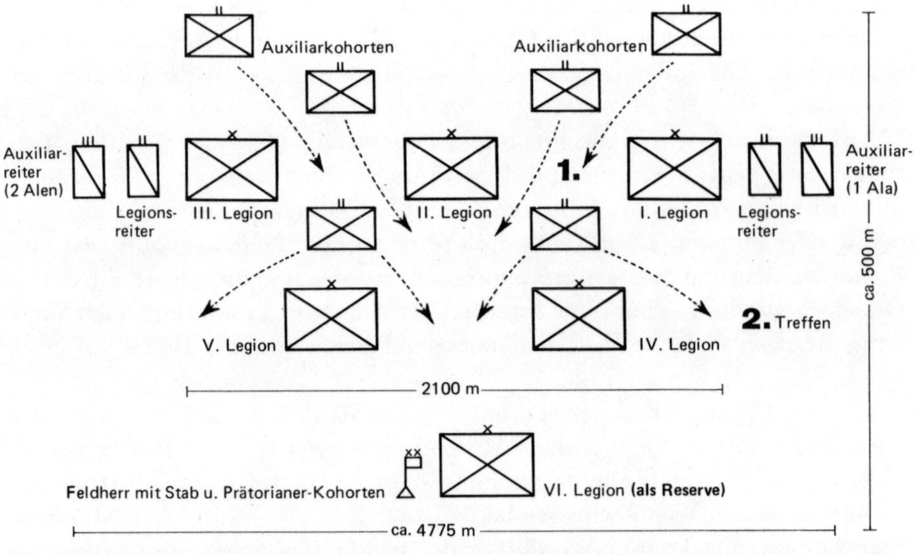

Fig. 15 *Aufmarsch eines Heeres von 6 Legionen in zwei Treffen zur Schlacht. Die Legionen stehen in der acies instructa; sie werden von 6 Auxiliarkohorten als leichter Infanterie und 3 Alen Auxiliarreiterei unterstützt. Eine Legion ist als Reserve zurückbehalten; die Reiterei steht auf den Flügeln. Nach dem Zusammenprall der Schlachtreihen ziehen sich die Auxiliarkohorten in Richtung der gestrichelten Pfeile zurück und wirken als Plänkler weiter.*

den und Räumen zwischen den Turmen der Legionsreiterei. Eine *ala* hatte eine Breite von 165 und eine Tiefe von 60 m.

Der Aufmarsch zur Schlacht dauerte je nach Marschformation unterschiedlich lang und ist daher für jeden Fall nach Marschlängen, Durchlaufzeit und Marschtempo einzeln zu berechnen. In Minutenschnelle ging es nicht.

Die Römer waren nicht nur in Disziplin und Waffentechnik, sondern – wie schon jetzt zu erkennen ist – auch in der Taktik und in der Führung von Einheiten und Verbänden, einschließlich ihrer Versorgung, überlegen. Gerade letzteres wird oft bei der Beurteilung der Heere vergessen, obwohl es eines der wesentlichsten Elemente ist. Heere können sich nur so schnell bewegen, wie die Versorgungsteile es zulassen, und sie können nur so lange kämpfen, wie sie regelmäßig versorgt werden, nicht nur mit Verpflegung, sondern auch mit Waffen, Munition, Ausrüstungsgegenständen und nicht zuletzt Ersatz an Mannschaften.

Ganz anders sahen germanische Heere aus. Wie schon gesagt, es war jeder freie Mann, der gesundheitlich in der Lage war, die Waffen zu führen – und das war jeder, der nicht verkrüppelt oder geistig behindert war –, auch Krieger. Seine Bewaffnung bestand meist nur aus der Frame, einem langen Speer, der sowohl zum Stoß als auch zum Wurf geeignet war. Die Frame hatte entweder eine im Feuer gehärtete Holzspitze oder eine kurze und schmale Eisenspitze. Lange und breite Speerspitzen gab es selten, was – wie das nur gelegentliche Vorkommen von Schwertern – auf den Mangel an Eisen in Germanien zurückzuführen ist. Grabungsfunde haben diese Angaben des TACITUS bestätigt.[93] Außerdem benutzte der germanische Krieger leichte Bleikugeln als Fernwaffen, die mit der Schleuder verschossen wurden. Bogen zählten noch nicht zu den ausgesprochenen Kriegswaffen. Der Schild war rund und besaß einen metallenen Buckel, so daß diese Schutzwaffe im Nahkampf auch zum Schlagen und Stoßen verwendet werden konnte. Helme gab es kaum, ebensowenig Panzer. Der germanische Krieger kämpfte mit entblößtem Oberkörper, manchmal auch in kultischer Nacktheit, um die Kräfte der Erdmutter Nerthus aufnehmen zu können, oder dunkelbemalt wie die Wotanskrieger der Harier. An Größe und Körperkraft waren sie den im Durchschnitt nur 1,55 bis 1,60 m großen Legionären mit ihren 1,75 bis 1,85 m im Einzelkampf weit überlegen. Nur die Fechtkunst der Römer und deren vorzügliches Schwert vermochten diese Ungleichheit wettzumachen. Auch die germanischen Reiter waren mit einem Speer bewaffnet und ritten ohne Sattel und Bügel. Langschwerter besaßen nur wenige. Die germanischen Pferde waren klein, nicht sehr schnell, aber zäh. Germanische Alen wurden von den Römern oft mit deren größeren und besseren Pferden ausgerüstet.

Vor der Schlacht stimmten alle Krieger den *barritus* oder *barditus* an, eine Art Schlachtgesang oder Kriegsgeschrei, der in rauhen Tönen stoßweise und anschwellend in den Schild gebrüllt wurde, um den Widerhall zu verstärken. Sicher wurden dabei die Götter Ziu (Tiwaz) und Wotan angerufen.

Die Masse der germanischen Heere zur Zeit des Arminius bestand aus Fußvolk, das sich in Hundertschaften als kleinste faßbare Einheit gliederte. Dabei darf die Zahl Hundert nicht absolut genommen werden. Schon der deutsche Sprachgebrauch früherer Zeiten und einzelner moderner Dialekte unterscheidet ja zwischen dem mathematischen Begriff Hundert und dem zweckgebundenen, heute meist kaufmännischen Begriff des Großhunderts (120), das sich aus zehn Dutzend, zwei Schock usw. zusammensetzt. Die Stärke der zu einer Hundertschaft gehörenden Krieger dürfte nach einigen Forschungsergebnissen bis zu 200 betragen haben. Es handelt sich bei diesen Hundertschaften einfach um Geschlechter, die in einem Dorf oder in einer gewissen Nachbarschaft zueinander wohnten. Führer dieser blutsverwandten Gruppe war der Hunno, der frei gewählt wurde und im Frieden sowohl eine Art Bürgermeister als auch Vorsitzender des Hundertschaftsgerichts war. Der Zusammenhalt der Hundertschaft wurde nicht durch äußere Disziplin, sondern durch die geheiligten Gesetze der Blutsverwandtschaft gewährleistet.

Jeder Stamm bildete aus seinen Geschlechtern, also aus den Hundertschaften, einen Keil, jene Gefechtsform, die Wotan selbst gelehrt hatte. Das war ein gewaltiger Gevierthaufen von etwa gleicher Tiefe und Breite. Ein mittelgroßer Stamm von 15000 Kriegern bildete demnach einen Gevierthaufen, der etwa 122 Mann breit und 122 Mann tief oder rund 150 m breit und genauso tief war. Das ähnelt den Gewalthaufen der Schweizer und Landsknechte im 15. und 16. Jahrhundert, deren Gefechtsform tatsächlich den alten germanischen Gevierthaufen oder Keilen nachgebildet war. Doch bestand zwischen den beiden, zeitlich so weit auseinanderliegenden Gefechtsformen insofern ein großer Unterschied, als bei den Schweizern und Landsknechten die Spieße weitaus länger waren, so daß auch weiter innen im Gewalthaufen stehende Männer noch mit ihrer Waffe wirken konnten. Außerdem hatte man die Bedeutung des sogenannten Nachdruckes erkannt, und die Führer verhinderten das Ausbrechen oder Durchgehen nach vorn. Bei den Germanen dagegen standen die Geschlechter eines Stammes hintereinander, mit dem Hunno an der Spitze. Sehr oft löste sich der Keil daher im Bestreben einzelner, an den Feind zu kommen, nach der Seite auf. Dadurch ging die Wucht des Stoßes verloren, und der Angriff scheiterte. Der Stoß eines solchen germanischen Keiles, selbst wenn er bis zum Zusammenprall zusammenhielt, traf aber meist nur zwei, manchmal knapp drei römische Kohorten und ging mit bis zu einem Drittel seiner Breite in einem oder gar zwei Zwischenräumen unter den römischen Kohorten zunächst ins Leere, bis er – dann aber nicht mehr mit geballter Wucht – die Kohorten der zweiten Linie traf und aufgefangen wurde (Fig. 16).

Der Eindruck, daß diese germanischen Keile vorne weniger breit gewesen wären als hinten, ergab sich wohl daraus, daß die in den vorderen Gliedern stehenden tapfersten Krieger und Führer beim ungestüm vorgetragenen Angriff und im Bestreben, an den Feind zu kommen, unbeabsichtigt eine Art stumpfe Spitze bildeten. Außerdem marschierte an der Spitze des Keils der Herzog mit seinen Gefolgsmannen. Die Gefolgschaften germanischer Großer band nicht das Blut, sondern ein besonderes kultisches Treueverhältnis zu ihren Führern. Die Gefolgsmannen kämpften für den Fürsten, die Fürsten für den Sieg.[94] Schon diese Aufstellung aller Führer an der Spitze des Keils bedeutete einen schweren taktischen Nachteil, da niemand von ganz vorne führen kann. Es fehlt ihm dort die Übersicht, wenn er selbst im Zweikampf steht. Außerdem wurden die Keile sehr oft und schnell führerlos, da die vordersten Reihen natürlich am stärksten der feindlichen Waffenwirkung ausgesetzt waren und meist zuerst fielen. Führerlose Keile besaßen aber keinen Gefechtswert mehr. Diese

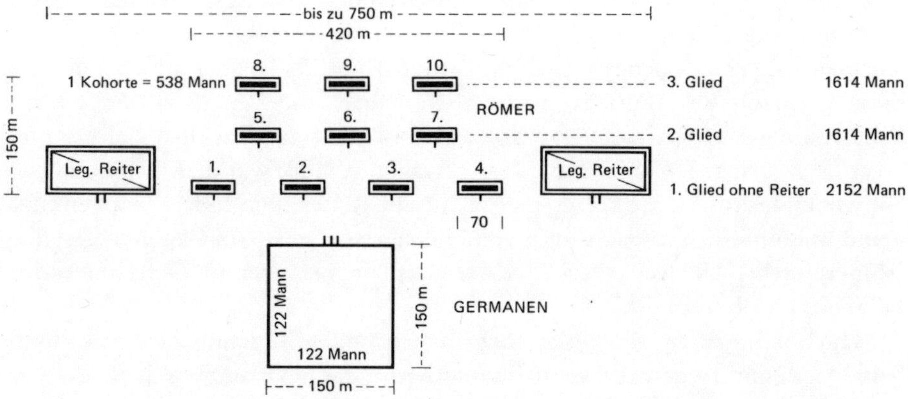

Fig. 16 Zusammenprall einer Legion mit einem germanischen Stammeskeil. Der germanische Stammeskeil von fast 15 000 Mann besitzt – falls er zusammenhält – eine ungeheuere Angriffswucht. Gewöhnlich aber »gingen« die im ersten Glied kämpfenden Führer »nach vorne durch«, und im Angriffsdrang strömten die Nachfolgenden auseinander; der »Nachdruck« ging verloren. Konnten bei den Germanen nur die vordersten Männer mit ihren Waffen wirksam werden, so standen beim Anprall 122 Germanen meist 1076 überlegen bewaffneten Legionären zweier Kohorten gegenüber, dazu stießen die nicht vom Keil getroffenen römischen Kohorten in die germanischen Flanken. Erzielte der germanische Keil beim ersten Anlauf keinen Durchbruch, so war er gewöhnlich verloren.

Tatsache verführte Tacitus wohl zu dem Urteil, die Germanen besäßen wohl eine gewaltige Angriffskraft, aber keine Ausdauer im Kampf, ganz abgesehen davon, daß nach einem fehlgeschlagenen Durchbruch durch die Legionen die Keile sich in Einzelkämpfer auflösten, die den dann geschlossen eingreifenden und immer zusammenhaltenden Kohorten unterlegen waren. Die Stärke des Keils lag allein im ersten gewaltigen Ansturm, bei dem der Durchbruch gelingen mußte. War das nicht der Fall, so kam es wohl nur selten zu einem zweiten Angriffsversuch des gleichen Keils. Das Lösen aus dem Gefecht, das dazu notwendig gewesen wäre, verstanden germanische Führer und Krieger mangels militärischer Disziplin meist nicht. Nur wenn die Römer gezwungen waren, als Einzelkämpfer zu kämpfen, siegten in fast allen Fällen die Germanen.

Nahmen mehrere Stämme an einer Schlacht teil, so bildete jeder Stamm für sich einen Keil. Unter den Keilen bestanden Zwischenräume, deren Größe sich nach dem Gelände richtete, im allgemeinen aber von 50 m bis 100 m betragen haben dürfte. Allein um eine Legion in der *acies instructa* in ganzer Breite anzugreifen, wären daher zwei bis drei Stammeskeile notwendig gewesen. Mehrere Stämme verbanden sich aber nur selten zu einem gemeinsamen Unternehmen. Die Legionen hatten deshalb fast immer den Vorteil, germanische Keile in ihren schwachen Flanken packen zu können.

Auch die germanische Reiterei ist wohl nach den Anschauungen der Zeit im Keil zum Angriff angetreten. Tacitus spricht von den Unterabteilungen der Turmen, wie er sie nach römischem Muster nennt. Es ist aber unbekannt, wie diese germanischen Turmen ausgesehen haben und wie stark sie waren. Schwenkungen geschlossener Reiterverbände sind ausdrücklich belegt, und zwar nach rechts. Da links der Schild getragen wurde, war dies die wichtigste Schwenkungsart. Sicher konnten germanische Reiter auch andere Schwenkungen durchführen. Nur das Voltigieren[95] beherrschten sie im Gegensatz zu den Römern nicht. Alle Reiterverbände der Germanen standen im Gefecht auf den Flügeln, um diese zu decken.

Manchmal griffen die noch nicht wehrfähigen Jugendlichen mit ihren Schleudern und Bogen als leichte Infanterie ein, das heißt als zwischen oder vor den Keilen bis zum Angriffsbeginn kämpfende Plänkler. Kurz vor dem Zusammenprall zogen sie sich zurück.

Germanische Truppen, die als ehemalige römische Auxiliarkohorten und -alen zusammengeblieben waren, konnten besser bewaffnet sein. Dann verstanden sie es auch, nach den Grundsätzen der römischen Taktik zu kämpfen. Das zeigte sich vor allem bei den Feldzügen des Arminius gegen Germanicus, später aber auch gegen Marbod. Sicher bildeten sie auch einen Teil der Jungmannschaft aus. Taktisch hat sich diese Erfahrung ebenfalls ausgewirkt, wie die

Führungskunst des Arminius beweist. Doch traf er dabei auch auf viel Unverständnis bei seinen Landsleuten, die zum Beispiel den Vorteil der Reservebildung nur mangelhaft erfaßten. Das sollte sich besonders in der Schlacht an den »Langen Brücken« auswirken, in der INGUIOMER ihren Sinn nicht begriff.

Die Versorgung oblag vor allem den Frauen, die mit in den Krieg zogen. Auf den Planwagen führten sie die notwendige Verpflegung für ihre nächsten Verwandten mit, sicher auch Ersatzwaffen und ähnliches. Dieses Versorgungssystem, das auf der persönlichen Fürsorge beruhte, war dem römischen weit unterlegen und machte die Bewegungen germanischer Heere langsamer, schränkte sie auch hinsichtlich der Feldzugsdauer ein. Um so erstaunlicher sind die Leistungen, welche die Germanen auf den verhältnismäßig langen Feldzügen des Arminius vollbrachten. Die germanischen Frauen sorgten auch für die Verwundeten und feuerten während des Kampfes ihre Männer an. Da sie meist ihre Kinder mitnahmen, war das ein weiterer Grund für die operative Unbeweglichkeit germanischer Heere.

Die gesamte Kriegsführung war eng mit dem Kultus verbunden, da Kriege immer als Gottesurteile angesehen wurden. Gegen Rechtsbrecher wie die Römer, die sich unter VARUS und GERMANICUS gegen die Götter versündigt hatten, war daher jedes Mittel erlaubt, einschließlich des Verrats und des Wortbruchs. Beschlüsse zur Kriegsführung wurden meist in heiligen Hainen gefaßt, um ihnen mehr Kraft zu verleihen. Dort bewahrte man die heiligen Feldzeichen auf, die Wotans Wolf, Donars Bock und Zius Widder zeigten. Strafwürdige Vergehen urteilten die Priester ab. Sie vollzogen auch die Urteile, zum Beispiel bei Verrat und Feigheit.[96]

Aufgrund ihrer Unkenntnis echter militärischer Disziplin waren germanische Heere den römischen auch in der Gefechtsbereitschaft und in der Zeit, die für den Aufmarsch gebraucht wurde, weit unterlegen. Es grenzte nach allem, was bisher gesagt wurde, fast an ein Wunder, wenn germanische Heere römische besiegten. In offener Feldschlacht gelang es in dieser frühen Zeit in *entscheidendem* Maße nie. Aber wenn römische Heere irgendwo zum Rückzug oder zum Aufgeben ihres Feldzugplanes gezwungen wurden, genügte das vollkommen. Dann waren die politischen Auswirkungen in Rom ungeheuer. Schon bei der Niederlage des LOLLIUS 16 v. Chr. hatte AUGUSTUS – in modernen Worten ausgedrückt – den nationalen Notstand ausrufen lassen.

Doch zurück zu den militärischen Voraussetzungen. Zuletzt soll der Ablauf eines antiken Gefechts erwähnt werden. Während des Aufmarsches zur Schlacht bekämpften sich leichte Infanterie und Reiter zwischen den Linien. Beide Seiten versuchten, durch diese Plänkler den Aufmarsch der Masse des feindlichen Heeres zu stören und der schweren Infanterie soviel Verluste wie möglich beizubringen, sie vor der Schlacht zu schwächen. Dann marschierten beide Seiten mit der Masse aufeinander zu, oder derjenige versuchte es allein, der sich überlegen glaubte, während der andere eine Verteidigungsstellung bezog. Dann erfolgte der Zusammenprall, bei dem von römischer Seite zuerst die Pilen geworfen und dann die Schwerter gezogen wurden. Die Germanen warfen ihre Frame oder stießen mit ihr zu. Danach begann der Kampf Mann gegen Mann. Da antike Schlachten oft stundenlang dauerten, gab es immer wieder Erholungspausen, in denen sich die Kämpfer erschöpft zurückhielten, die vordersten Reihen austauschten, ihre Verwundeten zurückschafften, sich versorgten usw. Meist benutzten die Plänkler und Reiter diese Pausen dazu, dem Feind in raschem Vorstoß und blitzschnellem Zurückweichen weitere Verluste zuzufügen und ihn so zu schwächen. Römische Einheiten konnten auch ganz ausgetauscht werden, so daß die Römer stets mit frischen Truppen antreten konnten. Hatte eine Seite die Oberhand gewonnen, so stürzten sich wiederum Reiter und Plänkler auf den geschlagenen Feind, um ihn zu verfolgen und nach Möglichkeit zu vernichten. Gefangene wurden entweder gar nicht gemacht oder sofort in die Sklaverei abgeführt. Das gleiche Schicksal erlitten auch die die Heere begleitenden Troßleute, Frauen und Kinder. Erbarmen mit dem geschlagenen Feind kannte das Altertum nicht. Erst das Christentum griff hier mildernd ein.

Die Varusschlacht

Im Jahr 9 n. Chr. war seit gut zwei Jahren VARUS Statthalter in Germanien und hielt das Land bis zur Elbe für befriedet. Um den rechtsrheinischen Germanen jedoch wieder einmal die Macht Roms vor Augen zu führen, marschierte er mit den drei niederrheinischen Legionen, der XVII., XVIII. und XIX., an die Weser ins Sommerlager. Dieses Heer wurde durch 6 Auxiliarkohorten und 3 Alen Auxiliarreiterei verstärkt. Es umfaßte damit ca. 18 500 Mann schwere Infanterie mit 180 Geschützen, 396 Legionsreiter und 3150 *calones*, die als Leichtbewaffnete kämpften, weiterhin 2970 Mann der 6 Auxiliarkohorten und 1518 Reiter der Alen sowie eine Prätorianerkohorte mit 908 Mann schwerer Infanterie, 108 Reitern und 331 Leichtbewaffneten, den *calones*. Zusammen waren das 29 600 Mann einschließlich der 1980 Mann zur Geschützbedienung. Dazu kann man noch die rund 1200 Mann starke *officina* des Feldherrn zählen, welche Generalstabs-, Adjutantur-, Verwaltungs- und Stabsquartierarbeiten zu erledigen hatte. Die Gesamtzahl erhöht sich damit auf rund 31 500 Mann. Im großen Troß der drei Legionen befanden sich 3 285 Fahrzeuge, im kleinen Gefechtstroß 360. Die Auxiliarkohorten und -alen besaßen keine Fahrzeuge, dafür aber eine entsprechende Anzahl an Packpferden. Alles in allem kann man aufgerundet mit 34 000 Menschen einschließlich den Troßfahrern usw., rund 13 000 Pferden und 3 300 Fahrzeugen rechnen.

Wenn dieser gewaltige Heerwurm auf einer einigermaßen guten Straße marschierte, nahmen die Kampftruppen mit Gefechtstroß in der üblichen Ordnung von 6 Mann nebeneinander allein eine Länge von 12 bis 14 km ein. Der große Troß war bei 2 Fahrzeugen nebeneinander rund 13 km lang. Meist jedoch wird nur Fahrzeug hinter Fahrzeug gefahren sein, die Marschlänge also 26 km betragen haben. Die gesamte Marschlänge des Heeres mit dem großen Armeetroß lag demnach zwischen 25 und 40 km, je nach Straßenverhältnissen. Es muß noch einmal betont werden, daß Heere dieser Art mit Fahrzeugen bis zu 1 Tonne Gewicht nur auf Straßen marschieren konnten. Der Marsch quer durchs Gelände ist unvorstellbar.

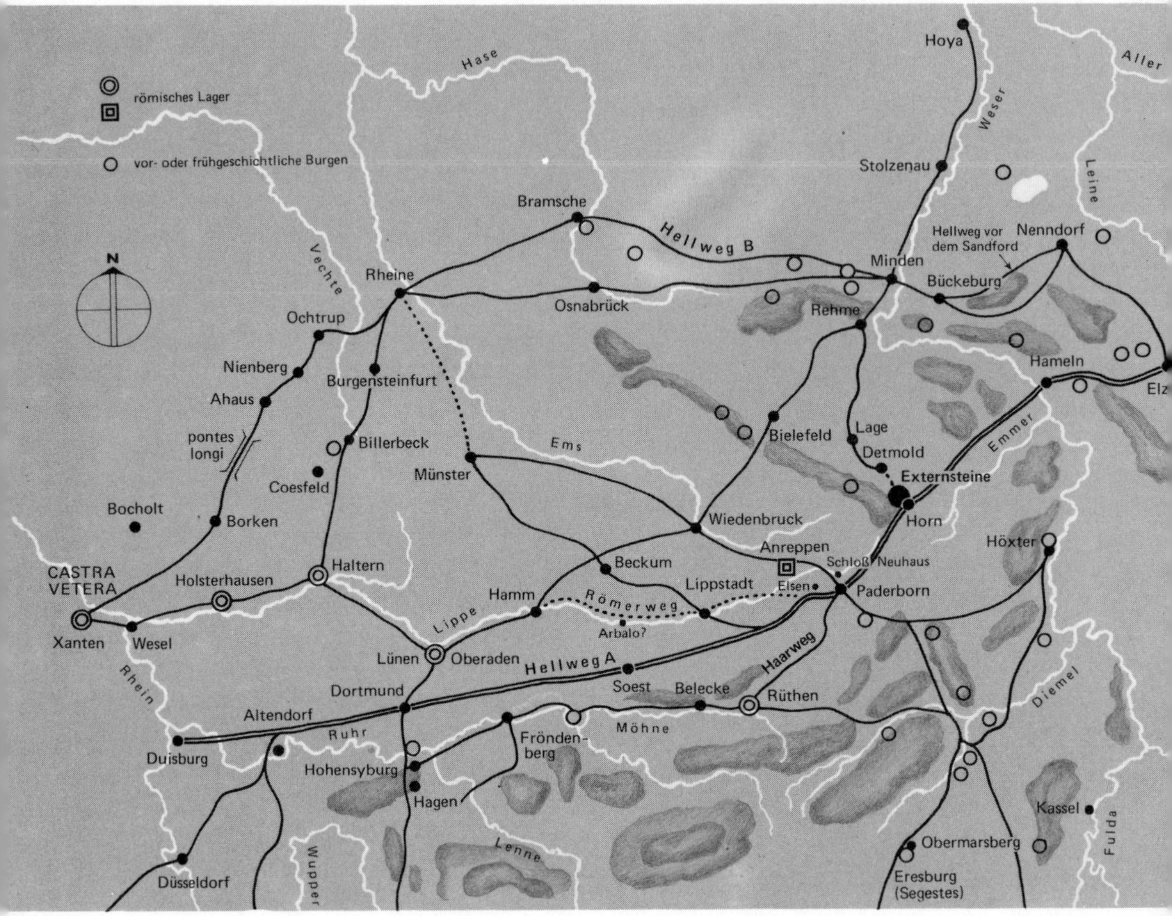

Karte 8 Straßennetz zur Zeit der Varus-Schlacht.

Welche Straßen boten sich nun Varus an? Von der richtigen Beantwortung dieser Frage hängen alle weiteren Schlußfolgerungen in bezug auf das Sommerlager des varianischen Heeres und die Lage des Schlachtfeldes ab; sie ist in dieser Untersuchung mit Rücksicht auf das Heiligtum der Externsteine und den Auftrag des Arminius von besonderer, ja entscheidender Bedeutung.

Wenn Varus seine Macht demonstrieren wollte, mußte er sein Sommerlager strategisch so legen, daß er gleich schnell zu allen sich etwa empörenden Stämmen marschieren konnte. Ein Blick auf die Karte zeigt, daß das für den niedergermanischen Raum das Gebiet um Hameln an der Weser ist. Vlotho oder Minden hätten zu weit ab vom Gebiet der Chatten, Brukterer und Marser gelegen. Verkehrstechnisch (Karte 8) bot sich dafür der Hellweg A vom heutigen Duisburg über Dortmund, Soest, Paderborn, Horn nach Hameln, der Hellweg B von Xanten über Borken, Ahaus, Rheine, Osnabrück oder Bramsche nach Minden sowie die Straße Xanten, Haltern, Oberaden, Wiedenbrück, Bielefeld nach Minden oder von Oberaden über Anreppen, Paderborn, Horn nach Hameln an. Alle diese Straßen waren benutzbar. Eine von ihnen bot jedoch einen entscheidenden Vorteil: Auf der Straße Xanten, Holsterhausen, Haltern, Oberaden, Hamm, Anreppen oder Elsen, Paderborn konnte man die Lippe als Nachschubweg bis Schloß Neuhaus – bis dahin war sie damals schiffbar – benutzen und dann auf dem Hellweg A, über den Paß von Horn den Teutoburger Wald durchschreitend, Hameln erreichen. Außer diesem an sich schon entscheidenden Vorteil bot dieser Marschweg aber noch einen weiteren: Von Xanten bis Anreppen oder Elsen, dem antiken *Aliso*, lagen alle 18 km schon von des Varus Vorgängern angelegte Kastelle, die auch mit Nachschubgütern vollgepackt waren. Auxiliartruppen hielten sie besetzt. Die Römer, die als Sicherheitsfanatiker bekannt sind, werden es gewiß nicht versäumt haben, diesen Marschweg auszunutzen, zumal er sicher durch Pioniermaßnahmen verstärkt worden war. Alle anderen Straßen besitzen diesen Vorteil nicht. Dazu war der Hellweg B mit seinen Sümpfen mit schlechten Bohlenwegen und den Kleieböden bei Minden in Regenzeiten so gut wie nicht passierbar. Auf dem Hellweg A dagegen brauchten nur ostwärts Elsen, etwa bei Kreuzkrug, Blomberg und Aerzen, Lager angelegt zu werden, damit Varus Hameln mit seinen Legionen erreichte (vgl. Karte 8). Tatsächlich sollen britische Luftaufnahmen vom 25.3.45, 14.7.45 und 10.10.45 zwischen Ohr und Kirchohsen an der Weser bei Hameln Spuren festgehalten haben, die wie die Nordwestecke eines römischen Lagers und Straßen im Innern aussehen.[97] Auch die Tatsache, daß den Germanen der Rückweg des Varus von vornherein bekannt war, läßt auf ein Lager bei Hameln schließen, da nur von dort aus ein *einziger* Weg möglich war. Sowohl strategische als auch verkehrstechnische Gründe lassen eindeutig auf die Lage des Sommerlagers bei Hameln schließen.

Aber es kommt noch ein wichtigerer und, wie wir glauben, entscheidender Grund hinzu, der religiöse. Religion war für die alten Völker nicht etwas, das nebenherlief, wie das für die meisten heutigen Menschen der Fall ist. Religion und ständiger Umgang mit den Göttern in allen Lebensäußerungen und -lagen war den Alten selbstverständlich und nötig wie die Luft zum Atmen. Auch bei den Römern war das nicht anders, wenn wir einmal von den »aufgeklärten« Geistern absehen. Auf jeden Fall war ihnen dieses Lebensgefühl völlig vertraut, und, wie am Beispiel des Tiberius und Drusus schon gezeigt wurde, rechneten sie auch damit, ja gründeten darauf ihre Eroberungspolitik. Mit den nördlichen Stämmen der Ingwaeonen herrschte Frieden, besonders mit den Chauken, Batavern und Friesen, aus denen sich wohl, außer den Kelten, die meisten Hilfstruppen rekrutierten. Sicher hatte auch Tiberius auf seiner Fahrt in die Nordsee bis zum Skagerrak erfahren, daß das Heiligtum der Ingwaeonen für die Römer vorläufig unerreichbar blieb. Anders dagegen verhielt es sich mit dem Heiligtum der Istwaeonen im Marsergebiet, dem Turm der Seherin an den Lippequellen, den Externsteinen im Land der Hirschleute und mit der heiligen Quelle im Brodelbrunnen des heutigen Bad Pyrmont, der als altgermanische Opferstelle nachgewiesen werden konnte. Alle vier Heiligtümer waren den Römern sicher bekannt, und alle vier Heiligtümer lagen in etwa im Verlauf jener von den Römern am Nordufer der Lippe angelegten Straße und des alten Hellweges A. Sicher werden sich die Römer zunächst gehütet haben, ihre Lager und Feldschanzen mit nationalrömischen Truppen zu besetzen. Dafür standen genügend germanische Hilfstruppen zur Verfügung, welche die Heiligkeit des Ortes wahrten und doch den römischen Auftrag erfüllten. Tiberius hatte diese Politik eingeleitet und, wie gezeigt wurde, beinahe mit Erfolg durchgeführt.

So gibt es drei Gründe, einen strategischen, einen verkehrstechnischen und einen religiösen, die alle für jenen Marschweg und das Sommerlager bei Hameln zwischen Ohr und Kirchohsen sprechen. Für die anderen Straßen gibt es nicht so viele schwerwiegende Gründe. Auch der weitere Verlauf der Ereignisse spricht für Hameln. Von der Forschung werden auch andere Orte für das Sommerlager des Varus genannt, etwa Höxter oder Rehme. Für keinen aber treffen alle drei Gründe zusammengenommen zu, sie sind auch nicht über die Marschwege erreichbar, die frühere römische Heere unter Drusus und Tiberius eingeschlagen haben. Alle diese Heere marschierten irgendwann einmal durch den Paß von Horn, dicht an den Externsteinen vorbei.

Nach Dio Cassius wurde Varus vom Rhein aus in das Land der Cherusker bis zur Weser gelockt, um dort sein Sommerlager zu errichten.[98] »Auch hier lebten sie mit ihm in Frieden und Freundschaft und ließen ihn glauben, daß sie auch ohne die römischen Waffen den Befehlen der Römer gehorchen würden.« Das läßt auf eine sehr lange Planung des Aufstandes einerseits, andererseits aber auch darauf schließen, daß Arminius das Schlachtfeld vorausschauend gewählt hatte. Wenn Varus mit seinen drei Legionen im Sommer bei Hameln stand, war das sehr gut möglich, weil es von dort aus eben nur diese einzige erwähnte Straße zurück zum Rhein gab. Auch der Charakter der Schlacht als Gottesgericht an geheiligter Stelle wurde so gewahrt. Sicher reichen die Vorbereitungen bis in das Frühjahr des Jahres 9 zurück. Damals hatte Arminius die Führung übernommen, wie Tacitus schreibt.[99]

Varus saß im Sommerlager von Hameln zu Gericht. Nach römischem Recht verurteilte er freie Germanen zum Tode mit dem Beil, zu Rutenstreichen u. ä. Nach germanischer Auffassung verstieß er damit nicht nur gegen die Ehre und Würde freier Germanen, sondern auch gegen jenen fundamentalen Grundsatz, wonach Recht nur im Beisein der Götter gesprochen und die Urteile nur durch Priester vollzogen werden durften. Allein Segestes und seine Donaranhänger hielten zu den Römern, weil sie dem als Priester am Altar der Roma in Köln dienenden Segimund durch die Blutsbande der Sippe verpflichtet waren. Als später diese Voraussetzung aufgrund der Flucht des Segimund zu den Aufständischen nicht mehr gegeben war, beteiligten auch sie sich an den Kämpfen zur Seite des Arminius und ihres Volkes.

Die Vorbereitungen zum Aufstand gingen nach allen Quellen von Arminius aus. Daneben wird von Dio Cassius Sigimer erwähnt, der aber kaum mit dem Vater des Arminius identisch sein kann, da dieser zu jener Zeit bereits gestorben war. Sicher ist es jener in der Familientafel erwähnte Segimer, der Vater des Sesithankus. Weiter ist die Rede von dem Marser Mallovendus, der zweifellos einen keltischen Namen trug. Doch will das nicht allzuviel heißen, da Germanen oftmals, der Mode der Zeit entsprechend, keltische Namen führten. Auch der Chatte Actumer dürfte neben Ukromer daran beteiligt gewesen sein. Mit Sicherheit haben die Verschwörer die Marser, Brukterer, Chatten und Cherusker zum Aufstand bewegen können. Welche anderen Stämme sich dann noch anschlossen, bleibt dahingestellt, doch waren gegen Ende auch die Angrivarier beteiligt. Nach der Lokalsage sprach Arminius von der Rednerkanzel der Externsteine aus zu seinen mitverschworenen Fürsten. Das hätte der Sache eine unerhörte Heiligkeit verliehen.

Versuchen wir, die Gesamtstärke an Kriegern, die Arminius unterstanden, zu ermitteln. Nach den gemachten Angaben vermochten kleine bis mittlere Stämme etwa 15 000 Krieger ins Feld zu führen. Demnach entfielen auf Brukterer, Marser, Cherusker und Angrivarier je 15 000 Mann, insgesamt also 60 000. Die Chatten verfügten vielleicht mit etwa 20 000 Mann über mehr Krieger, so daß sich die Gesamtstärke der vorhandenen Krieger auf 80 000 belief. Doch täuscht diese Zahl, weil die Angrivarier anfangs ausfielen, so daß nur rund 65 000 Wehrfähige übrigblieben. Etwa ein Drittel davon wurde aber für andere Aufgaben wie etwa Sicherung, Aufklärung und zum Besetzen der nachgewiesenen Wallburgen benötigt. Es blieben demnach noch etwa 43 000 Mann. Aber auch diese Zahl täuscht, da davon etwa die Hälfte für Überfälle auf im Land liegende Kastelle und Feldschanzen abgezogen werden muß, welche die Germanen nach Angaben der römischen Schriftsteller angriffen. Es bleiben also noch rund 21 000 Mann. Aber auch davon sind für den ersten Gefechtstag mindestens 5 Prozent abzuziehen, da z. B. die Anhänger des SEGESTES erst vom zweiten Tag an am Aufstand teilnahmen. Die tatsächliche Stärke der Germanen lag also etwa bei 20 000 Mann Kampftruppen, die mit den rund 31 500 Mann Kampftruppen der Römer fertig werden sollten. Das Stärkeverhältnis verbesserte sich aber dadurch, daß die Germanen VARUS veranlaßten, die Auxiliarkohorten vorzeitig gegen angeblich aufständische Stämme, weit von der Masse des Heeres abgesetzt, einzusetzen. Tatsächlich waren die Römer in der Schlacht etwa 28 000 Mann an Kampftruppen stark, besaßen damit aber immer noch eine beträchtliche Überlegenheit.

Wie aber brachte Arminius es fertig, 20 000 Krieger unter den Augen der Römer zusammenzuziehen, ohne daß diese aufmerksam wurden? Diese 20 000 Krieger brachten ja auch noch Frauen und Halbwüchsige mit, die für ihre Versorgung verantwortlich waren. Gewiß, Arminius brauchte nicht mit einer langen Kampfdauer zu rechnen – aber nur wenn sein Plan aufging. Das aber ist vor einer Schlacht immer ungewiß, und kein militärischer Führer darf seine Planungen darauf stützen. Es muß damit gerechnet werden, daß nicht nur 20 000 Krieger, sondern auch etwa 10 000 Frauen und Halbwüchsige für die Versorgungsaufgaben zusammengezogen werden mußten. Das Gelände westlich Hameln ist zwar durch seine Wälder und Schluchten für eine unbemerkte Bereitstellung günstig. Aber eine Ansammlung so vieler Menschen konnte den wachsamen Römern, deren Reiter ja mit Sicherheit in der ganzen Gegend unbelästigt schwärmten, auf keinen Fall verborgen bleiben.

Arminius mußte die Versammlung seines Heeres verschleiern. Gab es dazu eine Möglichkeit? Erfahrungsgemäß brachen die Römer ihre Sommerlager bei Einbruch der schlechten Witterung ab und kehrten in ihre Standlager am Rhein zurück. VARUS wurde dazu durch Meldungen über Aufstände weit entfernt sitzender Stämme zusätzlich veranlaßt. Diese Nachrichten verbreiteten Arminius und seine Anhänger geschickt. Der Cherusker speiste ja oft als römischer Bürger und Ritter mit anderen Germanenfürsten an der Tafel des VARUS. Bei solchen Gelegenheiten trieb er zum Aufbruch. Das dürfte etwa Mitte September geschehen sein. Aber schon Ende August und Anfang September begannen die großen Pferdefeste zu Ehren Wotans. Das wird noch heute durch Reiterfeste im gesamten germanischen Raum von Norwegen bis Süddeutschland belegt. Außerdem feierte man um diese Zeit das Erntefest, bei dem man teilweise noch heute Garben der Kornernte für Wotans Roß stehenläßt. Vor allem aber lag der 29. September, der Michaelstag, nicht fern. Dieser Tag weist auf vorchristlichen Totenkult hin und damit wiederum auf Wotan, den Totenführer. Die Volkskunde hat das seit langem gesichert. Der September war demnach für die Germanen ein rechter Festmonat, in dem der Volksgeist Wotan vor allem mit seinem höchsten Feiertag am 29. September verehrt wurde. Verehren mußte man ihn aber besonders am Heiligtum, in diesem Fall an den Externsteinen, seinem Zentralheiligtum. So allein ist es denkbar, daß Arminius unter dem Vorwand der hohen Festtage die Versammlung seines Heeres verschleiern konnte. Dennoch bleibt diese Versammlung ein taktisches Meisterstück, das allerdings nur in diesem Raum möglich war.

Man kann dem entgegenhalten, es sei doch ein leichtes, 20 000 Krieger und vielleicht 10 000 Frauen und Halbwüchsige mit ihren Karren in jenem Gelände mit seinen tiefen, dunklen Wäldern und Schluchten so unterzubringen und zu tarnen, daß der Feind sie nicht ausmachen konnte. Auch brauchten die leichten Fahrzeuge der Germanen nicht unbedingt die eine große Straße zu benutzen, die es in dieser Gegend gab. Diese Fahrzeuge konnten gewiß auch auf Bauernwegen fahren, die es außerhalb der Heerstraße gegeben haben muß. Das ist bis zu einem gewissen Grade wahr. Aber die römischen Reiter schwärmten mit Sicherheit während der ganzen Zeit, in der das varianische Heer im Sommerlager lag, gerade auf diesen Wegen in der näheren und ferneren Umgegend. In einem nur dünn besiedelten Land wie jenem mußte die Häufung des Fahrzeugverkehrs auffallen, selbst wenn die Krieger sich auf Waldpfaden in ihre Bereitstellungsräume begaben.

Es gibt jedoch noch einen viel gewichtigeren Grund dafür, daß die Versammlung des germanischen Heeres wie eine Zusammenkunft zu einem hohen Fest aussehen mußte. Dieser Grund lag in der mangelnden, ja so gut wie nicht vorhandenen militärischen Disziplin und im System der Nachrichtenübermittlung. Nur der praktische Soldat weiß, wie schwer es ist, einer Truppe, die nicht einmal die Disziplin des Volkssturms von 1945 besaß, Befehle zur rechten Zeit und am rechten Ort so zu übermitteln, daß sie unverzüglich und genau ausgeführt werden. Das heißt, daß im Falle der Varusschlacht jeder einzelne Heerhaufen schon etliche Zeit, bestimmt über ein paar Tage hinweg, in seinem Bereitstellungsraum untergezogen sein mußte. Die Führer und Melder hatten diesen Raum zu kennen, mußten wissen, wo genau sich die jeweiligen Unterführer aufhielten usw. Das gibt Bewegung in einem Raum, der gewöhnlich recht menschenleer war. Auch das also wäre den römischen Reitern aufgefallen. Im übrigen sind gerade diese Schwierigkeit bei der Befehlsübermittlung und die geringe Manövrierfähigkeit eines solchen Heeres weitere Gründe dafür, daß dieses Unternehmen nur dort geplant werden konnte, wo es keinerlei Zweifel über den Marschweg gab, den das römische Heer einschlagen mußte, mit anderen Worten, wo es nur eine Straße für dessen Abzug gab. Ein rasches Alarmieren und Verlegen des germanischen Heeres an einen anderen, weit entfernten Ort für den geplanten Überfall ist ganz undenkbar. Wiederum weisen diese Gründe auf die Straße Hameln, Paß von Horn, dicht an den Externsteinen vorbei.

In diesem Gelände konnten die Germanen nicht im Keil angreifen, wie es sonst ihre Art war. Die 20 000 Krieger mußten in Verbänden mehrerer Hundertschaften von jeweils etwa 5000 Mann Stärke in verhältnismäßig großer Nähe der späteren Überfallstellen beiderseits der Straße unterziehen und Sperren vorbereiten, die beim Abmarsch des römischen Heeres aus Hameln schnell geschlossen werden konnten. Auch das setzte die Kenntnis des römischen Marschweges voraus. Damit allein war die örtliche zahlenmäßige Überlegenheit jeweils gegeben. All das erfordert eine gute taktische Planung. Die Gedanken der Strategie und Taktik gehen zwar kaum über »die ersten Vordersätze des gesunden Verstandes« hinaus,[100] aber es ist unendlich schwer, sie richtig auszuführen, zumal mit einer gänzlich undisziplinierten Truppe zu rechnen ist, die nur den Mut und die Tüchtigkeit des primitiven Kriegers für sich als Pluspunkt werten kann. Das ganze Unternehmen war selbst bei Nachtmärschen kaum durchzuführen, wenn man die Bewegungen vor dem Feind verbergen wollte; es mußte aber gelingen, wenn man mehr oder weniger offen unter dem Vorwand, zu einer religiösen Feier zusammenzukommen, bis nahe an den geplanten Ort oder an die Stellen des Überfalls marschieren und dann in die Bereitstellungsräume einsickern konnte.

Im Lager des Varus hatte inzwischen Arminius dem Feldherrn selbst gemeldet, weit entfernt wohnende Stämme, wahrscheinlich im Nordwesten, nahe des Rheins, hätten sich erhoben. Varus entschloß sich darauf, sofort mit seinen drei Legionen und drei Alen sowie dem gesamten Troß zurückzumarschieren und den Aufstand im Keim zu ersticken. Bis zum Tag des Abmarsches speiste Arminius wohl täglich an der Tafel des Varus, vielleicht sogar aus jenem Silbergeschirr, das bei Hannover gefunden wurde und die Hälfte eines vornehmen Tafelgeschirrs jener Zeit ist. Als Beute wurde es wohl zwischen zwei Fürsten geteilt.

Da trat Segestes bzw. Siggast, der auch zu den Speisenden gehörte, vor Varus und verriet ihm den ganzen Anschlag, wie er auch vorher schon warnende Andeutungen gemacht hatte. Als der Römer ihm nicht glauben wollte, beschwor er ihn, alle anwesenden germanischen Fürsten in Fesseln zu legen, ihn selbst nicht ausgenommen, bis die Wahrheit seiner Worte sich herausgestellt hätte. Dies zeigt, daß die Angriffsbefehle bereits gegeben worden waren und Segestes wohl wußte, daß sie in der kurzen verbleibenden Zeit nicht mehr geändert oder zurückgenommen werden konnten. Aber Varus glaubte Segestes kein Wort. Zu sehr vertraute er Arminius, der ja römischer Bürger und Ritter war. Die Gründe, weshalb Segestes so handelte, sind schon angegeben worden. Die Pflichten, welche die Blutsverwandtschaft auferlegte, galten bei der Donarsippe des SEGESTES mehr als die Treue zu Volk und Stamm. Noch war sein Sohn SEGIMUND Priester am römisch-germanischen Altar in Köln, an der *Ara Ubiorum*. VARUS aber erteilte den Befehl zum Abbruch des Sommerlagers und zum Abmarsch nach Westen. Er wählte die Marschform des *agmen pilatum* in einem Gebiet, das er für befriedet und römertreu hielt.

Um sich wiederum ein genaues Bild von den taktischen Möglichkeiten beider Seiten und über den Verlauf der Schlacht zu machen, ist es notwendig, den Marsch des varianischen Heeres zunächst für den ersten Tag genau zu berechnen. Die Marschlänge des römischen Heeres mit seinem durch das Liegen im Sommerlager vergrößerten Troß, einschließlich der immer den Heeren folgenden Marketender, leichten Mädchen, Händler und Kinder, wurde mit 25 bis 40 km angegeben. Nehmen wir an, daß VARUS in dieser für ihn ruhig erscheinenden Lage diese ganzen dem Heer folgenden Teile sowie Teile des großen Trosses unter geringer Bedeckung vorausschickte – u.a. läßt das spätere Erscheinen von Weibern und Kindern in *Aliso* darauf schließen, daß die Germanen diese Teile unbehelligt durchließen, um den Gesamtplan nicht zu verraten –, so wird das Heer ohne die 6 Auxiliarkohorten immer noch eine Länge von 25 km gehabt haben. Bei einem Marschtempo von 3 km stündlich auf trockener Straße ergibt sich eine Durchlaufzeit – das ist die Zeit, die zum Durchlaufen eines Punktes für das gesamte Heer benötigt wird – von

$$25(\text{km}) \times 60\ (\text{Min}) : 3\ (\text{km/Std}) = 500\ \text{Min. oder } 8\ 1/3\ \text{Std.}$$

Die Marschdauer für die Spitze beträgt bei einer Entfernung von 18 km bis zum nächsten Lager 18 : 3 = 6 Stunden.

Wir erhalten demnach:

Marschdauer der Spitze	6 Std.
Durchlaufzeit des gesamten Heeres beim Eintreffen im neuen Lager	8 1/3 Std.
Sicherheitsfaktor für Rasten usw. von 10 % der aufgerundeten Marschzeit des ganzen Heeres von 15 Std.	1 1/2 Std.
rund	16 Std.

Mit anderen Worten: Wenn die Spitze um 00.00 Uhr angetreten wäre, wäre der letzte Mann um 16.00 Uhr im neuen Lager eingetroffen.

Wesentlich für das Ermitteln der vermutlich echten Zeiten ist die Berücksichtigung der Jahreszeit oder sogar des Monats, in dem marschiert wurde. Es ist

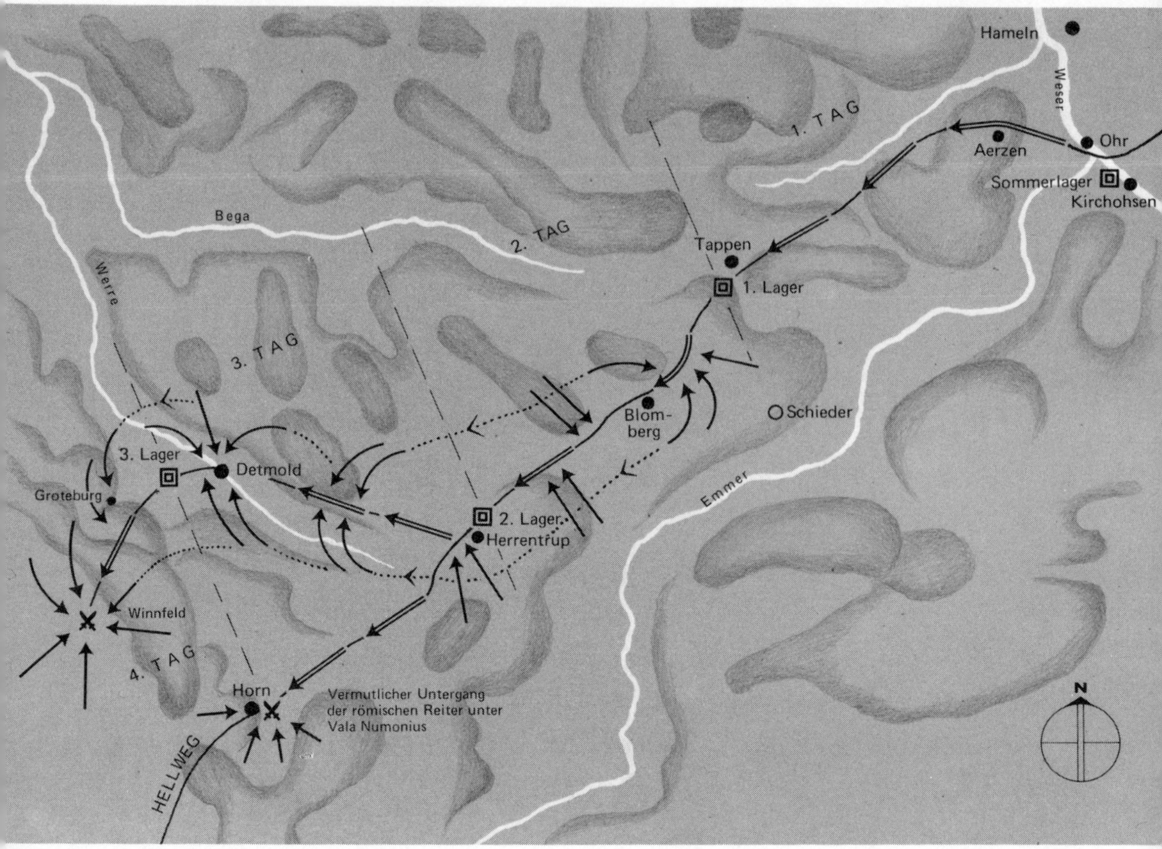

Karte 9 Verlauf der Varus-Schlacht im Jahr 9 n. Chr.

Ende der Sommerzeit, ein dehnbarer Begriff. Tatsächlich wird fast durchweg angenommen, Varus wäre Ende August oder Anfang September aus seinem Lager bei Ohr / Hameln abmarschiert. Dabei wird aber vergessen, daß nach den neuesten Erkenntnissen das Klima damals etwas wärmer als heute war. Damit kann die Abmarschzeit an das Ende des Monats September verlegt werden, eben kurz vor den 29. September, den Michaelstag, der damals Wotan geweiht war. Um diese Zeit geht die Sonne etwa um 06.00 Uhr auf und kurz nach 18.00 Uhr unter. Zwölf Stunden lang herrschte also Tageslicht. Diese Zeit reichte demnach nicht aus, um das gesamte Heer in der Marschformation des friedensmäßigen *agmen pilatum*, bei dem jede Legion ihre gesamten Troßfahrzeuge mit sich führte, innerhalb eines Tages vom alten Sommerlager ins 18 km entfernte neue Marschlager vorrücken zu lassen. Für VARUS gab es nach seiner eigenen Beurteilung der Lage, die sich aus seinem geschilderten Verhalten erschließen läßt, keinen Grund, Teile des Heeres auch bei Dunkelheit marschieren zu lassen. So ist als sicher anzunehmen, daß etwa zwei Drittel des Heeres, wozu sicher auch zwei der drei Legionen gehörten, am ersten Tag aufbrachen, das letzte Drittel mit nur einer Legion aber erst am zweiten Tag. Wenn der Aufbruch am ersten Tag, wie anzunehmen, um 06.00 Uhr erfolgte, so marschierten die letzten Teile etwa um 17.00 Uhr ins bereits fertiggestellte neue Lager ein. Bei gleicher Aufbruchszeit am nächsten Tag erreichte der Schluß des letzten Drittels dann etwa um 15.00 Uhr das Lager.

Am ersten Marschtag haben die Germanen auf keinen Fall angegriffen, sonst wäre für VARUS noch die Umkehr ins befestigte Sommerlager und damit eine bessere Ausgangslage für den Kampf möglich gewesen. Der erste germanische Überfall kann erst gegen Mittag des zweiten Marschtages ausgeführt worden sein, der sicher nach der Absicht des VARUS wie der erste Marschtag und in der gleichen Marschformation ablaufen sollte. Der Angriff traf also die beiden vorderen Drittel des Heeres, bei denen sich nach den Schilderungen des DIO CASSIUS wie auch nach dieser Berechnung ein Teil des großen Trosses befunden haben muß. Das restliche Drittel des Heeres war zu dieser Zeit bereits im ersten Marschlager oder befand sich kurz davor.

Ein Blick auf die Karte (Karte 9) kann Aufschluß über das erste Marschlager und über die Stellen der ersten Überfälle geben. Vom Sommerlager zwischen Ohr und Kirchohsen verlief die alte Straße wohl am Fuß des Eich- und Schierholzberges nach dem heutigen Aerzen, dann im Griessebachtal bis nach Grießem, von dort über einen Höhenzug in Richtung Blomberg zu dem auf der Höhe gelegenen Tappen. Ein militärisch geschulter Blick sieht Tappen oder, wie es hier genannt wird, den Tappenkrug wie folgt: »Mich hat dieser Punkt bei dem Studium der Karte immer sehr angezogen, und ich war befriedigt, als ich auf einer Karte 1 : 100 000 aus dem Jahr 1841 feststellte, daß die Hoflage ein deutliches Rechteck mit abgerundeten Ecken und einem Inhalt von etwa 22 Hektar aufwies. Geradezu überrascht aber war ich, als ich den *Tappenkrug* zum ersten Male aufsuchte. Ein wunderbarer Überblick gestattete die Beobachtung des *Griessebach*- und *Hummetales* 15 km weit nach der Weser zu. Varus müßte töricht gewesen sein, wenn er diesen Punkt nicht für ein Kastell oder einen Wachtposten benutzt hätte... Von der Anlage in der Richtung nach der anderen Seite, nach Blomberg zu, ist die Aussicht sehr gut, wenn auch nicht so wie nach der Weser. Dieser Platz muß als das Marschziel des ersten Tages angesehen werden...«[101] Dem ist nur noch hinzuzufügen, daß die jüngsten Berechnungen für ein Lager dreier Legionen etwa 23 ha ergeben. Das entspricht fast genau den Kartenvermessungen von Tappen, die auf einer Karte von 1:100 000 ja nicht ganz genau sein können. 23 ha ergeben eine Seitenabmessung von rund 520/442,3 m oder, wenn man die klassischen 666 m für eine Seite zugrunde legt, von 666/345,3 m.

Schon während des ersten Marschtages werden die Germanen eine Reihe von Feldschanzen im Verlauf des Hellweges westlich des heiligen Bezirks angegriffen und erobert haben. Eine dicht bei Horn oder am Kreuzkrug gelegene Anlage mußte am zweiten Tag fallen. Mit Ausnahme des Kastells von *Aliso* nahmen die Germanen alle römischen Anlagen.

Für den zweiten Marschtag verlief die Straße von Tappen, den Elkenberg ostwärts umgehend, nach Klus, durch den Blomberger Stadtwald, Blomberg und Herrentrup. Immer wieder bildet die Straße im Blomberger Stadtwald und kurz davor Hohlwege und durchläuft Schluchten. Hier wohl griffen die Germanen an mindestens zwei Stellen von allen Seiten an, nachdem sie vorher ihre vorbereiteten Sperren geschlossen hatten, um die Römer auflaufen zu lassen. Aber auch abseits dieser Stellen führten sie kurze Fesselungs- und Scheinangriffe durch, warfen dabei ihre Speere, verwundeten und töteten viele und verschwanden wieder im Walddickicht. Auch beim Lager und besonders auf der nach der Weser verlaufenden Straße sind sicher Germanen aufgetaucht, um die Römer daran zu hindern, doch noch ins Sommerlager umzukehren, das wohl inzwischen geschleift worden war.

Die Römer erlitten bei all diesen Angriffen schwere Verluste. Während der Kämpfe gab es natürlich Halte, bis die Straße wieder freigekämpft und die Sperren geräumt waren. Dabei schlossen die hinteren Marschteile auf, und es kam zu jenem Durcheinander, das Dio Cassius beschreibt. Legionäre, Reiter und Troßwagen gerieten durcheinander, so daß die Abwehr, die ohnehin durch die Enge des Raumes erschwert war und keinen geordneten Aufmarsch des Heeres zuließ, nicht mit der gewohnten Energie einsetzen konnte. Dazu regnete es plötzlich in Strömen. Der Boden weichte auf und machte das Marschieren schwer. Die fellbezogenen Schilde sogen sich voll und behinderten die Legionäre in der Bewegung. In dieser Lage mußte Varus dafür sorgen, daß er sobald wie möglich Lager schlagen und den gesamten Rest seines Heeres darin unterbringen konnte. Das war nur möglich, wenn er den Marschweg verkürzte und den erst kurz vorher im ersten Lager eingetroffenen Teilen des letzten Heeresdrittels den sofortigen Weitermarsch befahl. Dazu mußten Teile der Legionen und Reiter zur Deckung der Troßteile abgestellt werden. Sie warteten sicher an einer günstigen Stelle der Straße, bis jene sie erreicht hatten.

Wir nehmen an, daß das Lager des zweiten Marschtages etwa bei Herrentrup gelegen haben muß.[102] Das war ein Marschweg von etwa 15 km, die anfangs noch in der Marschformation des *agmen pilatum*, dann aber wo immer möglich in einer der Marschformationen zurückgelegt wurden, die eine höhere Gefechtsbereitschaft ermöglichten. Das war in dieser Lage schwierig und muß viel Zeit gekostet haben. Von der Not gezwungen marschierte das Heer in verkürzter Kolonne und unter ständigen Kämpfen, bis alle im Lager eingetroffen waren. Das kann erst weit nach Einbruch der Dunkelheit erreicht worden sein, da schon für den einfachen Marsch rund 12 Stunden zu veranschlagen waren. Bestimmt haben die Germanen nicht die Spitze, sondern zunächst die weiter hinten marschierenden Kräfte angegriffen, so daß das zweite Lager von den zuerst eingetroffenen Verbänden eingerichtet werden konnte. In seiner Größe entsprach es sicher dem Lager von Tappen. Es muß jenes Lager gewesen sein, das GERMANICUS im Sommer 15 n. Chr. besuchte. TACITUS bestätigt dies indirekt, wenn er schreibt: »Prima Vari castra lato ambitu et dimensis principiis trium legionum manus ostentabant« – »Das erste Lager des Varus ließ durch den weiten Umfang und durch die Ausdehnung des Feldherrnplatzes die Arbeit dreier Legionen deutlich erkennen.«[103] Ergänzend muß man sich hier vorstellen, daß alle Truppen sofort nach ihrem Eintreffen bei Anlage und Aufbau des Lagers mithalfen.

TACITUS bezeichnet dieses Lager zweifellos nur deshalb als das erste, weil GERMANICUS es als Ausgangspunkt des eigentlichen Schlachtgeschehens als erstes besuchte. Das Marschlager bei Tappen war für das Verständnis des von TACITUS geschilderten Hergangs unwesentlich. Für unser Verständnis aber ist es wesentlich. Außerdem läßt auch eine verderbte Stelle bei DIO CASSIUS, die vom letzten Tag der Schlacht als vom dritten *oder* vierten spricht, der Textkritik nach den hier vertretenen Standpunkt zu.

VARUS tat in diesem Lager und in dieser Lage das einzig Vernünftige: Er setzte die Mehrzahl der Troßwagen in Brand und ließ bei seinem Weitermarsch am nächsten Tag alles Überflüssige zurück. Kein Heerführer hätte anders handeln dürfen, oder er hätte sich einer groben Pflichtverletzung schuldig gemacht. Die Marschlänge seines Heeres mußte unter allen Umständen verkürzt und die Gefechtsbereitschaft erhöht werden. VELLEIUS PATERCULUS hat ihn deshalb getadelt.[104] Aber dessen Gründe sind zu durchsichtig. Er wollte alle Schuld dem Feldherrn anlasten, um das Heer selbst und seine Niederlage entschuldigen zu können. Die Verbrennung der Troßwagen war auch deshalb möglich, weil VARUS mit Nachschub aus nahen Lagern rechnete, auf die er zumarschierte.

Als die Legionen am nächsten Tag wieder abmarschierten, nahmen sie »eine bessere Ordnung« ein,[105] das heißt, sie marschierten in der Marschform des *iter expeditum* oder, wo das Gelände es erlaubte, des *agmen quadratum* weiter. Ohne die Troßwagen und abzüglich der Verluste, die man für den ersten Kampftag mit 5 % ansetzen kann, betrug die Marschlänge des Heeres im *iter expeditum* etwa 9 km, im *agmen quadratum* etwa 2 km. Das Gelände, das nun zu durchschreiten war, wird als waldreich beschrieben. Wiederum griffen die Germanen unaufhörlich an und brachten den Römern erneut schwere Verluste bei. Von dieser Marschstrecke ab dürften auch die Schilderungen des DIO CASSIUS über den Zustand des Marschweges zutreffen, der erbärmlich gewesen sein muß. Das kann aber nicht zutreffen, wenn VARUS weiter dem Hellweg in Richtung Bad Meinberg, Horn gefolgt wäre. Dennoch ist DIO CASSIUS hier Glauben zu schenken, denn die Germanen setzten sicher alles daran, die Römer vom Heiligtum der Externsteine fernzuhalten.

So marschierte VARUS, durch den starken Widerstand an der Straße gezwungen und von Troßwagen nicht mehr behindert, wohl nach Westen statt nach Südwesten auf Bauernwegen in Richtung Hülsen, Leistrup, Hiddesen. Doch von einem normalen Marsch kann keine Rede mehr sein. Es war ein anhaltendes Marschgefecht, bei dem die Römer furchtbare Verluste erlitten. Ganze 12 km haben sie wohl bis nach Hiddesen zurückgelegt, wo sie notdürftig ihr letztes Marschlager errichteten.

»Weiterhin ersah man an dem halbeingefallenen Wall und dem niedrigen Graben, daß sich hier die schon hart angeschlagenen Reste festgesetzt hatten«, so beschreibt TACITUS dieses Lager, »dein semiruto vallo, humili fossa accisae iam reliquiae consedisse intellegebantur«.[106] Die Lage war so verzweifelt, daß VARUS sich in sein Schwert stürzte, um wenigstens seine persönliche Ehre zu retten. Das Kommando übernahmen die beiden Lagerpräfekten LUCIUS EGGIUS und CEIONIUS. Letzterer ergab sich später den Germanen, während der erstere ebenfalls Selbstmord beging. Der römische Reiterführer VALA NUMONIUS entfloh mit seinen Reitern. Aber auch ihn ereilte schließlich das Schicksal.

Die Reste des Heeres wurden am letzten Tag auf dem nahen Winnfeld vernichtet. Es liegt kaum 3 km Luftlinie von den Externsteinen entfernt und genau auf der Nord-Süd-Senkrechten von Kreuzkrug zum Hünenring der Grotenburg, der Teutoburg, die richtige Stelle für eine Entscheidungsschlacht, die als Gottesgericht angesehen wurde. Von menschlichen Gebeinen, auch Schwertern, Dolchen und »zerbrochen Zeug, von Menschen und Pferden gebraucht«, »Münzen mit den Bildern des Julius, des Augustus und des Agrippa ...« wird geschrieben, die auf dem Winnfeld gefunden worden wären.[107] Sind diese Funde auch heute nicht mehr überprüfbar, so kann man die Nachrichten davon dennoch nicht einfach ignorieren. Und nur wenn man den Abmarsch des VARUS vom angenommenen Sommerlager Hameln annimmt, konnte die entscheidende Schlacht den Externsteinen so nahe stattfinden, wie es die vorausgegangenen Überlegungen und Berechnungen gezeigt haben, und nur zur Verteidigung des Zentralheiligtums und der höchsten Werte waren die sonst so zerstrittenen Stämme zu vereinen.[108]

Tacitus schreibt über das Schlachtfeld: »Inmitten des Geländes die bleichen Gebeine, bald zerstreut, bald gehäuft, je nachdem die Römer geflohen waren oder Widerstand geleistet hatten. Dabei lagen Bruchstücke von Waffen und Pferdegerippen. Zugleich erblickte man Schädel, die an Baumstämmen befestigt waren. In den nahe gelegenen Hainen waren die Altäre, an denen die Barbaren die Tribunen und Centurionen erster Klasse hingeschlachtet hatten« – »Medio campi albentia ossa, ut fugerant, ut resisterant, disiecta vel aggerata. adiacebant fragmina telorum equorumque artus, simul truncis arborum antefixa ora. lucis propinquis barbarae arae, apud quas tribunos ac primorum ordinum centuriones mactaverant.«[109] Dabei bedeutet *lucus* nicht einfach »Hain« oder »Wald«, sondern vor allem »heiliger Hain«; *lucus* entspricht genau dem altdeutschen »Loh«, »Lohe«, dem »heiligen Hain«. Tacitus sagt demnach aus, es hätte in den heiligen Hainen mehrere, wenn nicht viele, germanische Altäre gegeben, und diese hätten sich nahe bei dem Schlachtfeld befunden. Auch das unterstreicht, daß das Schlachtfeld nahe bei den Externsteinen und ihrem heiligen Bezirk lag. Dieser Hinweis wird noch durch den Satz verstärkt, in dem es heißt: »Darauf wurde [beim Feldzug des Germanicus 15 n. Chr.] das Hauptheer zur Verheerung des Bruktererlandes bis an dessen Ostgrenze geführt und alles Land zwischen Ems und Lippe verwüstet, nicht fern vom Teutoburger Wald, wo, wie man sagt, die Überreste des Varus und seiner Legionen noch unbestattet lagen.« – »ductum inde agmen ad ultimos Bructerorum, quantumque Amisiam et Lupiam amnes inter vastatum, haud procul Teutoburgiensi saltu, in qui reliquiae Vari legionumque insepultae dicebantur.«[110] Die Ostgrenze des Bruktererlandes muß dicht am Teutoburger Wald gelegen haben. Dort befand sich auch der Turm der Seherin. Die deutsche Bezeichnung Teutoburger Wald für das bekannte Gebirge ist neueren Datums. Aber der *Teutoburgiensis saltus* ist zweifellos eine Bezeichnung aus der »Geländetaufe« der römischen Soldaten. Die Teutoburg kann gar nichts anderes als die heutige Groteburg gewesen sein, nach der dann die Legionäre das Waldgebirge nannten. Solche Beispiele stehen ja nicht einzeln in der Kriegsgeschichte, sondern entsprechen der auch heute noch üblichen Art der Geländetaufe durch die Soldaten. Wie sollte Tacitus sonst auf den zweifellos germanischen Namen Teutoburg, »Volksburg«, gekommen sein? Auch das weist deutlich auf den Bezirk der Externsteine hin. Außerdem sagt der römische Schriftsteller aber noch, die Brukterergrenze wäre »nicht fern vom Teutoburger Wald« gewesen, wo die Legionen des Varus vernichtet wurden – »haud procul Teutoburgiensi saltu«. Für diese Entfernungsbeschreibung wurde nachgewiesen, daß Tacitus sie nur gebraucht, wenn es sich um eine Entfernung von drei bis vier Marschstunden handelt.[111] Demnach kommt auch bei dieser Überlegung nur der heilige Bezirk um die Externsteine in Frage, und dabei bietet sich als Schlachtfeld nur das Winnfeld an.

Nach dem Sieg sandte Arminius das abgeschlagene Haupt des VARUS an MARBOD, um diesen mit seinen Markomannen ebenfalls zur Erhebung gegen die Römer zu veranlassen. Aber MARBOD lehnte ab. Er sollte es bitter zu bereuen haben. Auf die Auseinandersetzung des Arminius mit dem Markomannenkönig MARBOD ist später noch einmal zurückzukommen.

Die drei vernichteten römischen Legionen, die XVII., XVIII. und XIX., wurden nie wieder aufgestellt, eine Maßnahme, die einmalig in der Geschichte des römischen Heeres ist. Sie ist unter anderem ein Zeugnis dafür, für wie schmachvoll und einschneidend, aber auch gefahrdrohend die Niederlage des VARUS angesehen wurde. Der sonst als ruhig und besonnen geltende Führer der Reiterei VALA NUMONIUS floh, wie erwähnt, mit seiner Truppe vom Schlachtfeld. Wann genau das geschah, läßt sich aus den Berichten der antiken Schriftsteller nicht zweifelsfrei erschließen. Aber es darf angenommen werden, daß es der dritte Schlachttag war. Möglich wäre auch, daß VALA NUMONIUS auf Befehl des VARUS als Vorausabteilung vom Lager Herrentrup aus am zweiten Schlachttag die Straße nach Horn freikämpfen sollte und am Paß in einen Hinterhalt geriet. Er erreichte den rettenden Rhein nicht. Doch das sind Vermutungen, die zwar auf taktisch logischen, jedoch unbeweisbaren Entschlüssen des VARUS beruhen.

Ein Teil des Armeetrosses mit zahlreichen Frauen und Kindern entkam dem Schicksal des übrigen Heeres entweder durch Flucht oder dadurch, daß VARUS Teile so frühzeitig ins Lager *Aliso* vorausgeschickt hatte, daß die Germanen sie durchließen, um den Plan nicht zu verraten. Da die Germanen nur dieses Lager nicht einnehmen konnten und der Fluchtweg dieses Troßteiles schon der Frauen und Kinder wegen nicht weit gewesen sein kann, muß das dem Schlachtfeld nahe gelegene Elsen als *Aliso* angenommen werden und nicht etwa Haltern, das rund 70 km entfernt liegt. Außerdem fand der Angriff auf *Aliso* nach der Schlacht statt und nicht vorher wie bei den anderen Lagern. Das zeigt schon die Tatsache, daß die Römer von zahllosen Germanen sprechen, die das Lager angriffen. Auch wird erwähnt, die Angreifer hätten ihr Unternehmen aufgegeben, als die listenreichen Römer in ihre Tuben bliesen, um neue Legionen vorzutäuschen. Das war insofern richtig, als ASPRENAS auf die Nachricht von der verlorenen Schlacht hin seine beiden oberrheinischen Legionen an den Niederrhein verlegte. Allerdings hat er *Aliso* nicht entsetzt. Die List der Römer gelang, und sie konnten aus dem Lager ausbrechen. Nur der Troß ist den beutehungrigen Germanen in die Hände gefallen, die sich davon nur zu leicht ablenken ließen.

In Rom wirkte die Nachricht von der Vernichtung der drei Legionen furchtbar. Jahrelang soll AUGUSTUS diesen Tag als Tag der Trauer und des Unheils begangen haben. Auch verstärkte er wie seine Vorgänger nach dem Gallier- und Kimbernschreck die Besatzung der Hauptstadt und seine eigene Leibwache. Sogar die zu ihr gehörende Abteilung Germanen entließ er. Im nächsten Jahr ging TIBERIUS an den Rhein, um mit einem frischen Heer eine Strafexpedition zu unternehmen. Dabei achtete er vor allem auf hohe Beweglichkeit des Heeres. Er hatte aus den schlimmen Erfahrungen des VARUS gelernt. Er kontrollierte deshalb persönlich beim Rheinübergang das gesamte Gepäck des Heeres und ließ alles Überflüssige abladen. Auf dem rechten Rheinufer begnügte er sich aber damit, die Äcker und Dörfer der Germanen zu verwüsten. An eine Rückeroberung des verlorenen Gebietes dachte er bei dieser Expedition nicht. Er wußte, daß das Verbrennen germanischer Gehöfte nicht nur eine Schädigung des materiellen Besitzes der Betroffenen war, sondern sie auch in ihrem Lebensgefühl, ihrem Heil, in ihrer Hamingja, beeinträchtigte, ohne die kein Germane leben konnte.[112]

Noch eine grundsätzliche Bemerkung muß in bezug auf die Varusschlacht hier gemacht werden. Die Germanen besaßen kein gemeinsames allgemeines Wort für Krieg, obwohl sie seit ihrem Eintreten in das volle Licht der Geschichte als besonders kriegstüchtig gelten. Das muß einen Grund haben. Krieg muß in dieser frühen Zeit eine ganz andere Bedeutung gehabt haben als heute. Auf keinen Fall ging es den Germanen allein um wirtschaftliche oder politische Vorteile. Die kriegerischen Auseinandersetzungen einzelner, von Sippen, Stämmen oder Völkern, dienten der Mehrung der Lebenskraft, eben der erwähnten Hamingja. Wenn eigenes Blut als Träger des Ich, der Lebenskraft, vergossen worden war, mußte fremdes vergossen werden, um die Welt wieder ins Gleichgewicht zu bringen. Die Heiligkeit des Blutes wird schon aus der Tatsache deutlich, daß die Germanen anstelle des indogermanischen Erbwortes ein Tabuwort gebrauchten, das so viel wie »Gequollenes« bedeutet.[113] Außerdem war der Krieg auch eine Äußerung des religiösen Lebens. Daher spielten Ahnungen, Träume, Vorzeichen usw. vor dem Auszug zum Kampf eine entscheidende Rolle. Die Gründe für eine kriegerische Auseinandersetzung konnten dennoch mannigfaltig sein. Darauf deuten schon die vielen dafür gebrauchten Wörter wie etwa Streit, Kampf, Hader, Fehde, althochdeutsch *hiltia*, althochdeutsch *wig* und andere hin, die nicht als bedeutungsgleich angesehen werden dürfen. Lagen die Gründe im religiös-rechtlichen Bereich, wurde eine Partei als Rechtsbrecher angesehen, so hieß Krieg Orlog, das aus dem althochdeutschen *urliugi* – *ur*, außerhalb, *liugi*, Gesetz –, gesetzloser Zustand, entstand. Der Rechtsbrecher konnte dann unter »Vertragsbruch« überfallen werden, eine sonst so gut wie nie geübte Kampfart. Die Schlacht oder der Kampf gegen den Rechtsbrecher war nicht nur ein Gottesgericht, sondern auch die Vollstreckung eines Gottesurteils. So erklärt sich die Handlungsweise der Germanen und des Arminius gegen den Rechtsbrecher VARUS und die Vollstrekkung des Urteils an geheiligter Stelle.

Bei allen anderen Formen des Krieges zweier nach Recht und Kultus gleichwertiger Gegner herrschten allein die Kampfarten des Angriffs und der Verteidigung mit ihren auch heute noch üblichen Kampfformen. Sehr oft wurde zudem noch der Schlachtort im voraus ebenso bestimmt wie die Zeit der Austragung. Heilige Haselruten zäunten oft das Schlachtfeld ein, und wie zum Beispiel auch in der »Ilias« griffen die Götter selbst in das Kampfgeschehen ein. So wird es in der bekannten Stammsage der Langobarden berichtet, die aus den Winnilern hervorgingen, oder vom Kampf der Chatten und Hermunduren um die Salzquellen – die Beispiele ließen sich fortsetzen.

Gegen denjenigen aber, der das göttliche Recht brach, wie es VARUS durch die Einführung des römischen getan hatte, war jedes Mittel erlaubt, auch das des Verrats und die Kampfform des Überfalls aus einem Hinterhalt. Das bestätigen sogar die Worte, die TACITUS dem Arminius beim Aufruf zum Kampf gegen GERMANICUS in den Mund legt, wenn man sie in der rechten Weise zu lesen vermag. Darin wird das römische Priestertum angeprangert, besonders jenes, das die Römer an der *Ara Ubiorum* errichten wollten, um Germanien religiös beherrschen zu können. Arminius nennt es ein »Priestertum der Menschen« – nicht der Götter, müssen wir hinzufügen. Im gleichen Atemzug geißelt er das römische Rechtswesen.[114] Gegen die Römer war deshalb der gesetzlose Zustand, der Orlog, erlaubt. Auch in dieser Auffassung wie in dem dafür gebrauchten Wort waren sich Kelten und Germanen als einzige Indogermanen gleich. Dem urkeltischen **lughiom*, »Schwur«, entsprechen gotisch *liuga*, »beschworener Vertrag«, und althochdeutsch *ur-liugi*, »vertragsloser oder gesetzloser Zustand«, »Krieg«.

Die Niederlage des VARUS und die Vernichtung der drei niederrheinischen Legionen im heiligen Bezirk der Externsteine im Jahr 9 n. Chr. sind der Anfang vom Ende der römischen Eroberungsversuche in Germanien. Aber es wäre verfehlt, anzunehmen, die römische Wölfin hätte die Beute, die sie bereits in ihren Fängen glaubte, nun einfach fahren lassen. Dazu war das Weltreich zu mächtig und zu machtbesessen. Nach ein paar wenigen Jahren nahm es seine Eroberungsversuche wieder auf. Sie sind Gegenstand unserer weiteren Betrachtungen.

Arminius aber war im 27. Lebensjahr, nach dreimal neun Jahren in Wahrheit zum Irmin, zum »Erhabenen«, und Führer seines Volkes geworden. Wohl hatte er in der Hauptsache den Sieg mit seinen »Hirschleuten« und dem Kultverband der Istwaeonen gewonnen, aber auch bei den anderen Stämmen und Kultverbänden hatte sein Ansehen den ersten Höhepunkt erreicht, wie die weiteren Ereignisse erkennen lassen.

Kampf um die Heiligtümer

Nach der furchtbaren Niederlage des VARUS hatte Rom seine Truppen in Germanien bedeutend verstärkt. Am Niederrhein, der Provinz *Germania inferior* mit den Stützpunkten Köln mit seiner *Ara Ubiorum* und Xanten, dem römischen *Castra Vetera*, lagen die I., V., XX. und XXI. Legion, am Mittelrhein, der *Germania superior* mit dem Hauptstützpunkt Mainz, dem *Mogontiacum*, die II., XIII., XIV. und XVI. Legion, fast 59 000 Mann römische Kerntruppen ohne großen Troß und Hilfskorps, ein Zeichen dafür, wie ernst man die Germanengefahr nahm. Als im Jahr 14 n. Chr. Kaiser AUGUSTUS starb und TIBERIUS die Regierung übernahm, brach bei den niederrheinischen Legionen eine schwere Meuterei aus. Auch bei den oberrheinischen gärte es. Die Gründe für diese Meuterei, der nicht einmal ein so energischer und erfahrener Legat wie CAECINA Herr werden konnte, interessieren in diesem Zusammenhang nicht. Nur mit Mühe gelang es dem zur Abschätzung der Steuerfähigkeit in Gallien weilenden Oberbefehlshaber GERMANICUS, der sofort an den Rhein eilte, die Meuterei niederzuschlagen. GERMANICUS (15 v. Chr. – 19 n. Chr.), seit 4 n. Chr. Adoptivsohn des TIBERIUS, wußte als erfahrener Soldat, daß der beste Weg, eine in ihrem inneren Zusammenhalt unsichere Truppe wieder fest in die Hand zu bekommen, ein kriegerisches Unternehmen ist, das sie zusammenschweißt. Angeblich hat ihn die Truppe sogar dazu gedrängt,[115] was sicher nicht ohne geschicktes Zutun von Anhängern des recht beliebten GERMANICUS erfolgte, wahrscheinlich sogar auf Betreiben des Feldherrn selbst. Noch wichtiger als die Disziplinierung der Truppe war es, den Germanen zu zeigen, daß die Legionen trotz der Meuterei ihre alte Schlagkraft besaßen.

Die Verstärkung der Legionen am Rhein von ehemals fünf, bzw. nach der Niederlage des VARUS zwei, auf acht läßt klar die Absicht Roms erkennen, einen erneuten Versuch der Eroberung Germaniens bis zur Elbe zu unternehmen. Für die reine Abwehr am Rhein und die Sicherung der Rheingrenze hätten weniger Legionen genügt. Im Rahmen des neuen Eroberungsplanes sind die nun folgenden Unternehmungen des GERMANICUS zu sehen.

Germanicus plante gründlich und bereitete den Feldzug gegen Arminius und seine Truppen sorgsam vor. Zwar spricht Tacitus von dem folgenden Unternehmen gegen die Marser als von einem improvisierten Vorstoß;[116] so improvisiert aber kann er, wie die folgenden Überlegungen zeigen, gar nicht gewesen sein. Auch er muß im Rahmen der Gesamtkriegsführung gesehen werden, wenn man an die dafür aufgebotenen Truppen denkt. Außer den bereits erwähnten Gründen müssen als taktische Zwecke der rasche Aufmarsch eines Heeres, der Überfall und die Verwüstung von Feindesland angenommen werden. Bei aller Brillanz und Ausdruckskraft im Stil fehlt Tacitus in bezug auf militärische Fragen doch oft das rechte Verständnis. Cäsar gegenüber wirken seine Schilderungen der Vorbereitungen, des Gefechtsablaufs usw. oft unklar und verschwommen. Ganz offensichtlich ist ihm so manches entgangen, was er von seinen Gewährsleuten gehört hat. Das gilt auch für den Überfall auf die Marser. Diese hatten auf der Seite des Arminius an der Varusschlacht teilgenommen und hätten dies wahrscheinlich auch in einem künftigen Feldzug getan. Ganz offensichtlich beabsichtigte Germanicus, sie vor seinem entscheidenden Angriff auf die Cherusker durch ein Unternehmen mit begrenztem Ziel auszuschalten. Auch die bereits vorgeschrittene Jahreszeit zwang im Jahr 14 n. Chr. dazu.[117]

Nach Tacitus nahmen 12 000 Legionäre, 26 Auxiliarkohorten und 8 Alen Reiter an dem Unternehmen teil. Angeblich hatten sie sich nicht an der vorangegangenen Meuterei beteiligt, was für die Auxiliartruppen schon bei der Schilderung der Meuterei erwähnt wurde. Bei den Legionären hat es sich wahrscheinlich um Kohorten aus allen vier niederrheinischen Legionen gehandelt, die ihrem Fahneneid treu geblieben waren (s. S. 122). Insgesamt waren es rund 38 000 Mann Kampftruppen und leichtbewaffnete *calones* mit 9 000 Pferden und 240 Fahrzeugen des kleinen Trosses. Dazu kam der große Troß, für dessen Größe die Verpflegsmenge entscheidend ist, die mitgeführt werden mußte. Germanicus hatte bei diesem Feldzug mit einer ungefähren Feldzugsdauer von drei Wochen zu rechnen.

Ziehen wir wieder einen Verpflegungssatz von 3 Tagen beim Mann und weiteren 14 Tagen beim Gefechtstroß ab, wie es der üblichen, für jeden ausgegebenen Ration für 17 Tage entsprach,[118] so mußte weitere Verpflegung für 4 Tage beim Armeetroß mitgeführt werden, mit einem Sicherheitszuschlag wahrscheinlich für 7 Tage oder eine Woche. Das waren rund 800 000 kg Weizen- oder Gerstenkörner, 6 650 kg Salz und rund 330 000 kg Pferdegerste oder eine Gesamtlast von 1 136 650 kg, rund 1 200 t, die auf 2 400 Fahrzeugen transportiert wurden. Dazu brauchte man wiederum 2 400 Fahrer und 4 800 Pferde sowie deren Verpflegung samt zusätzliche Wagen für andere Versorgungsgüter wie Ersatzwaffen, Bekleidung usw. Der große Troß dürfte daher etwa 3 000 Fahrzeuge umfaßt haben.* Damit betrug die Marschlänge des gesamten Heeres auf einer Straße etwa 30 km, wenn die Fahrzeuge hintereinander fuhren, die der Kampftruppen im *iter expeditum* (s. Fig. 9) zwischen 8 und 10 km. Schon diese Zahlen lassen erkennen, daß es sich bei diesem Unternehmen keinesfalls um eine »Improvisation« gehandelt haben kann, wie TACITUS und mit ihm mancher Forscher annimmt.[119]

Hart westlich des Rheins, in der Gegend der Ruhrmündung muß der Versammlungsraum des römischen Heeres gelegen haben. Dann ließ GERMANICUS etwa bei Asberg nahe Moers, dem alten *Asciburgium*, eine Brücke über den Rhein schlagen und marschierte auf dem alten Hellweg durch den *Caesierwald*, den heutigen Haarstrang – von dessen altem Namen noch das Dorf Heisingen zwischen Essen und Werden, nördlich der mittleren Ruhr, zeugt –, in Richtung auf das moderne Dortmund (Karte 10). Genau südlich davon dürfen wir den alten Limes des TIBERIUS annehmen. Nachdem er ihn überschritten hatte, errichtete er an der alten Nord-Süd-Straße, die von Oberaden nach Dortmund und weiter südlich nahe Hohensyburg verläuft, ein Lager. Persönlich erkundete er von hier aus die Straßen- und Wegeverhältnisse. Dabei stellte er fest, daß es ins Gebiet der Marser zwei Wege gab, einen kurzen und häufig befahrenen, nämlich den Hellweg A, und einen langen und schlecht befestigten, nämlich den Haarweg. Da er vermutete, daß der Hellweg vom Feind überwacht wurde, entschloß er sich für den schlechteren Haarweg, um das Überraschungsmoment zu wahren. Natürlich handelte es sich bei dieser Entscheidung um diejenige für die Versorgungsstraße des Heeres.

Noch während dieser Erkundungen erhielt GERMANICUS von den ausgesandten Spähtrupps die Meldung, daß die Germanen eine Feier zu Ehren der Göttin Tanfana mit einem großen Opfermahl in der Nacht abhalten wollten. Der Jahreszeit entsprechend, muß es sich um eine Art Erntefest gehandelt haben. Das zeigt, daß der Überfall mitten im Frieden auf arglose Germanen gerichtet war. Im übrigen spricht TACITUS hier von einem *Tanfanae templum*, bei dem die Feier stattfinden sollte. Sofort sandte GERMANICUS CAECINA mit Auxiliarkohorten ohne Gepäck als Vorhut voraus. Die Legionen folgten im üblichen Abstand. Eine sternklare Nacht erleichterte den Vormarsch, so daß die Römer den nahegelegenen heiligen Ort rasch erreichten. Die Marser schliefen in ihren Häusern oder neben den Metbänken, von denen sie während der Opferfeier trunken heruntergefallen waren. Wachen gab es wegen des Friedenszustandes nicht.[121]

* Überträgt man die mitzuführenden 1200 t Lebensmittel auf moderne Transportfahrzeuge, so wären dafür 80 Eisenbahnwagen oder eine Lastwagenkolonne von rund 170 LKW 7 t notwendig!

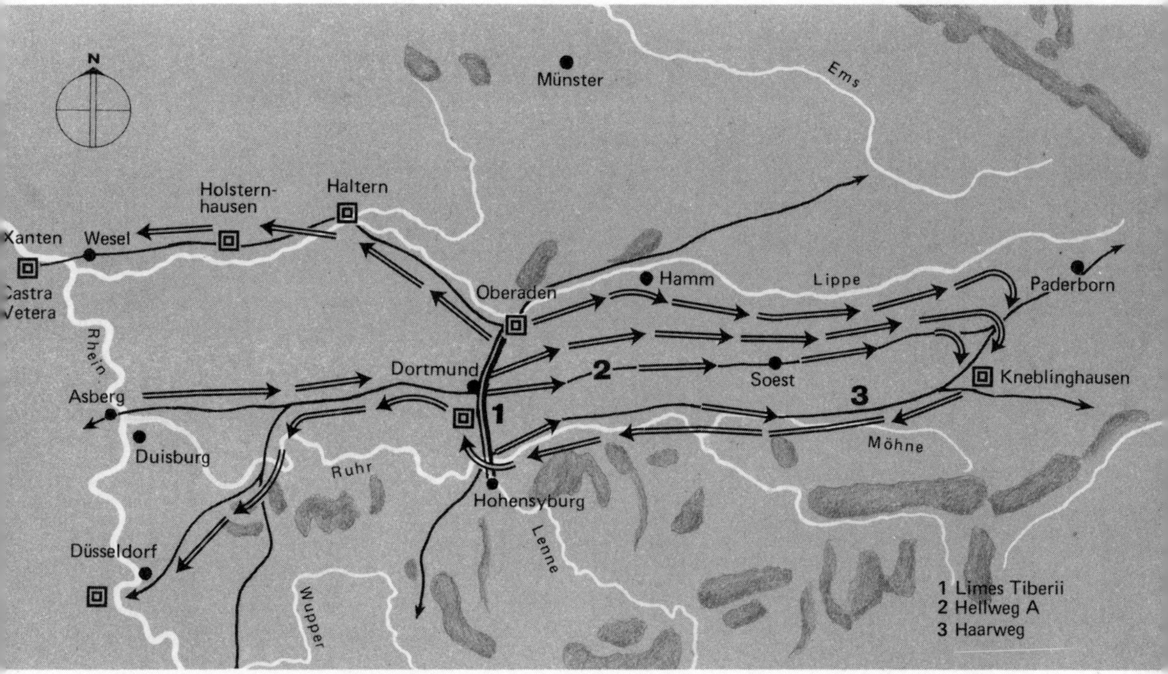

Karte 10 Marser-Feldzug des Germanicus im Jahr 14 n. Chr.

Ohne Erbarmen metzelten die Römer alles Lebendige nieder und zerstörten den heiligen Ort. Daraufhin teilte GERMANICUS seine Truppen in mehrere Kampfgruppen und durchkämmte das Marsergebiet bis über Soest hinaus nach Kneblinghausen. Auch dabei verwüstete er das ganze Land und ermordete seine Einwohner, einschließlich der Frauen und Kinder. Die von TACITUS angegebene Entfernung von 50 Meilen oder 75 km stimmt genau mit der bis Kneblinghausen überein, wo CAECINA ein Lager schlug. Dieses Lager wurde gefunden und hat einen Flächeninhalt von 7,45 ha; es reichte für eine Truppe von etwa 5 Kohorten.

Wieder einmal läßt es die Schilderung des TACITUS an Genauigkeit fehlen. Aus seinem Bericht geht nicht eindeutig hervor, ob der Überfall auf das Tanfana-Heiligtum, bei dem die feiernden Germanen in heiliger Trunkenheit überrascht und niedergemetzelt wurden, vor oder während des Durchkämmens des Gebietes stattfand. Der Hinweis auf die eine Nacht[122] macht es jedoch wahrscheinlich, daß dieser Überfall vor dem Durchkämmen erfolgte, da letzteres bei der Größe der Entfernung ja nicht in einer Nacht hat durchgeführt werden können. Ebenso erlaubt die Marschgliederung diesen Schluß, wenn zunächst Caecina mit der für Vorhuten üblichen Aufgabe der Aufklärung, Erkundung, Sicherung und Wegehilfe vorausgeschickt wurde. Nach dem Überfall aber ging das Heer in vier keilförmig gegliederten Kampfgruppen vor, den sogenannten *cunei*. Der Auftrag des Caecina kann sich dann nur noch auf die Versorgungsstraße, den Haarweg, bezogen haben, während der wichtigste Auftrag jeder Vorhut, dem Gros Zeit zum Aufmarsch zu verschaffen, zwangsläufig entfallen mußte.

Den Marsch des Heeres muß man sich während der zweiten Phase des Unternehmens so vorstellen: Von Oberaden an der Lippe bis nach Hohensyburg nahe der Mündung der Lenne in die Ruhr sind es etwa 20 km. Hier wird der *limes Tiberii* verlaufen sein, der kein Limes im Sinne einer Grenzsicherungslinie, sondern ein von Tiberius und seinen Legionären angelegter Kolonnenweg war. Etwa von diesem Limes aus oder – falls das Tanfana-Heiligtum in geringer Entfernung ostwärts davon lag – von einer Linie, die dieser Höhe entsprach, kämmten die vier *cunei* der Kohorten, jeder *cuneus* etwa 3 000 Mann oder 5 Kohorten stark, mit zusätzlich unterstellten Hilfstruppen das Marsergebiet so durch, daß jeder *cuneus* einen Gefechtsstreifen von etwa 5 km Breite erhielt. Die Masse des Armeetrosses blieb im Lager am *limes Tiberii* unter Bedeckung durch weitere Hilfstruppen zurück. Caecina sicherte den Haarweg als Versorgungsstraße, leistete Wegehilfe, wo das notwendig war, und regelte die Versorgung. Auf seinem Marsch über 75 km bis nach Kneblinghausen ostwärts Rüthen an der Möhne, wo er sein am weitesten vorgeschobenes Kohortenlager errichtete, mußte er nach römischem Brauch noch zwei Zwischenlager anlegen, die von Truppen besetzt wurden. In diese Lager wurde nach Bedarf der Verpflegungstroß nachgezogen. Überprüfen wir, ob Caecina dafür genügend Truppen haben konnte. Entscheidend dafür ist nicht die Zahl der Reiter von 8 Alen, die mit ihren je 506 und insgesamt 4 048 berittenen Kämpfern Aufklärungs- und Sicherungsaufgaben für alle Kampfgruppen, aber auch an der Versorgungsstraße durchzuführen hatten, sondern die Zahl der Auxiliarkohorten, die mit 26 angegeben wird. 5 davon führte Caecina persönlich bis nach Kneblinghausen. Erhielt jeder *cuneus* vier weitere Kohorten zur Verstärkung, so daß jeder *cuneus* etwa 5 000 Mann Kampftruppen stark war, so blieben noch immer 5 Kohorten zur Besetzung der beiden Zwischenlager und der Feldposten entlang der Versorgungsstraße. Wurde jedes Zwischenlager mit zwei Auxiliarkohorten oder rund 1 000 Mann Kampftruppen belegt, so blieben noch weitere 500 für die Feldposten an der Straße. Die Zahl der Truppen entsprach also durchaus dem Auftrag. Auch waren die *cunei* stark genug, um mit den unvorbereiteten Marsern zu jeder Zeit fertig zu werden. Das ganze Verfahren ähnelt auffallend demjenigen deutscher Truppen, die während des Zweiten Weltkrieges zum Durchkämmen partisanenverseuchten Gebietes eingesetzt wurden.

Neben der Erbarmungslosigkeit, mit der römische Heere gegen ihre Feinde vorgingen, muß bedenklich stimmen, daß gerade das Heiligtum der Tanfana zerstört wurde, die von allen Istwaeonen besonders verehrt wurde. Es handelte sich geradezu, wie schon erwähnt wurde, um das Haupttheiligtum dieses Kultverbandes. Dafür spricht auch, daß TACITUS ein *templum Tanfanae* erwähnt, obwohl er sonst die Anlage von Tempeln durch die Germanen leugnet. Sicher war dieser Tempel jenen bei den Kelten gebräuchlichen Umgangstempeln ähnlich, die aus Holz erbaut wurden.[123] Meist wird die Zerstörung des Tanfana-Tempels so hingestellt, als habe sie sich bei dem Unternehmen beiläufig ergeben, nachdem die Spähtrupps das Opferfest gemeldet hatten. Dieser Auslegung muß nach allem, was wir über die Römer wissen, widersprochen werden. Neben seinen rein militärischen und politischen Zielen galt das Unternehmen des GERMANICUS gerade der Zerstörung dieses Hauptheiligtums des istwaeonischen Kultverbandes. Er sollte damit in seiner Kampf- und seiner Lebenskraft, seiner Hamingja, so geschwächt werden, daß der Widerstandswille nicht nur der Marser, sondern des gesamten Kultverbandes zusammenbrach. Auch das Zerstören der Dörfer diente diesem Zweck. Die Arglosigkeit und Trunkenheit der Marser an diesem hohen Festtag war für die Römer lediglich die willkommene Gelegenheit, ihr Ziel leichter zu erreichen. Hätten sie vorher von diesem Fest gewußt, so wären Anstrengungen in diesem Ausmaß vielleicht nicht notwendig gewesen, wenn man den Zweck der Disziplinierung der Truppe einmal außer acht läßt.

Aber die Zerstörung des Heiligtums und die römischen Greueltaten hatten gerade die umgekehrte Wirkung. Die Usipeter, Brukterer und Tubanten, sicher auch jene Marser, die dem Gemetzel entkommen waren – und das waren, wie die folgenden Ereignisse zeigen werden, trotz der römischen Großrednerei nicht wenige –, griffen zu den Waffen und legten sich in einen Hinterhalt. Die germanischen Führer erkannten die Bedeutung des Haarweges als römische Versorgungsstraße aufgrund der Tätigkeiten und Bewegungen, die dort vor sich gingen.[124] Mit nur wenig Mühe konnten sie sich ausrechnen, daß GERMANICUS sein Heer nach dem Durchkämmen des Marsergebietes etwa beim Lager Kneblinghausen sammeln und auf dem Haarweg zurückführen mußte, wie er es offensichtlich auch tat. Damit aber war auch die Wahl eines Platzes für ihren Überfall gegeben. Sie besetzten jene Waldschluchten, von denen TACITUS spricht.[125]

Der römischen Aufklärung blieben diese germanischen Angriffsvorbereitungen jedoch nicht verborgen, und GERMANICUS wählte daher aus Vorsicht für den Rückmarsch die Marschform des *agmen quadratum*, wie es TACITUS beschreibt:[126] Voraus marschierte ein Teil der Reiterei und der Auxiliarkohorten, dann folgte die I. Legion, hinter ihr der in die Mitte genommene Troß, links davon marschierte die XXI., rechts die V., hinter dem Troß die XX. Legion, während die restlichen verbündeten Truppen die Nachhut bildeten. Es fällt auf, daß TACITUS dabei von Legionen spricht; sicher meint er aber nur die jeweils 5 Kohorten, zusammen 12 000 Mann, die aus jeder der erwähnten niederrheinischen Legionen an dem Unternehmen teilnahmen.

Die Germanen rührten sich nicht, solange sich die römischen Kolonnen noch nicht im Wald befanden. Dort konnten die Römer die Marschform des *agmen quadratum* nicht beibehalten und mußten zu der des *iter expeditum* übergehen; an der Marschfolge wird sich grundsätzlich dadurch nichts geändert haben. Da griffen die Germanen an. Geschickt fesselten sie durch Scheinangriffe die Vorhut und die Flanken und warfen sich mit Schwerpunkt auf die aus Verbündeten bestehende Nachhut. Bald hatten sie diese zum Wanken gebracht, so daß die Germanen in der Verfolgung ihren Angriffskeil auflösten. Er kann im übrigen nicht allzu stark gewesen sein, da man ja im Wald, wahrscheinlich in einer Lichtung kämpfte, in der der Aufmarschraum nicht groß gewesen sein kann. GERMANICUS, der die Gefahr erkannte, ließ das Marschtempo beschleunigen, um rasch aus dem Wald herauszukommen. Dann eilte er zur XX. Legion und befahl ihr, den Feind zurückzuwerfen. Das gelang den 5 Kohorten auch, die die Angreifer angeblich vernichteten. Wenn überhaupt, so kann es sich dabei nur um die erwähnten verhältnismäßig schwachen Kräfte gehandelt haben. TACITUS berichtet, daß die vordersten römischen Truppen inzwischen das freie Gelände gewonnen hätten.[127] Dort errichteten sie sofort ein befestigtes Lager, das für die Germanen der damaligen Zeit unangreifbar war. Wären alle Germanen vorher, wie TACITUS sagt, vernichtet worden, so wäre diese Maßnahme unnötig gewesen. Doch die Germanen beließen es bei diesem Überfall, so daß GERMANICUS seine Truppen ins Winterlager zurückführen konnte.

Der Erfolg des ganzen Unternehmens lag lediglich darin, daß die römische Truppe wieder etwas Vertrauen zu sich selbst gefunden hatte. Auch waren Erfahrungen für den raschen Aufmarsch, den Kampf im Waldgelände und für die Regelung der Versorgung gesammelt worden, die bei den weiteren Unternehmen ausgewertet werden konnten. In bezug auf das operative Ziel, das sich GERMANICUS gesteckt hatte, endete das Unternehmen mit einem klaren Mißerfolg. Es war dem römischen Feldherrn nämlich nicht gelungen, die Marser so entscheidend zu schwächen, daß sie in spätere Kämpfe an der Seite der Cherusker nicht hätten eingreifen können. Mit beträchtlichen Kräften unterstützten sie in den kommenden Jahren die Bemühungen des Arminius. Auch war es nicht gelungen, den Kampfwillen der Istwaeonen durch die Zerstörung ihres Hauptheiligtums zu brechen. Schon der Überfall der Brukterer, Usipeter und Tubanten auf die durch den Wald marschierenden Römer hatte das gezeigt. Im Gegenteil, ihre Entschlossenheit, die Römer mit allen Mitteln zu bekämpfen und aus dem Land zu werfen, war größer denn je. GERMANICUS sollte es in den kommenden Feldzügen zu spüren bekommen. Ob er selbst aber die Lage in diesem Sinne beurteilte, bleibt mehr als fraglich. Wahrscheinlich überschätzte er seinen Erfolg bei weitem, so jedenfalls läßt es sich aus seinem späteren Verhalten erschließen.

Schon ein paar Jahre vor dem Überfall des GERMANICUS auf die Marser hatte sich bei den Cheruskern ein Ereignis zugetragen, das sowohl für Arminius als auch für die Gemeinschaft der Hirschleute selbst entscheidende Auswirkungen haben sollte. Wahrscheinlich im Jahr 10 n. Chr. raubte Arminius die Tochter des SEGESTES, THUSNELDA, mit ihrer Einwilligung und nahm sie zur Frau. THUSNELDA war aber bereits einem anderen verlobt, das heißt, daß die Sippe des SEGESTES und die Sippe jenes Ungenannten sich mit Hilfe der Hochzeitsgaben ihre Hamingja, ihr Heil und ihre Lebenskraft, gegenseitig anvertraut hatten. Beide Sippen waren zu einer geworden. Arminius hatte sich damit eines schweren Vergehens gegen die heiligen Sippengesetze schuldig gemacht, denn der Brautraub war zu jener Zeit schon lange nicht mehr üblich. So mußte es unweigerlich zum Kampf zwischen der Sippe des SEGESTES und der des Arminius kommen. Selbst SEGIMUND, jener Priester, der von der *Ara Ubiorum* nach Hause geeilt war, um am Freiheitskampf des Jahres 9 teilzunehmen, stellte sich nun wieder auf die Seite seines Vaters, um mit ihm gegen Arminius zu kämpfen. Die Anhänger der beiden Sippen schlossen sich ihrer jeweiligen Partei an, und es kam zu einer Art Bürgerkrieg bei den Cheruskern.

Doch handelte es sich dabei keineswegs um einen Machtkampf im politischen Sinn. Die Gründe lagen auf religiöser Ebene. Von Arminius wissen wir, daß er in die Wotansmysterien eingeweiht worden war. Zu ihm standen die Sippen der Wotanskrieger. Sein Oheim INGUIOMER führte, wie sein Name schon sagt, die Ing- oder Freyrsippen an. SEGESTES Verhalten läßt in allem darauf schließen, daß er den Donarsippen vorstand, bei denen die Gesetze des Blutes und der Sippe besonders hoch bewertet wurden. Die drei wichtigsten germanischen Götter müssen bei den die Externsteine hütenden Hirschleuten besondere Sippenverbände gehabt haben, die ihren Kult vor allen anderen pflegten. So standen in dem anschließenden Kampf Wotans– und vermutlich auch Freyrsippen gegen Donarsippen.

Nach TACITUS eröffnete SEGESTES den Kampf,[128] und es gelang ihm, Arminius mit einem Teil seiner Anhänger in Fesseln zu legen. Anschließend muß es den Anhängern des Arminius aber geglückt sein, diesen wieder zu befreien. Bei einem Überfall, der wahrscheinlich zu Ende des Winters 14/15 n. Chr. stattfand, entführte SEGESTES die inzwischen schwangere THUSNELDA. Von Arminius verfolgt, warf er sich in die Eresburg beim heutigen Obermarsberg an der Diemel, wo ihn Arminius einschloß und belagerte. Auch ein Teil der den Donar verehrenden Chatten scheint nach einer Andeutung des TACITUS den SEGESTES unterstützt zu haben.[129]

Was diese Kämpfe zwischen SEGESTES und Arminius und dessen Beziehungen zu THUSNELDA anlangt, so verrät uns die Nibelungensage die geistigen Hintergründe. Siegfried-Arminius hatte die Jungfrau auf dem Felsen der Hirschkuh erworben. Es war die Walküre Brünhild, die Wotanstochter, deren Name für den Erwerb übersinnlicher Erkenntnis durch Siegfried-Arminius bei der Wotanseinweihung steht. Dann aber beging er seinen ersten »Sündenfall«. Allmählich vergaß er jenes übersinnliche Bewußtsein, indem er Brünhild als seine Verlobte verleugnete. Dafür gewann er durch Raub Kriemhild, die in diesem Fall mit THUSNELDA gleichgesetzt werden darf. Sie steht zugleich für das sinnliche Bewußtsein, über das er das übersinnliche vergaß. Das bedeutete einen schweren Verstoß gegen die Gesetze Donars, der als Ich-Träger im Blut wirkt. Mit diesem Ereignis beginnt die Hybris Siegfrieds im Nibelungenlied, aber auch im Leben des Arminius.

TACITUS gibt als Grund für den Feldzug gegen die Chatten zu Anfang des Frühjahrs 15 n. Chr. die Kämpfe zwischen Arminius und SEGESTES an.[130] Warum aber wandte GERMANICUS sich gegen die Chatten? Einfacher wäre es doch gewesen, die Gunst der Lage zu nutzen und gleich gegen die Cherusker loszuschlagen. Merkwürdig ist dabei auch, daß GERMANICUS mit seiner gewaltigen Heeresmacht, die gleich geschildert werden wird, nicht zu einem Zangenangriff ansetzte, um die Cherusker zu schlagen und dann zur Elbe vorzudringen, seinem ihm vom Kaiser befohlenen Kriegsziel. Ganz offensichtlich gibt es hier Widersprüche, die sich nur dadurch erklären lassen, daß GERMANICUS bei einem offenen Angriff auf die Externsteine – und dazu wäre es bei solchem Unternehmen gekommen – fürchten mußte, alle germanischen Stämme gegen sich zu haben. Daher entschloß er sich, zuerst die mächtigen Chatten und dann die Brukterer auszuschalten, damit er sich später um so leichter und ungehinderter gegen die Cherusker wenden konnte. Ob der Feldzug gegen die Chatten und Brukterer überraschend geführt wurde, wie TACITUS das andeutet,[131] mag dahingestellt bleiben. Die Vorbereitungen für den Sommerfeldzug gegen die Cherusker reichten gewiß auch dazu aus. Nach unseren Erwägungen aber ist es wahrscheinlicher, daß der Zug gegen die beiden Nachbarstämme der Cherusker planmäßig erfolgte.

Die Angaben des TACITUS zu den Truppenstärken sind nicht sehr genau. CAECINA erhielt mit vier Legionen, 5 000 Mann Hilfstruppen und eilig aufgebotenen Scharen, den *tumultuariae catervae* der linksrheinischen Bataver, Ubier und Sugambrer, den Auftrag, über den Hellweg durch das Marsergebiet gegen die Gebietsgrenze der Cherusker vorzustoßen und diese durch Fesselungsangriffe am Eingreifen an der Seite der Chatten zu hindern. CAECINA führte diesen Auftrag durch Ablenkungsmärsche und Scheinangriffe geschickt aus. Dabei konnte er einen Angriff der Marser zwar abwehren, doch war der Kampf wohl nicht allzu erfolgreich, da TACITUS ganz gegen seine Gewohnheit nur mitteilt, er habe sie »durch ein erfolgreiches Gefecht im Zaume« halten können.[132] Im übrigen zeigt gerade dieses Gefecht, daß trotz des Überfalls im Jahr 14 und der behaupteten »Vernichtung der Marser« diese sich stark genug fühlten, eine so große Armee wie die des CAECINA anzugreifen. In der Tat handelte es sich bei den vier, sicher niederrheinischen Legionen um rund 30 000 Legionäre mit *calones*, 5 000 Mann oder 10 Kohorten Hilfstruppen und eine unbestimmte Zahl des germanischen Aufgebots, das aber sicher nicht unter ebenfalls 5 000 Mann stark gewesen sein dürfte. Die Kampftruppen des CAECINA dürften demnach knapp 40 000 Mann stark gewesen sein, denen die Marser, wenn es hoch kommt, 15 000 Mann entgegenstellen konnten.

GERMANICUS selbst verfügte über die gleiche Zahl von vier Legionen. Es dürften die oberrheinischen gewesen sein, da diese an der Basis der Stoßrichtung stationiert waren. Zu diesen rund 30 000 Legionären und *calones* kamen noch 10 000 Mann Hilfstruppen. Es bleibt unklar, aus wievielen Alen der Reiterei und wievielen Fußkohorten diese Hilfstruppen bestanden. Falls wir wieder die üblichen 8 Alen, rund 4 000 Reiter, annehmen dürfen, so verfügte er darüber hinaus über 6 000 Mann oder 12 Fußkohorten. Weiter bleibt unklar, ob davon die Sicherungs- und Bautruppen des APRONIUS abzuziehen sind, die den Auftrag hatten, die Straßen und Brücken im Rücken des Heeres zu sichern, instand zu setzen und zu verstärken. Wahrscheinlich aber hatte APRONIUS als »Befehlshaber rückwärtiger Dienste« nichtgermanische Hilfstruppen zur Verfügung, die somit nicht zu den oben genannten gerechnet werden dürfen.

Mit diesen einschließlich des Armeetrosses rund 51 000 Mann, zu denen auch die beiden ihm als kaiserlichem Prinzen zustehenden Prätorianerkohorten gehörten, marschierte GERMANICUS zunächst bis zum *castellum Drusi*, das wir wohl bei Friedberg am Rande der Wetterau suchen müssen. Von dort aus ging eine uralte und gute Straße ins Chattengebiet. Dieses Kastell baute GERMANICUS als Operationsbasis und Verpflegungslager aus. Er verlor dadurch zwar kostbare Zeit, die die Chatten nutzten, um ihre Krieger zusammenzuziehen; aber er konnte gerade durch die Verpflegungsbasis an dieser Stelle mit einem *expeditum exercitum,* mit kampfbereitem Heer, das heißt, mit einem Heer ohne den lästigen Armeetroß, marschieren und dadurch in seinen Bewegungen bedeutend schneller sein. Die Überprüfung des über Lich, Alsfeld, Ziegenhain in den Raum Fritzlar führenden Marschweges bestätigt diese Aussage. Insgesamt beträgt die Entfernung dorthin rund 150 km oder umfaßt bei einer Tagesleistung von ungefähr 18 km eine Marschdauer von 8 Tagen. Mit Hin- und Rückmarsch sind das 16 Tage. Für 17 Tage aber empfing der Legionär seine Verpflegung, die von ihm selbst für 3 Tage und vom Gefechtstroß mitgeführt wurde. Es versteht sich von selbst, daß den vorrückenden Truppen auch Verpflegung vom großen Troß in die von Hilfstruppen des APRONIUS gesicherten Marschlager nachgeführt wurde. Eine andere Lösung ist für dieses kurz angesetzte Unternehmen gar nicht möglich. Dennoch blieb die Versorgungslage sicher während des ganzen Unternehmens angespannt, da die etwa 7 000 Pferde zu dieser Zeit kaum ausreichendes Futter fanden und die Pferdegerste zeitgerecht nachgeführt werden mußte. Für 21 Tage wären das bereits 921 200 kg oder 921 t, die auf 1842 Wagen zu verladen waren. Zugleich sind diese Überlegungen und Angaben der Grund dafür, daß GERMANICUS nach der Durchführung des Unternehmens wieder auf der gleichen Straße zurückmarschieren mußte, die er auch zum Aufmarsch benutzt hatte.

Wohin aber zielte der Stoß des GERMANICUS tatsächlich? Schon beim Überfall auf die Marser im vorangegangenen Jahr hatte sich der Stoß des GERMANICUS gegen das Haupttheiligtum der Istwaeonen, das *templum Tanfanae*, gerichtet. Gab es auch bei den Chatten ein Heiligtum, durch dessen Einnahme und Zerstörung die Kraft jenes Stammes gebrochen werden konnte? Oben wurde gezeigt, daß die Versorgungslage des Heeres lediglich einen Vorstoß von etwa 150 km Tiefe erlaubte. Genau in dieser Entfernung vom Kastell des DRUSUS aber lag zweifellos ein heiliger Bezirk der Chatten. Ein Blick auf die Karte 1 : 50 000 beweist das. Da liegt wenige Kilometer nordwestlich des heutigen Fritzlar der Gudensberg (Wotansberg), dicht dabei der Wotansstein, ein Menhir, bei dem sich eine Gerichtsstätte für das Gaugericht der Chatten, die Malstätte, befand. Der Gudensberg selbst war ein chattischer Fürstensitz mit Ringwall. Bei ihm lag vermutlich der von TACITUS genannte Hauptort der Chatten, *Mattium*, dessen Name sich in dem des nahegelegenen Dorfes Metze erhalten hat.[133] Die Nennung von *Mattium* als *caput* der Chatten und noch mehr die Übersetzung dieses Wortes durch »Hauptort« hat zu falschen Vorstellungen geführt. Auf keinen Fall haben wir es hier mit einem *oppidum* im keltischen Sinn zu tun; *oppida* gab es bei den Germanen nicht; *caput* ist hier allein als Sitz der geistigen und weltlichen Führung der Chatten aufzufassen. Diesen wollte GERMANICUS vernichten.

Hart nördlich des Gudensberges liegt der sagenumwobene Odensberg. In seinem Innern soll noch heute das Heer KARLS DES GROSSEN ruhen, dessen Reiter alle sieben Jahre hervortreten und ihre Rosse im Glißbach tränken. Auch dieser Berg war ein altes Wotansheiligtum, denn die Sagen um den in einem Berg mit seinem Heer eingeschlossenen Kaiser beruhen fast ausnahmslos auf alten Kulten um Wotan und das Wilde Heer.

Nur wenige Kilometer westlich von Fritzlar und Geismar liegt der Johanneskirchenkopf, auf dem sich die Grundmauern einer Kapelle befinden. Zwar stammen sie wahrscheinlich von einer Wüstungskirche der ehemaligen Ortschaft Hayn, aber die Namen Johanneskirche und Hayn (Hain) sind an sich schon verdächtig. Frühe Johanneskirchen – und nichts spricht dagegen, daß vor

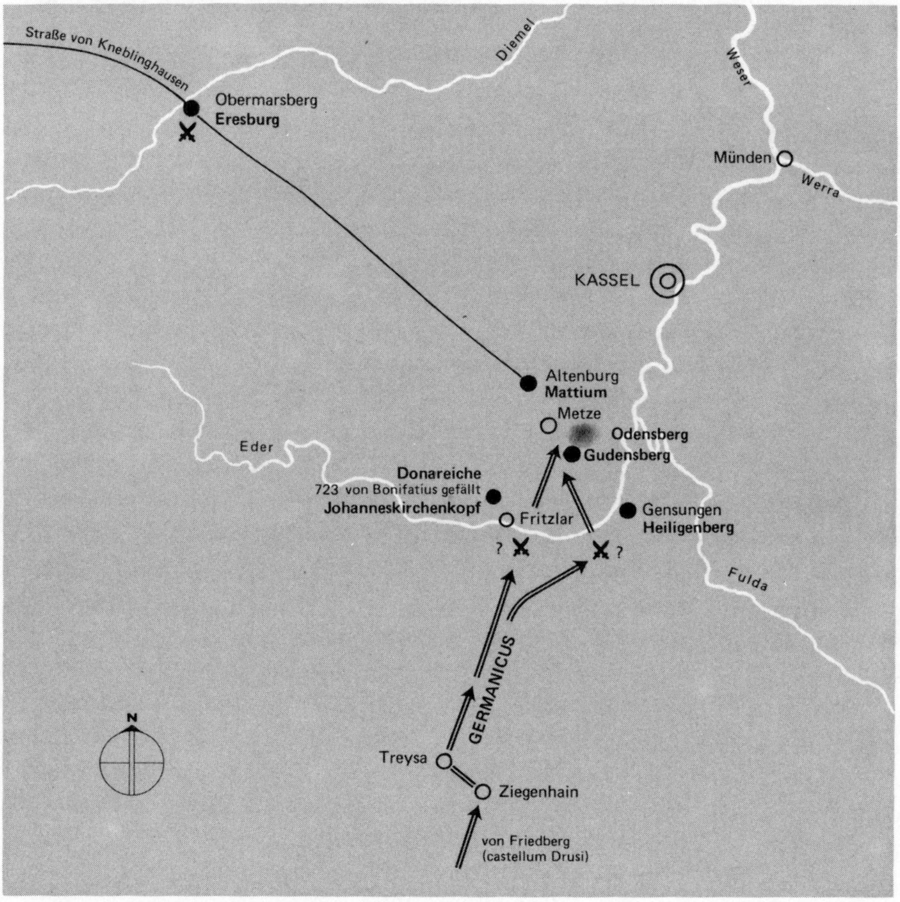

Karte 11 Chatten-Feldzug des Germanicus im Jahr 15 n. Chr.

der Wüstungskirche hier schon eine ältere stand – gehen sehr oft auf ehemalige Donarheiligtümer zurück.[134] Der Ortsname Hayn deutet dazu noch auf einen Hain als Kultplatz hin. Solche Donarhaine sind ja gerade durch TACITUS selbst belegt, der einen von ihnen als Versammlungsplatz vor der Schlacht von Idistaviso angibt.[135] Darüber wird noch zu sprechen sein. Am entscheidendsten aber ist die Tatsache, daß die Lokalsage berichtet, BONIFATIUS habe dort die Donareiche gefällt, und heilige Orte haben es nun einmal an sich, daß sie über Jahrhunderte hinweg ihren Charakter wahren (Karte 11).

Es könnten noch weit mehr Berge und Orte im Raum zwischen Kassel, Zierenberg, Balhorn und Fritzlar genannt werden, die den Chatten heilig waren. Nach Nennung dieser wenigen aber schon steht fest, daß dieser ganze Raum geweiht war. Auf ihn zielte der Stoß des GERMANICUS in Wahrheit. Ihn wollte er vernichten, um dadurch die Chatten in ihrer Lebenskraft zu treffen und sie vor seinem Angriff auf die Cherusker und das Zentralheiligtum der Externsteine auszuschalten.

Natürlich nahmen die Chatten diesen Angriff nicht einfach hin. Durch den Zeitverlust, den GERMANICUS beim Aufbau seiner Versorgungsbasis im Kastell des DRUSUS erlitt, war es ihnen möglich, ihre wehrfähige Mannschaft zusammenzuziehen. Als volkreicher Stamm konnten sie vielleicht 20 000 Krieger aufbringen, waren dem GERMANICUS also an Zahl weit unterlegen. Dennoch stellten sie sich mit bewunderungswürdiger Tapferkeit an der einzigen Stelle zum Kampf, die Aussicht auf Erfolg gegen die drückende Übermacht bot. Als GERMANICUS die Eder, *Adrana flumen*, südlich Fritzlar erreicht hatte und begann, eine Brücke über den Fluß zu schlagen, schwammen sie ans feindliche Ufer und griffen ihn von dort aus an. Nur mit Unterstützung der 240 Wurfgeschütze der vier Legionen und der zahlreichen römischen Bogenschützen gelang es, sie abzuwehren.

Danach versuchten die Chatten, den Römer durch Verhandlungen vom Betreten des geweihten Bezirks abzuhalten. Aber gerade das mußte mißlingen. Vielleicht hofften einige, GERMANICUS durch ihren Übergang auf die römische Seite mild zu stimmen. Die anderen sahen die Nutzlosigkeit dieses Versuches wohl ein und »zerstreuten sich in die Wälder«. In üblicher römischer Weise wurden alle Dörfer niedergebrannt, die Felder verwüstet und Greise, Frauen und Kinder erschlagen, wo immer man sie fand. Als auch *Mattium* in Flammen aufgegangen war, trat GERMANICUS den Rückmarsch zum Rhein an. Wieder einmal berichtet TACITUS hier ungenau, wenn er schreibt: »vertit ad Rhenum«.[136] Bis zum Rhein dürfte er nicht zurückgekehrt sein, falls wahr ist, was TACITUS weiterhin berichtet. Während des ganzen Unternehmens hatte CAECINA durch sein Ablenkungsmanöver nördlich Kneblinghausen die Cherusker, die den Chatten zu Hilfe kommen wollten, so gefesselt, daß sie ihren Plan fallenlassen mußten.

Nachdem der Chattengau verwüstet worden war, kamen Gesandte des SEGESTES zu GERMANICUS, unter denen sich auch SEGIMUND befand, der ehemalige Priester am Altar der Roma und des AUGUSTUS in Köln. Sie baten dringend um Hilfe gegen Arminius, der SEGESTES auf der Eresburg in Obermarsberg eingeschlossen hatte, wie das oben geschildert wurde. GERMANICUS nahm sie gnädig auf, sandte aber SEGIMUND unter Bedeckung auf das linke Rheinufer. Auf jeden Fall erschien ihm diese Nachricht so wichtig, daß er »es der Mühe wert hielt, sein Heer umkehren zu lassen« – »Germanico pretium fuit convertere agmen.«[137] Die beiden Aussagen scheinen sich auszuschließen, denn hier muß angenommen werden, daß die Gesandtschaft des SEGESTES den GERMANICUS noch auf dem Rückmarsch traf und ihn veranlaßte, durch den Chattengau zurück nach Obermarsberg an der Diemel zu marschieren. Die Versorgungslage allein kann darüber Aufschluß geben, ob eine solche Kehrtwendung aus dem Marsch möglich war. Verpflegung für 21 Tage war zu Beginn des Unternehmens angesetzt worden. Zuführung weiterer Verpflegung ins Kastell des DRUSUS darf anhand der Lage ausgeschlossen werden. Nichts deutete ja zu Anfang auf eine zeitliche Verlängerung des Kriegszuges gegen die Chatten hin. Dennoch wäre es möglich, daß GERMANICUS als vorausschauender Feldherr Verpflegung für 28 Tage, also für eine Woche mehr, mitgeführt hätte, mehr aber auf keinen Fall.

Achtzehn Tage waren inzwischen bestimmt verflossen, so daß demnach noch Verpflegung für 10 Tage vorhanden gewesen wäre. Die Entfernung von Ziegenhain – wohin wir einmal das Zusammentreffen mit der Gesandtschaft des SEGESTES verlegen – bis nach Obermarsberg beträgt rund 100 km. Eine Straße war vorhanden. Das wären 5 1/2 Tagesmärsche gewesen, hin und zurück, mit zwei Tagen Aufenthalt in Obermarsberg, 13 Tagesmärsche. Drei Tage Verpflegung fehlten demnach. Wenn TACITUS richtig berichtet, so kann die Gesandtschaft des SEGESTES GERMANICUS auch etwa bei Fritzlar getroffen haben. Von dort beträgt die Entfernung knapp 70 km, was knapp vier Tagesmärschen oder 10 Tagen mit zweitägigem Aufenthalt für den Hin- und Rückmarsch entsprochen hätte. Dann aber kam noch der gesamte Rückmarsch zum Rhein von Ziegenhain, bzw. Fritzlar aus hinzu, 120 bzw. 160 km oder 7 bzw. 9 Tagesmärsche. Es fehlten also im günstigsten Fall 9 und im ungünstigsten 10 Tagessätze an Verpflegung. Kein Heer der Welt aber kann operieren, wenn ihm rund 10 Tagessätze Verpflegung fehlen, selbst dann nicht, wenn man die täglichen Rationen entsprechend herabsetzt. Was TACITUS erzählt, kann demnach nicht der Wahrheit entsprechen.

Es ist aber nicht zu leugnen, daß römische Truppen den GERMANICUS in Obermarsberg entsetzten. Wie konnte das geschehen? Darf man vermuten, daß die dazu eingesetzten Truppen die Legionen des CAECINA gewesen sind?[138] Dieser hatte den Auftrag, die Cherusker und Marser so lange zu fesseln, bis GERMANICUS die Chatten ausgeschaltet hat. Dazu marschierte CAECINA auf seinem alten Marschweg, den er vom Marserfeldzug des Vorjahres kannte, bis zu dem von ihm angelegten Lager bei Kneblinghausen. Als Versorgungsbasis diente ihm wiederum das Lager am *limes Tiberii*. Zumindest war das für ihn die einfachste Lösung, doch wäre auch ein Vorgehen auf dem Hellweg möglich gewesen. Die Entfernung von Obermarsberg bis Kneblinghausen beträgt noch keine 30 km, also knapp zwei Tagesmärsche, von Anreppen nach Obermarsberg etwa 40 km. CAECINA befand sich demnach in einer viel günstigeren Stellung, SEGESTES zu Hilfe zu kommen. Aber sein Auftrag lautete doch, die Cherusker zu fesseln, so daß sie den Chatten nicht zu Hilfe kommen konnten. Die Entfernung von Fritzlar bis zur Cheruskergrenze, die etwa an der Diemel verlief, beträgt aber rund 70 km, eine Entfernung, die in vier Tagen gut zu überwinden war. Das erscheint für ein so weiträumig angelegtes Ablenkungsmanöver zu nahe, für das im übrigen überaus starke Kräfte eingesetzt wurden. Wahrscheinlich setzte CAECINA daher seine Fesselungsangriffe weiter nördlich in Richtung auf die Externsteine an. Dadurch konnte er sicher sein, daß er die Masse der Cherusker, die sich nicht bei Arminius befand, auf sich zog, wie das ja auch geplant war. Aus diesem Grund erscheint es unwahrscheinlich, daß CAECINA den Auftrag zur Befreiung des SEGESTES erhielt.

TACITUS wird also doch recht haben, wenigstens teilweise, wenn er die Befreiung des SEGESTES dem GERMANICUS als Verdienst anrechnet. Doch muß das Unternehmen zwangsläufig anders als geschildert verlaufen sein.

Als GERMANICUS den Bericht der Gesandtschaft hörte, wußte er, daß sich Arminius bei den Kräften befand, die die Eresburg eingeschlossen hatten. Er wußte aber auch, daß es sich dabei nur um schwache Kräfte handeln konnte, da CAECINA die Masse der Cherusker auf sich gezogen hatte. So konnte er es wagen, ebenfalls mit nur schwachen Kräften kehrtzumachen, um SEGESTES zu befreien und vielleicht seinen Hauptgegner Arminius zu fangen.[139] Als Adoptivsohn des Kaisers standen GERMANICUS zwei Prätorianerkohorten zu, die auch für das Jahr 16 n. Chr. ausdrücklich belegt sind, sie werden GERMANICUS auch schon im Jahr 15 begleitet haben. Jede dieser Kohorten bestand aus einem Tribun, 6 Centurionen, 900 Fußsoldaten, 1 Reiterführer, dreimal 33 Reitern einschließlich der Decurionen und einem Stab von 9 Mann, insgesamt aus 8 Offizieren, 108 Reitern, 900 Fußsoldaten, 331 *calones*, die auch als leichte Truppen verwendet werden konnten, und mindestens 232 Reit- und Tragtieren. Zwei

Kohorten dieser Art zählten also 2 674 Mann und 464 Pferde, falls bei dieser Truppe nicht auch die Fußkämpfer auf dem Marsch beritten waren. Verpflegung für diese relativ geringen Kräfte ließ sich für die kurze Zeitspanne ohne weiteres vom allgemeinen Verpflegungssatz der rund 51 000 Mann des Heeres abzweigen. Andererseits reichten diese Kräfte aber aus, um SEGESTES zu entsetzen und die schwachen Kräfte des Arminius zu verjagen, besonders wenn SEGESTES beim Heranrücken des GERMANICUS einen Ausfall unternahm. So muß sich jene Befreiung des abtrünnigen Cheruskers wohl abgespielt haben. Die Masse des oberrheinischen Heeres marschierte dagegen weiter zurück an den Rhein. Nach kurzem Kampf waren die Verwandten und Anhänger des SEGESTES frei. Unter ihnen befand sich neben anderen vornehmen Frauen auch die unglückliche THUSNELDA, die Tochter des SEGESTES und Arminius Frau, die »mehr des Gatten als ihres Vaters Geist« zeigte: »Ohne sich durch Tränen zu erniedrigen, ohne auch nur ein Wort der Bitte vorzubringen, stand sie da, die Hände unter der Brust zusammengepreßt, niederblickend auf ihren gesegneten Leib«;[140] ein wahrhaft würdiges und stolzes Bild! Die Befreiten brachten auch Beutestücke, die ihnen nach der Varusschlacht zugefallen waren.

Zugleich mit ihnen erschien SEGESTES vor GERMANICUS, ein Mann von »gewaltiger Erscheinung«.[141] Er rechtfertigte sich mit würdigen Worten für seinen Abfall von Rom während des Aufstands gegen VARUS und betonte, er wolle die alte Freundschaft mit den Römern erneuern, keinesfalls aber um Lohnes willen, sondern allein, um sich von dem Vorwurf der Treuelosigkeit zu reinigen und »um dem Volk der Germanen ein Vermittler zu sein, falls es Reue dem Verderben vorziehe«. Für seinen Sohn SEGIMUND bat er um Nachsicht. Aber er bekannte, daß seine Tochter nur der Zwang hergeführt habe. »Du magst«, so sprach er zu GERMANICUS, »mit dir zu Rate gehen, was dir mehr gilt: daß sie von Arminius schwanger oder daß sie von mir gezeugt ist«. GERMANICUS sandte alle auf das linke Rheinufer, wo sie in seinem Sinn keinen Schaden mehr anrichten konnten. So ganz hat er ihnen also nicht getraut. Nur THUSNELDA schickte er nach Italien, wo sie am 26. Mai 17 n. Chr. am Triumphzug des GERMANICUS teilnahm, nachdem sie ihren Sohn THUMELICUS geboren hatte. STRABON (63 v. Chr.–28 n. Chr.) berichtet davon.[142] »Alle aber haben dafür [für die Niederlage des Varus] büßen müssen und dem jüngeren Germanicus die Möglichkeit zum herrlichsten Triumphzug geboten, in dem die vornehmsten Männer und Frauen in Person einhergeführt wurden: Segimund, der Sohn des Segestes, ein Fürst der Cherusker, und seine Schwester, die Gattin des Arminius, der den Krieg der Cherusker gegen Quinctilius Varus geleitet hatte und noch jetzt den Kampf fortsetzt, namens Thusnelda mit ihrem kleinen Sohn Thumelicus. Ferner Sesithankus, der Sohn des Cheruskerfürsten Segimer, und dessen Gattin Ramis, die Tochter des Ukromerus, eines Fürsten der Chatten, und Deudorix, der Sohn von Melons Bruder Baitorix, ein Sugambrer. Segestes aber, der Schwiegervater des Arminius, war von Anfang an wegen seines anderen Standpunktes im Zwiespalt mit diesem und, wie sich die Gelegenheit bot, ging er zu den Römern über und wohnte dem Triumphzug über seine nächsten Angehörigen bei, während er selbst in Ehren mit einherzog. Im Triumph wurde auch Libes, der Priester der Chatten, mitgeführt und andere Personen aus den unterworfenen Völkern.« THUMELICUS, der Sohn der THUSNELDA und des Arminius, wurde in Ravenna erzogen. Nach den Worten des TACITUS hat das Schicksal »bitteren Spott mit ihm getrieben«.[143] Wahrscheinlich wurde er an der dortigen berühmten Schule zum Gladiator erzogen, um später im Sand der Arena zu verbluten. TACITUS wollte darüber berichten; aber dieser Bericht ist entweder verlorengegangen oder doch nicht verfaßt worden.

Das furchtbare Bild des Vaters, der auf der Ehrentribüne seine beiden Kinder mit seinem Enkel in Fesseln daherziehen sieht, wirft plötzlich ein Licht auf den Charakter des SEGESTES, und man traut ihm durchaus aus niedrigen und unehrenhaftesten Beweggründen den Verrat an seinem Stamm, seiner Religion und seiner Familie zu. Das ist durchaus möglich, vor allem wenn man bedenkt, daß auch sein Sohn SEGIMUND sich unter den Gefangenen befand, für den er vorher um Milde gebeten hatte. Sie wurde ihm ja auch versprochen, doch GERMANICUS brach dieses Versprechen. Anders dagegen liegen die Verhältnisse bei THUSNELDA. Sie hatte durch die Einwilligung in den Brautraub durch Arminius die heiligen Sippengesetze gebrochen und das Verwandtschaftsverhältnis aufgehoben. Nach germanischem Recht war sie schuldig. Und dennoch bleibt der Eindruck entsetzlich. Das war Rache mit so furchtbarer Konsequenz, wie wir sie auch aus den vielen Einzelliedern des Nibelungenzyklus und aus dem Nibelungenlied selbst kennen, worin Kriemhild, die nordische Gudrun, zur Rächenden an ihrer eigenen Sippe wird. Sollte in der Sage die Rache des Vaters auf die Tochter übertragen worden sein?

Doch zurück zu GERMANICUS. Er marschierte nach der Befreiung des SEGESTES ebenso an den Rhein zurück wie die Masse der oberrheinischen Legionen, die er nach Mainz vorausgeschickt hatte. CAECINA kehrte von der Cheruskergrenze aus mit den niederrheinischen Legionen nach Xanten zurück. Sofort danach wurden die Vorbereitungen für den kommenden Sommerfeldzug fortgesetzt, die GERMANICUS schon vor dem Zug gegen die Chatten begonnen hatte.

Arminius aber, der der Gefangennahme seiner Frau und seines ungeborenen Kindes mit ohnmächtiger Wut hatte zusehen müssen, rief im ganzen Land, bei den Cheruskern beginnend, zum Kampf gegen SEGESTES und GERMANICUS auf.

Neigte bisher noch ein Teil der Cherusker und verbündeten Stämme dem Frieden zu, so wurden sie jetzt zum Endkampf aufgerüttelt. TACITUS gibt die Worte des Arminius wieder, die nach römischem Verständnis die Kriegsgründe angeben:

»Ein herrlicher Vater [Segestes]! Ein herrlicher Imperator [Germanicus]! Herrliche Truppen! Mit so vielen Armen hätten sie ein schwaches Weib hinweggeführt! Ihm [dem Arminius] seien drei Legionen und ebenso viele Legaten erlegen [Varus mit seinen Truppen]; denn nicht mit Verräterei [durch Segestes], nicht gegen schwangere Frauen pflege er [Arminius] Krieg zu führen, sondern offen und gegen Bewaffnete. Bis auf den heutigen Tag könne man in den Hainen Germaniens die römischen Feldzeichen sehen, die er den Heimatgöttern geweiht habe. Möge nur Segestes das linke Rheinufer bewohnen, möge er auch seinem Sohn [Segimund] das Priestertum der Menschen wieder verschaffen! Echte Germanen würden es nie ganz verzeihen, daß sie zwischen Elbe und Rhein die Rutenbündel mit den Beilen und die Toga gesehen hätten. Andere Völker hätten von Hinrichtungen und Steuern nichts gehört, weil sie noch keine Bekanntschaft mit dem Römerreich gemacht hätten. Sie selbst hätten sich von solcher Schmach befreit: unverrichteter Sache sei wieder umgekehrt der unter die Götter aufgenommene Augustus, ebenso der [vom Senat zum Herrscher] erkorene Tiberius. Darum sollten sie doch vor einem unerfahrenen jungen Mann [Germanicus], vor einem meuternden Heer keine Angst haben! Wenn ihnen ihr Vaterland, ihre Ahnen und die alten Zustände lieber seien als Zwingherren und neue Ansiedlungen, dann sollten sie lieber dem Arminius zu Ruhm und Freiheit folgen als dem Segestes zu schimpflicher Knechtschaft!« – »egregium patrem, magnum imperatorem, fortem exercitum, quorum tot manus unam mulierculam avexerint. sibi tres legiones, totidem legatos procubuisse; non enim se proditione neque adversus feminas gravidas, sed palam adversus armatos bellum tractare. cerni adhuc Germanorum in lucis signa Romana, quae dis patriis suspenderit. coleret Segestes victam ripam, redderet filio sacerdotium hominum: Germanos numquam satis excusaturos, quod inter Albim et Rhenum virgas et secures et togam viderint. aliis gentibus ignorantia imperi Romani inexperta esse supplicia, nescia tributa: quae quoniam exuerint inritusque discesserit ille inter numina dicatus Augustus, ille delectus Tiberius, ne inperitum adulescentulum, ne seditiosum exercitum pavescerent. si patriam parentes antiqua mallent quam dominos et colonias novas, Arminium potius gloriae ac libertatis quam Segestem flagitiosae servitutis ducem sequerentur.«[144]

Diese Rede des Arminius, die TACITUS vermutlich nach dem Hörensagen zusammengestellt oder erfunden hat, atmet zwar in der Hauptsache römischen

Geist, läßt aber doch einiges erkennen, das sich der Römer nicht aus den Fingern gesogen haben kann. Neben Spott und Hohn, mit dem er SEGESTES – dessen Anhängerschaft demnach nicht klein gewesen sein kann – und die Römer übergießt, insbesondere GERMANICUS, den er einen *inperitum adulescentulum*, einen »unerfahrenen, unbedeutenden Jüngling«, nennt, geißelt er zwei Dinge ganz besonders, die religiösen Verhältnisse unter den Römern und die rechtlichen, zu denen auch das Steuerwesen gehört. TACITUS hat wohl nicht ganz verstanden, daß nach germanischer Auffassung diese Dinge untrennbar sind. Daher erhält der von ihm wiedergegebene Inhalt der Rede für den modernen Leser einen Anstrich, der ihm nicht zukommt.

Völlig unvereinbar mit der germanischen Auffassung war das »Priestertum der Menschen«, wie es von den Römern an der *Ara Ubiorum* in Köln gepflegt wurde, um die Germanen in religiöser Beziehung an Rom zu fesseln. Rom und AUGUSTUS konnten niemals an die Seite der germanischen Götter treten, mit denen die Germanen an ihren heiligen Orten noch lebendigen Umgang pflegten. Niemand wußte das besser als der in die Wotansmysterien eingeweihte Siegfried-Arminius, dem der Schutz des Zentralheiligtums an den Externsteinen anvertraut war. Dort hatte er noch vor sechs Jahren die römischen Feldzeichen, die Legaten, Tribunen und Centurionen in einem Akt der Einweihung den Heimatgöttern geweiht. »... von derselben Vorstellung von Einweihung ausgehend, werden Männer den Göttern geblotet [geweiht und geopfert] und getötet. Kriegsgefangene, das heißt Inkarnationen einer Hamingja, die erobert worden war oder erobert werden sollte, werden den Göttern geschenkt als Gewähr dafür, daß der Feind in seinem innersten Heil gebrochen wird und daß ihm Hand und Fuß vom Willen der Eroberer gebunden werden. Die Beute wird den Göttern geweiht. Wir wissen von Tacitus, wie Arminius die Legionen des Varus vernichtete, nicht nur auf dem Schlachtfelde, sondern auch später am heiligen Ort, indem er die Gefangenen erhängte, die römischen Adler und Waffen den Göttern weihte und sie im heiligen Hain aufhängte. In diesem Fall vereinigt die Weihung nach unseren Begriffen zweierlei: heilig machen und abscheulich machen. Aber für die Erfahrung der Alten bedeutete diese Art von Verfluchen und In-den-Bann-Tun wirklich Einweihung, bei welcher die Kriegsbeute außer Gebrauch gesetzt und den Göttern übergeben wurde, damit die Hamingja, die sie enthielt, von ihrer Macht aufgesogen werden möchte.«[145] Die Macht, solche Verbindungen mit den Göttern herzustellen, konnte niemals von einem Menschen ausgehen, auch nicht von einem römischen Imperator und Kaiser. Deshalb war das dem SEGIMUND angetragene Priestertum ein Priestertum der Menschen, nicht der Götter. Es war wertlos, verächtlich und verräterisch.

»In besonderen Fällen von Vergehen, wenn die Kränkung das Gemeinwesen in außergewöhnliche Gefahr brachte, wurde der Übeltäter getötet, damit die Quelle der Schwäche vollständig beseitigt und die Gefahr der Ansteckung überwunden werden möchte. Aber die Tötung eines Mannes, der zu einer Friedensgemeinschaft gehörte, war, auch wenn er sorgfältig vom Stamm getrennt wurde und alle Bande zerschnitten wurden, die ihn mit seinen Verwandten und mit dem Gesetz verbanden, immer eine Sache, die vorsichtige Handhabung erforderte. Um alle unglücklichen Folgen abzuwehren, mußte die Exekution durch einstimmigen Beschluß und in einem Zustande der Heiligkeit ausgeführt werden: der Verbrecher wurde in Wahrheit von den Göttern getötet.«[146] Keine dieser Voraussetzungen traf für die von den Römern in Germanien geübte Rechtsprechung zu. In den Augen der Germanen war die römische Justiz ein Verbrechen gegen die Götter und ihre Gesetze. Sie brachte nicht nur – wie wir es heute auffassen würden – Schande über den so Behandelten, sondern sie gefährdete Leben und Heil der betroffenen Sippe und des gesamten Gemeinwesens. TACITUS bestätigt das, wenn er sagt: »Im übrigen ist es ihnen [den Führern im Kriege] nicht erlaubt, jemanden hinrichten, in Fesseln legen oder auspeitschen zu lassen; dieses Recht steht nur den Priestern zu. Aber auch die Priester tun das nicht, um von sich aus oder auf Befehl des Heerführers eine Strafe zu vollziehen, sondern sozusagen auf Geheiß des Gottes...«[147]

Ähnliches gilt für das römische Staatswesen, das Arminius in seiner Rede geißelt. TACITUS sagt über den bei den Germanen geübten Brauch: »Es ist Landessitte, daß jeder einzelne für sich als freiwillige Leistung dem Fürsten von seinem Vieh oder Ernteertrag etwas abgibt. Eine solche Zuwendung wird als Ehrengabe angenommen, erleichtert aber zugleich auch die Bestreitung der notwendigen Ausgaben.«[148] Die Steuer ist also eine Ehrengabe, durch die ein besonderes Verhältnis zu dem geschaffen wird, der sie empfängt. Daher kann sie auch nur freiwillig erfolgen. Jede trägt einen Teil der Hamingja, des Heils und der Lebenskraft des Schenkenden in sich. Die Hamingja des Stammes sammelt sich dadurch in dem Fürsten, verstärkt dessen eigene und verpflichtet ihn, ebenfalls durch Gaben, wie etwa beim Gefolgsherrn oder beim Fürsten durch große Taten, den Stamm an der Hamingja des Mächtigen teilhaben zu lassen. Auch das Steuerwesen war also religiös begründet. Das Einziehen von Steuern durch die Römer konnte daher von den Germanen nur als Willkürhandlung und schwerer Verstoß gegen die menschliche und göttliche Ordnung angesehen werden. Wenn all das in Betracht gezogen wird, so verrät die von TACITUS wiedergegebene Rede des Arminius doch sehr viel über die wahren Kriegsgründe der Germanen und über die Entschlossenheit und Verbitterung, mit der sie diesen Krieg zu führen gedachten. Andernfalls wäre es Arminius unmöglich gewesen, die zersplitterten und untereinander verfeindeten Stämme zu einen. Darüber hinaus gab es jedoch einen weiteren Punkt, den TACITUS nicht erwähnt, weil er wieder einmal für die zeitgenössischen Römer selbstverständlich war: Der römische Stoß zielte auf die Vernichtung des Zentralheiligtums an den Externsteinen. Dies zu verhindern, schlossen sich die Stämme in ihrem Abwehrkampf zusammen. Die Teilnahme germanischer Stämme auf römischer Seite spricht nur teilweise dagegen. In keinem einzigen Fall kämpften germanische Hilfstruppen an den Externsteinen selbst gegen Arminius. Das wird der kommende Feldzug ganz deutlich zeigen.

Die Rede des Arminius wirkte so gewaltig, daß nicht nur die Cherusker, sondern auch alle benachbarten Stämme sich zum Krieg entschlossen. Auch die mächtigen Ing-Sippen der Cherusker nahmen unter Führung des Oheims des Arminius, INGUIOMER, teil. Dieser stand, wie ausdrücklich gesagt wird, bei den Römern in hohem Ansehen. Im Grunde traf das seit langem für alle Ingwaeonen zu, deren Nordseestämme den Römern Hilfstruppen stellten. TACITUS bezeugt es, indem er die Friedfertigkeit dieser Stämme den Römern gegenüber betont.[149] Im übrigen spiegeln die Kämpfe der Ingwaeonen gegen die Cherusker und Istwaeonen den Streit Siegfrieds und der Burgunder mit den Sachsen und Dänen im Nibelungenlied wider.

GERMANICUS beabsichtigte, seinen Angriff im Sommer des Jahres 15 n. Chr. so zu führen, daß die Germanen zur Aufsplitterung ihrer Kräfte veranlaßt werden sollten. Immerhin mußte er damit rechnen, daß die vereinten Cherusker, Marser, Brukterer, Chatten, Angrivarier und andere Stämme etwa 80 000 bis 90 000 Mann aufstellen konnten. GERMANICUS konnte seine Absicht nur dadurch verwirklichen, daß er die Germanen über seine Stoßrichtung im unklaren ließ, sein Heer überraschend versammelte und im energischen Vorgehen wenigstens einen Teil der germanischen Streitkräfte ausschaltete. Sein Plan, der gleich geschildert werden wird, entsprach dem voll und ganz und führte tatsächlich dazu, daß die Brukterer, Marser und Chatten zunächst ihre Kräfte zum Schutz des eigenen Gebiets zurückhielten, bis sie Klarheit über die feindliche Absicht erlangt hatten. Für die erste Phase des Feldzugs brauchte GERMANICUS lediglich mit einer feindlichen Stärke von höchstens 30 000 Mann zu rechnen. Aber seine Rüstungen und Vorbereitungen zeigen, daß seine Pläne über einen Sieg über Teilkräfte und Einzelstämme hinausgingen. Er ließ zunächst den Feind über Beginn und Stoßrichtung seines Angriffs im unklaren, hinderte dadurch die nicht angegriffenen Stämme am Eingreifen und führte seinen Angriff überraschend schnell, tief und auf breiter Front. Dazu ließ er seine Truppen getrennt marschieren und nutzte in hohem Maße den Wassertransport aus, besonders für die Versorgung.

CAECINA erhielt mit 40 Kohorten, den vier niederrheinischen Legionen, den Auftrag, »durch das Gebiet der Brukterer bis an die Ems« zu marschieren. Im Raum Rheine muß der Versammlungsraum des ganzen Heeres gelegen haben. Für den Marsch benutzte CAECINA die Straße Xanten, Holsterhausen, Haltern – bis hierher gab es die feste Römerstraße und die Etappenkastelle –, Rorup, Billerbeck, Burgsteinfurt, Rheine, eine Entfernung von etwa 125 km, die in 7 Tagesmärschen überwunden werden konnte. Die Reiterei marschierte unter Führung des Präfekten PEDO auf einer nicht genannten Straße durch das Gebiet der Friesen an den Unterlauf der Ems und nach Rheine. Bei den Chauken und bestimmt auch bei den Friesen und Batavern forderte PEDO Hilfstruppen an, die er ebenfalls zum Sammelpunkt nach Rheine befahl. Für sie dürfte die Marschstrecke etwa 300 km oder rund acht Tage mit kurzem Aufenthalt bei den Friesen zum Erlaß des Aufrufs gewesen sein. Also mußte deren Reiterei mindestens einen Tag früher als CAECINA abmarschieren.

GERMANICUS ließ die vier oberrheinischen Legionen auf Schiffe der Rheinflotte verladen und führte sie von Köln, wo die Rheinflotte stationiert war, den Rhein abwärts durch den Drususkanal, den Flevosee, an der Nordseeküste entlang durch den Dollart in die Ems bis zum Versammlungsraum Rheine. Der gesamte Armeetroß war ebenso auf Schiffe dieser Flotte verladen. Die Marschentfernung betrug ungefähr 600 km oder etwa 3 1/2 Tage, da Schiffe zur damaligen Zeit mindestens 7,5 km in der Stunde zurücklegten.[150] Die Flotte konnte demnach zuletzt aufbrechen, was der Verschleierung besonders dienlich war. Insgesamt dürfte sie etwas mehr als 800 Schiffe mit einer jeweiligen Nutzlast von etwa 60 t umfaßt haben. Solche Schiffe entsprachen ungefähr denjenigen, die CAESAR für seine Überfahrt nach England benutzt hatte. Wir dürfen sie auch für GERMANICUS zugrundelegen, obwohl TACITUS keine Angaben darüber macht.

Der römische Feldherr verschleierte sein Unternehmen durch getrenntes Marschieren in drei Kolonnen, die zu unterschiedlichen Zeiten aufbrachen: zuerst PEDO mit der Reiterei, dann CAECINA und drei Tage später GERMANICUS mit der Flotte. Der Versammlungsraum Rheine bot den Vorteil, daß von dort aus gute Straßen sowohl nach Minden als auch nach Münster und von dort entweder nach Paderborn oder nach Beckum, Lippstadt sowie nach Burgsteinfeld, Billerbeck, Haltern führten. Sowohl die Cherusker als auch die Brukterer und Marser mußten sich, wenn sie den Versammlungsraum Rheine erkannt hatten, bedroht fühlen. Auch die Stärke des römischen Heeres konnte erst nach dessen Versammlung im Raum Rheine erkannt werden. Für GERMANICUS hatte dieser Raum noch den zusätzlichen Vorteil, daß er für das geplante Unternehmen gegen die Brukterer, aber auch für ein späteres Vorgehen gegen die Che-

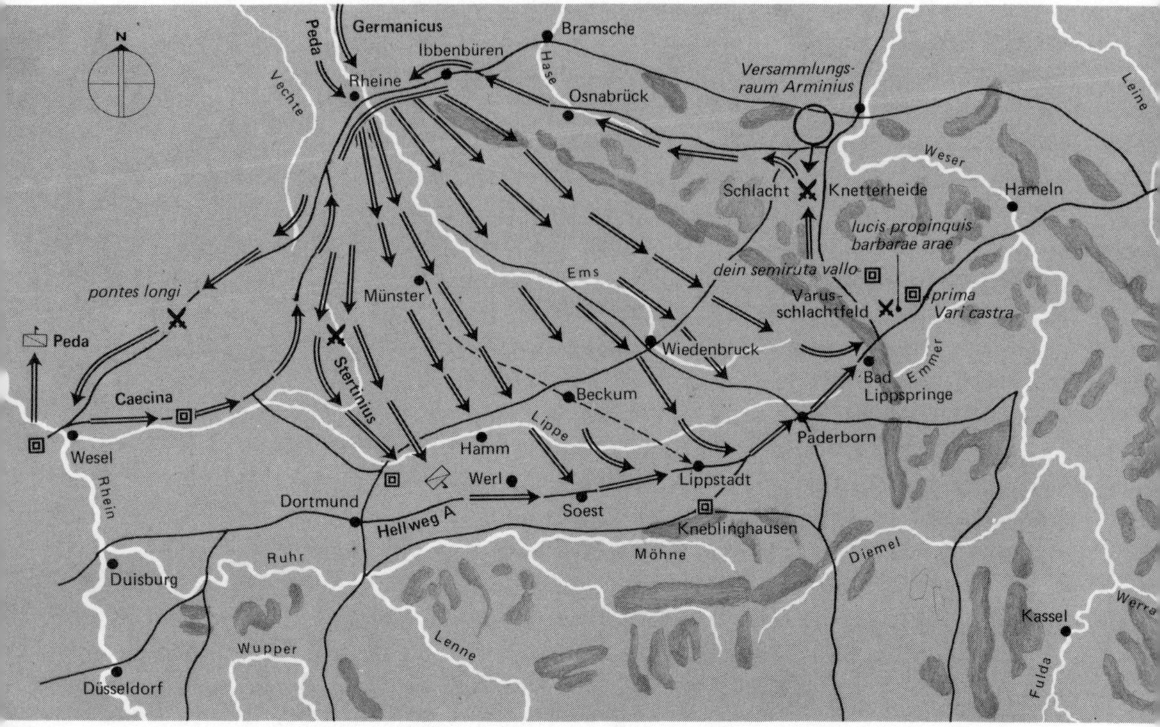

Karte 12 Brukterer-Feldzug des Germanicus im Jahr 15 n. Chr.

rusker seine Versorgungsgüter auf der Ems bis nach Greven nachführen konnte; dort endete die Schiffbarkeit der Ems.[151] Insgesamt gesehen nutzte Germanicus die Erfahrungen der vorhergehenden Feldzüge aus und erzielte bei seinem Heer eine Beweglichkeit, die es vorher nie besessen hatte.

Es erhebt sich nun die Frage, wie stark dieses Heer gewesen ist, nachdem es sich im Raum Rheine versammelt hatte. Schließen wir zunächst den großen Armeetroß aus, dann ergibt sich für acht Legionen mit ihrem Gefechtstroß und den 480 Geschützen eine Stärke von 58 400 Mann, 11 200 Pferden und 960 Fahrzeugen. Über die Stärke der Reiterei und der Hilfstruppen schweigt sich Tacitus aus. Nehmen wir aber die üblichen 26 Kohorten, so kommen wir bereits auf 72 700 Mann. Die batavischen, friesischen und chaukischen Hilfstruppen, die nach ihrem etwas späteren Eintreffen in Rheine die Reiter unter Pedo verstärkten, müssen ebenfalls aus Reiterei bestanden haben. Fußtruppen hätten ihrer Langsamkeit wegen das Antreten des Heeres zu sehr verzögert, und das Überraschungsmoment wäre verlorengegangen. Nach Clausewitz kamen im 18. Jahrhundert auf 100 000 Mann etwa 48 000 Pferde.[152] Das Verhältnis zwischen Infanterie und Kavallerie wird also nach Abzug der Zugpferde im Durchschnitt 1 : 3 gewesen sein. Zwar war die römische Reiterei nie so stark, doch dürfte das Verhältnis kaum unter 1 : 4 gesunken sein. Bei rund 72 700 Mann zu Fuß müßten es ungefähr 18 000 Reiter insgesamt gewesen sein. Den Kern der Reiterei bildeten vermutlich wieder die acht Alen, die Germanicus immer begleitet haben, in der Stärke von 8 640 Mann und 4 592 Pferden einschließlich des Gefechtstrosses, wovon 4 048 reine Kampftruppen waren. Ungefähr 10 000 Reiter würden dann auf die germanischen Hilfstruppen aus drei Stämmen entfallen. Das Gesamtheer umfaßte demnach mit dem Gefechtstroß 72 700 Mann Fußtruppen, 18 600 Reiter und ungefähr 960 Wagen oder insgesamt rund 91 300 Mann. Germanicus war damit auch den vereinigten germanischen Stämmen unter Arminius überlegen. Die Brukterer allein konnte er mit dieser Zahl erdrücken.

Neben der Notwendigkeit, das römische Heer in drei Kolonnen zu teilen und den Wassertransport auszunutzen, gab es vor allem für den Wassertransport noch andere zwingende Gründe. Für den geplanten Feldzug waren etwa 6 Wochen anzusetzen. Die Verpflegungsmenge, die im großen Troß abzüglich der drei Tage beim Mann und 14 Tage im Gefechtstroß für die restlichen 25 Tage mitgeführt werden mußte, betrug mindestens 7 500 000 kg Weizen- oder Gerstenkörner, 57 000 kg Salz und 1 600 000 kg Pferdegerste, wenn man bei letzterer einrechnet, daß um diese Jahreszeit etwa die Hälfte aus Frischfutter bestehen konnte. Das sind insgesamt 9 157 t Verpflegung, für die etwa 18 300 Wagen benötigt wurden, außerdem führte das Heer Vieh mit, wie sich aus Tacitus ergibt.[153] Bei dreimaliger Fleischausgabe pro Woche waren das rund 10 260 Stück Vieh. Die Marschlänge des Gesamtheeres im reinen Verlegungsmarsch auf einer Straße hätte dann rund 74 km ergeben. Durch den Wassertransport aber konnte sich das Heer im Raum Rheine rasch versammeln und den ersten Auftrag gegen die Brukterer im Versammlungsraum ausführen. Der große Troß wurde später unter Ausnutzung der Ems nach Greven und dann etappenweise nach Bedürfnis in Versorgungspaketen nachgezogen.

Es richtete sich, wie gesagt, der erste Angriff des Germanicus gegen die Brukterer, die durch die Schnelligkeit des römischen Vorgehens keine Zeit fanden, ihre Truppen zusammenzuziehen, und nur geringen Widerstand leisteten. Germanicus konnte es sich daher erlauben, das Gebiet der Brukterer durchzukämmen und dabei zu verwüsten. Dazu ging er wieder auf die Weise vor, die er schon im Vorjahr gegen die Marser erprobt hatte: Er stellte sein Heer im Verlauf der Straße Burgsteinfurt, Rheine, Ibbenbüren bereit (Karte 12),[154] wo er einen Streifen von 43 km Breite besetzen konnte. In südostwärtiger Richtung auf breiter Front vorstoßend, gewann er brennend und mordend den Hellweg etwa vom heutigen Werl bis Paderborn auf einer Breite von rund 60 km. Das ganze Brukterergebiet wurde damit erfaßt. Jede der 80 Kohorten der Legionen erhielt dabei einen Gefechtsstreifen von etwa 750 m Breite. Wie üblich verstärkten auch diesmal Kohorten der Hilfstruppen diejenigen der Legionen, dazu kamen Reiter für Sicherungs-, Aufklärungs- und Verbindungsaufgaben. Nach Erreichen des Hellweges sammelte sich das Heer Richtung Paderborn und zog dort oder beim heutigen Bad Lippspringe vorläufig unter, während der Armeetroß nach Greven vorrückte und ein Versorgungslager errichtete. Das ganze Unternehmen kann nicht viel länger als 7 Tage gedauert haben, wenn man berücksichtigt, daß immer wieder Zwischenziele befohlen wurden, an denen die Truppe sich sammelte, verpflegte und während der Nacht ruhte. Zurückhängende Teile konnten dort aufholen. Zum Sammeln im neuen, oben erwähnten Versammlungsraum müssen drei weitere Tage angesetzt werden, so daß das Heer immer noch über zehn Tage Verpflegung beim Gefechtstroß und beim Mann verfügte. In den neuen Versammlungsraum ist dann mit Sicherheit so viel Verpflegung nachgeführt worden, daß der 17-Tagesatz wieder aufgefüllt werden konnte. Im Gegensatz zu früheren Unternehmungen, besonders gegen die Chatten, war diesmal die Verpflegungslage gesichert und erlaubte dem römischen Feldherrn, frei zu operieren. Das sollte sich für die Römer günstig auswirken.

Dieser Bruktererfeldzug wäre bis hierher im Rahmen der gestellten Aufgabe kaum erwähnenswert, wenn vor dem Antreten des gesamten römischen Heeres zum Verwüsten und Durchkämmen des Landes nicht ein besonderes Ereignis eingetreten wäre. Bisher zielte jeder Stoß des Germanicus auf ein Heiligtum des feindlichen Stammes, um dessen Lebenskraft und Widerstandswillen zu brechen. Dieses Heiligtum war das eigentliche Angriffsziel, das die römischen Schriftsteller nur deshalb ganz beiläufig erwähnen, weil sich ein solches Ziel von selbst verstand. War das auch bei den Brukterern der Fall? Tacitus berichtet tatsächlich darüber.[155] Die überraschten Brukterer begannen sofort, als sie sich darüber klar waren, daß der Angriff der Römer ihnen galt, ihr Land nach der Taktik der »verbrannten Erde« so zu verheeren, daß die Römer keine Nahrungsmittel, dafür aber um so mehr Hindernisse vorfanden. Soweit es ihnen in der Kürze der Zeit möglich war, sammelten sie sich zum Widerstand oder flohen zu den Cheruskern, die unter Führung des Arminius ebenfalls ihr Heer zusammenzogen.

Germanicus aber schickte der Masse seines Heeres Lucius Stertinius mit einer Abteilung Leichtbewaffneter voraus, die sich wohl aus Galliern zusammengesetzt haben dürfte. Tacitus berichtet nun, daß sie »während des Mordens und Plünderns den Adler der XIX. Legion« wiederfanden, der in der Varusschlacht verlorengegangen war.[156] Damit verrät er das eigentliche Ziel dieses Vorausangriffs. Es war die Wegnahme und Zerstörung des Stammesheiligtums der Brukterer, denn nirgendwo anders konnte sich der im Jahr 9 eroberte Adler der vernichteten römischen Legion befinden. Auch der Widerstand der Brukterer, von dem als einzigem hier berichtet wird, deutet auf diese Tatsache hin. TACITUS sagt zwar, STERTINIUS habe »die Brukterer geschlagen«,[157] aber nach Lage der Dinge kann es sich nur um sehr schwache Kräfte gehandelt haben, denen es gelungen war, in so kurzer Zeit kampfbereit zu sein. Es war nur natürlich, daß sie wenigstens den Versuch machten, ihr Heiligtum vor dem Zugriff der Römer zu retten. Angesichts der Schnelligkeit des römischen Zupackens mißlang das aber.

Wie verhielt sich nun Arminius während dieser ganzen Zeit? Die Versammlung der Römer im Raum Rheine konnte ihm nicht verborgen bleiben. Aber wie die Führer der Brukterer, Marser und Chatten konnte auch er nicht wissen, wem der Angriff galt. Aufklärung darüber konnten nur seine am Feind liegenden Spähtrupps bringen. Von Rheine aus konnten die Römer entweder entlang der Straße Rheine, Osnabrück, Minden – etwa 125 km oder 7 Marschtage – oder auf der Straße Rheine, Münster, Wiedenbrück, Paderborn – etwa 130 km oder 7 Tage –, bzw. Rheine, Münster, Beckum, Bad Lippstadt – etwa 100 km oder 6 Tage – vorgehen (Karte 13). Bei letzterer, der sogenannten Friesenstraße, wären aber noch zwei Marschtage für die Entfernung Lippstadt–Paderborn hinzugekommen. Arminius mußte daran gelegen sein, das Zentralheiligtum der Externsteine vor dem römischen Zugriff zu schützen. Wenn er sein Heer bei den Externsteinen versammelte, konnte er bei einem römischen Vormarsch auf der Straße nach Minden diesen Ort innerhalb von drei bis vier Tagen nach Eingang der Meldung erreichen, was ungefähr zwei Tage dauern konnte. Er war dann immer noch einen Tag früher zur Stelle als die Römer. Gingen diese aber auf einer der beiden anderen Straßen vor, so hatte er noch mehr Zeit zur Verfügung. Deshalb dürfte er dort sein Heer versammelt haben. Im übrigen stimmt das mit der Aussage des TACITUS überein, der sagt, daß GERMANICUS nach dem Besuch des Schlachtfeldes der Varusschlacht dem Arminius nachgezogen sei.[158]

Die entscheidende Frage für die Verteidigung der Externsteine aber war, wie stark das Heer des Arminius in dem Augenblick sein konnte, in dem GERMANICUS den Raum Paderborn oder Bad Lippspringe erreicht hatte. Sieben Tage haben wir für das Unternehmen gegen die Brukterer berechnet. Wohl zwei Tage kamen noch hinzu, wenn man die erste Meldung vom Auftauchen römischer Truppen im Raum Rheine hinzurechnet. Der Marsch des CAECINA nach

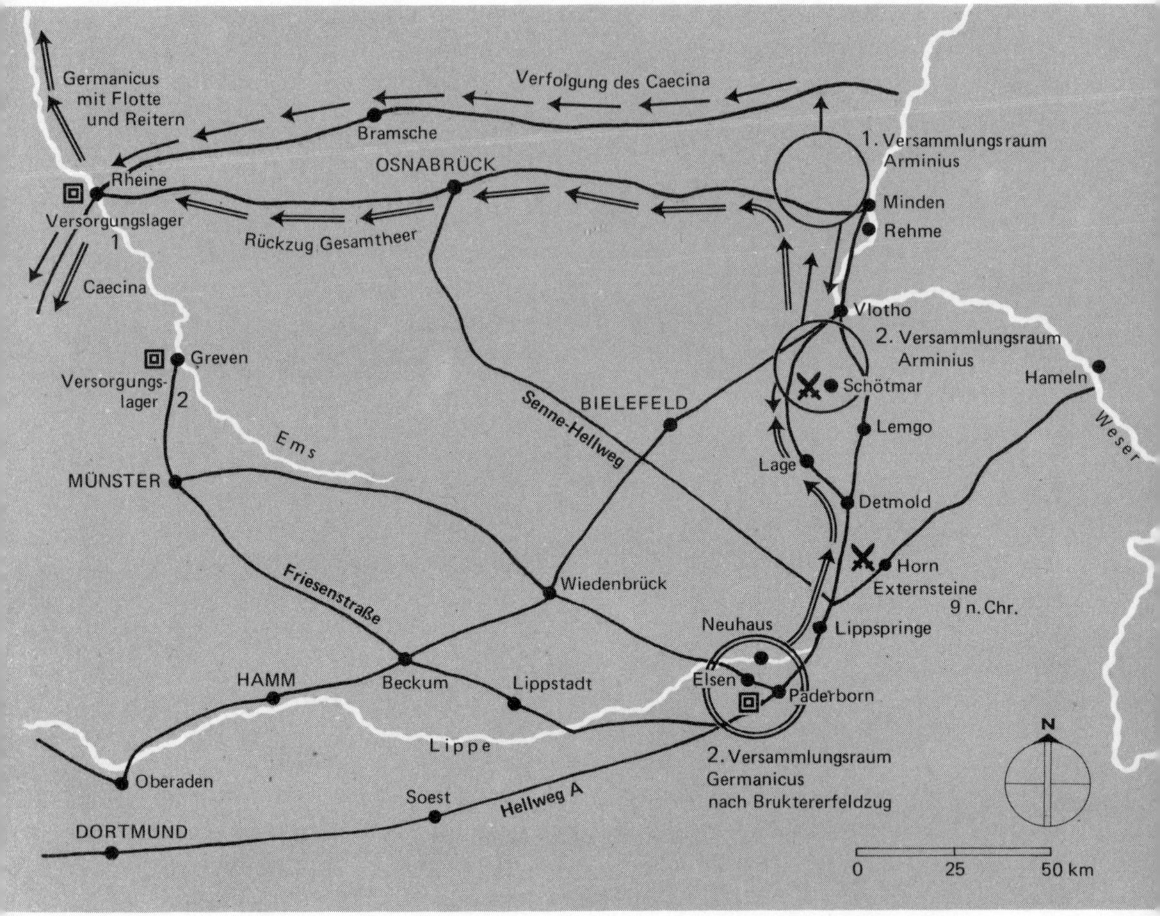

Karte 13 Aufmarsch zur Schlacht auf der Knetterheide 15 n. Chr.

Rheine, der noch früher begonnen hatte, konnte der Marschrichtung und seiner verhältnismäßig geringen Truppenstärke wegen nur einen Voralarm auslösen. Neun Tage blieben demnach dem Arminius, um seine Truppen zu alarmieren und bei den Externsteinen zusammenzuziehen. Für die Cherusker selbst wird diese Zeit ausgereicht haben. Aber mit höchstens 15 000 Mann waren sie allein viel zu schwach, um wirksam Widerstand leisten zu können. Die nördlich der Cherusker wohnenden Angrivarier lebten in einer Entfernung von mindestens 100 km von den Externsteinen. Sie konnten daher frühestens 14 Tage nach Eingang der Meldung über die Stoßrichtung der Römer bei Arminius sein. Als

GERMANICUS im neuen Versammlungsraum eintraf, marschierten sie gerade erst aus ihrem Gebiet ab. Bis zur Chattengrenze im Süden waren es von den Externsteinen rund vier Tagesmärsche, einschließlich der Alarmierungs- und Versammlungszeit brauchte dieser Stamm demnach etwa 12 Tage, bis er eingetroffen war. Nur Teile der chattischen Streitmacht konnten schon beim Eintreffen des GERMANICUS im neuen Versammlungsraum die Armee des Arminius verstärkt haben. Die Hälfte wird wegen der auch in diesem Raum weiterhin bestehenden Bedrohung zur Sicherung des eigenen Landes zurückgeblieben sein. Damit hatte das Heer des Arminius erst etwa 25 000 Mann erreicht. Dazu kamen noch etwa 10 000 Brukterer, die zu den Cheruskern geflohen waren. Die südlich von ihnen wohnenden Marser mußten sich so lange ruhig verhalten, bis klar war, daß GERMANICUS gegen die Cherusker vorging. Mit 35 000 Mann war Arminius bei weitem zu schwach, um GERMANICUS entgegentreten zu können. Es blieb ihm daher nichts anderes übrig, als die eroberten römischen Feldzeichen und andere den Göttern geopferte oder geweihte Dinge vom Heiligtum der Externsteine zu entfernen und sich nach Norden, den Angrivariern entgegen, zurückzuziehen. Daß dies so war, bestätigt TACITUS durch seine Aussage, daß GERMANICUS dem Arminius nachzog, und dadurch, daß er nichts von eroberten Feldzeichen, insbesondere *signa, tubae* usw., an den heiligen Stätten erwähnt.[159]

GERMANICUS selbst war es, der durch seinen Besuch auf dem Feld der Varusschlacht an den Externsteinen Arminius Zeit verschaffte, sein Heer noch weiter zu verstärken. Dieser Aufenthalt auf dem Schlachtfeld, bei dem GERMANICUS wahrscheinlich mit einer starken Begleitung allein war, muß wenigstens vier bis fünf Tage gedauert haben, da er es von seinem Ausgangspunkt, dem Lager Herrentrup, aus beging, die Toten bestattete und die Reinigungszeremonie für sich selbst durchführen mußte. TIBERIUS hat GERMANICUS getadelt, weil dieser sich gerade durch die Bestattung der Gefallenen als Augur des Heeres verunreinigt hat.[160] Wieder einmal werden wir schlagartig darauf aufmerksam gemacht, daß römische Heerführer eben nicht nur Generäle waren. Es ging bei diesem Tadel auch nicht nur darum, daß GERMANICUS durch die anschließenden viertägigen Reinigungszeremonien kostbare Zeit bei der Verfolgung des Arminius vergeudete. Viel wichtiger war, daß er durch seine Verunreinigung nicht mehr die Kraft besaß, um die dem Heiligtum der Externsteine innewohnende religiöse Macht zu zerstören. Selbst den von MACROBIUS geschilderten Schadenszauber hätte er nicht mehr ausführen können.[161] Nach den vier Tagen der Reinigung aber war es dazu zu spät. Die Germanen wurden täglich zahlenmäßig stärker. Nur einen Altar des vergöttlichten DRUSUS ließ er an der Grenze errichten.

So hatte Arminius Zeit, das Eintreffen der Angrivarier und Marser abzuwarten. Die letzteren wird er auf der Straße über Wiedenbrück, Bielefeld in den Raum südlich Vlotho bei Schötmar befohlen haben. Germanische Truppen waren ihrer leichteren Fahrzeuge und ihres geringeren Nachschubbedarfs wegen, wie schon gesagt, nicht unbedingt auf die Heerstraßen angewiesen und konnten auch Wald- und Bauernwege benutzen. Der Unterschied im Nachschubbedarf zwischen Römern und Germanen wird vermutlich noch größer gewesen sein als der zwischen amerikanischen Truppen und russischen im Zweiten Weltkrieg. Insgesamt brauchten die Marser bis nach Schötmar etwa 5 Tage, während GERMANICUS durch seinen etwa fünftägigen Aufenthalt auf dem Schlachtfeld der Varusniederlage etwa acht Tage bis dorthin benötigte, da CAECINA mit seiner Vorhut nicht, wie TACITUS schreibt, Bohlenwege und Dämme anlegte, sondern Wegehilfe leisten mußte.[162] Hätte er die von TACITUS genannten technischen Arbeiten tatsächlich durchführen müssen, so wäre GERMANICUS noch nach zwei Monaten nicht im Raum Schötmar gewesen! Ganz abgesehen davon, kann eine Vorhut, die jederzeit auf Feind stoßen kann, niemals solche umfangreichen Arbeiten durchführen, das wäre widersinnig gewesen. Das Beispiel des APRONIUS im Chattenfeldzug zeigt, wie die Römer solche Aufgaben zu lösen pflegten: Sie ließen dazu Truppen zurück, ganz wie moderne Heere, schickten sie aber nicht voraus.

Mit den Angrivariern, die etwa zur gleichen Zeit wie die Marser eingetroffen sein dürften, und den Marsern verfügte Arminius bereits über 65 000 Mann. Außerdem werden die anderen istwaeonischen Stämme wie etwa die Usipeter und Tubanten, die schon im Vorjahr die Marser unterstützt hatten, nicht tatenlos zugesehen, sondern ebenfalls Truppen zu Arminius gesandt haben, so daß dessen Stärke wohl wiederum um 12 000 Mann stieg. TACITUS berichtet darüber hinaus, daß Gefolgschaften von im Frieden lebenden Stämmen oft an kriegerischen Ereignissen teilnahmen, um Ehre und Beute zu gewinnen.[163] Sicher sind solche Gefolgschaften vor allem aus dem Kultverband der Erminonen dem Arminius zugezogen, zumal es sich in diesem Krieg um den Schutz des germanischen Zentralheiligtums handelte. Insgesamt dürfte das Heer des Arminius damit etwa 80 000 Mann stark gewesen sein. Anders hätte der Cherusker die offene Feldschlacht gegen die 91 300 Mann starken Römer auch nicht wagen können. Über das Verhältnis von Fußtruppen zu Reitern bei den Germanen läßt sich nur schwer etwas sagen. Da die Usipeter seit CÄSARS Zeiten aber als Reitervolk bekannt waren,[164] dürften zumindest sie berittene Truppen in der Stärke von etwa 6 000 Mann gestellt haben, zu denen vielleicht noch weitere 4 000 kamen, so daß mit 10 000 Reitern zu rechnen ist. Die Versammlung eines so großen Heeres in einem Raum ist an sich schon ein taktisches Meisterstück, wenn man bedenkt, wie sehr es den Germanen an Disziplin fehlte. Auch bei der Wahl des Schlachtfeldes auf der Knetterheide, die im Raum Schötmar noch heute diesen Namen trägt – früher aber sicher das ganze Gelände bis zum zwischen Herford und Bad Salzuflen gelegenen Obernberg umfaßte –, hat sich Arminius als Meister erwiesen.

Es gibt keinen Grund, wenn man die obigen Zeitberechnungen in Betracht zieht, den Liedern um Siegfried-Sigurd nicht zu glauben, in denen es heißt, daß Sigurd den Drachen auf der Gnitaheide erschlug. Zu Recht wird das römische Heer mit dem Drachen verglichen, denn die Legionen führten später statt der Adler den Drachen als Feldzeichen; so ist es schon auf der Trajanssäule aus dem Jahr 114 n. Chr. zu sehen. Auch die Imagination mußte Rom als Drachen erscheinen lassen. So hat der Drachenkampf Siegfrieds neben seiner Bedeutung als Einweihungsstufe auch einen historischen Hintergrund. Außerdem sagte der isländische Abt Nicolaus von Thverá (gest. 1159) während seiner Reise von Stade über Minden und Paderborn nach Mainz, als er zur Knetterheide kam: »Das ist die Gnitaheide, wo Sigurd den Fafnir erschlug.«[165] So lebendig war im Hochmittelalter noch die Erinnerung. Der heute zumeist begangene Fehler liegt darin, daß der Drachenkampf auf der Gnitaheide mit der Varusschlacht verwechselt wird. In Wirklichkeit muß es sich aber um die einzige offene Feldschlacht gehandelt haben, die die Germanen unter Arminius gegen Germanicus schlugen. Beide, die Varusschlacht und die Schlacht auf der Knetterheide, sind dann in der Sage zusammengefallen. Wie bedeutend letztere für das Schicksal Germaniens war, wird sich gleich zeigen. Im übrigen erzählt man im Volksmund noch heute von einer Schlacht gegen die Römer in diesem Raum.

Tacitus berichtet über diese Schlacht erstaunlich wenig, ganze drei, wenn auch wie üblich sehr lange Sätze.[166] Man spürt, daß er möglichst schnell über dieses Ereignis hinweggehen möchte. Gerade dadurch und durch die Wortwahl verrät er, was sich wirklich zugetragen hat. Es ist aber klar zu erkennen, daß sich die Germanen den Römern zur offenen Feldschlacht stellten; ein unerhörtes Wagnis, das bis dahin nur die Kimbern, Teutonen und Sueben des Ariovist eingegangen waren.

Als Germanicus die Knetterheide erreichte, ließ er sein Heer die Marschform des *agmen quadratum* einnehmen, aus der er jederzeit rasch zur Schlacht aufmarschieren konnte. Die Tiefe des *agmen quadratum* der 8 Legionen – zwei vor, je zwei auf den Flanken und zwei hinter dem Gefechtstroß – betrug etwa 4 km. Man brauchte daher eine Stunde für den Aufmarsch zur Schlacht. Die Masse der Reiterei und der Hilfskohorten wird in dieser Lage und nach Beschreibung des Schlachtverlaufs vor dem *agmen quadratum* marschiert sein. Als die Reiter-

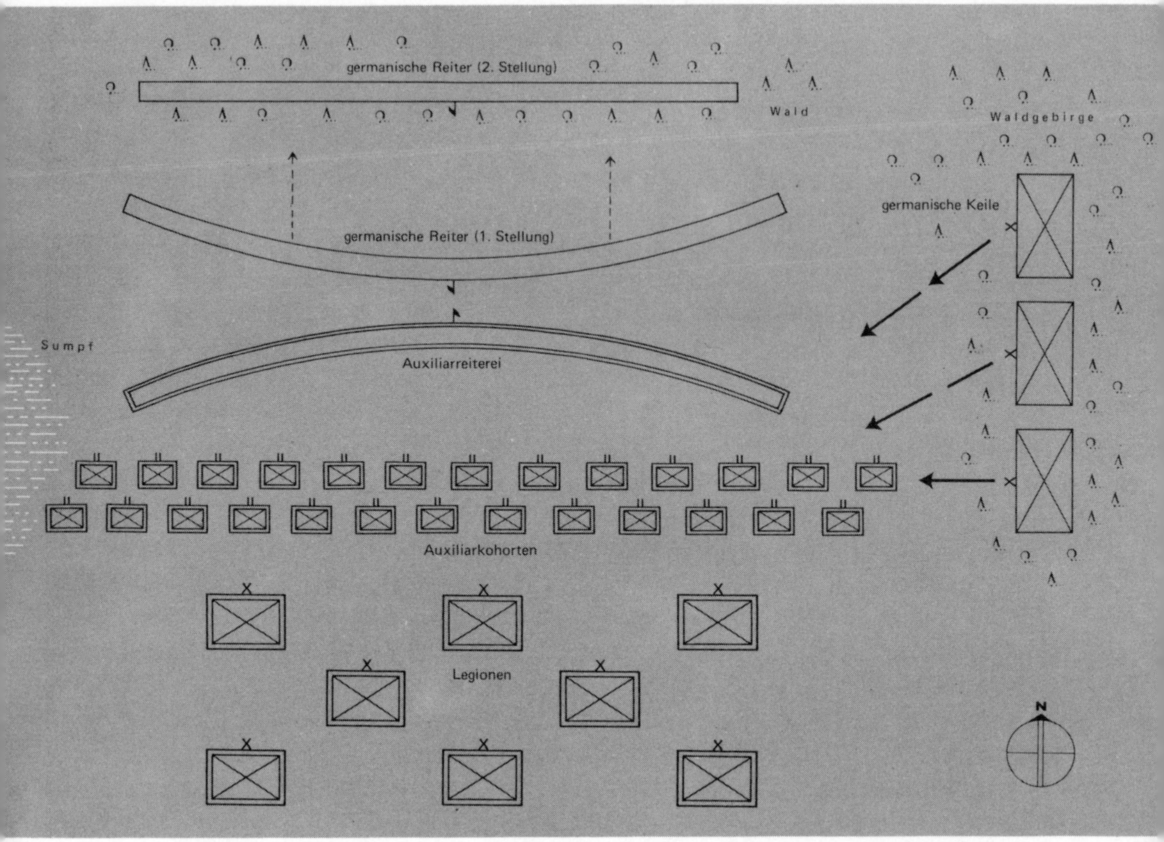

Fig. 17 Schlacht auf der Knetterheide 15 n. Chr.

spitze dem Germanicus meldete, daß die Ebene der Knetterheide vom Feind besetzt sei – wahrscheinlich handelte es sich um die an Zahl etwas unterlegene germanische Reiterei –, gab er seinen Reitern den Befehl, die Ebene zu säubern. Gleichzeitig marschierten die Hilfskohorten zur Schlacht auf, ohne zunächst einzugreifen. Die sich in der Ebene tummelnden germanischen Reiter sammelten und wichen, wie es Arminius befohlen hatte, bis an den Waldrand in ihrem Rücken zurück. Dort aber machten sie überraschend kehrt und stellten sich zum Kampf. Gleichzeitig ging die germanische Schlachtreihe (*acies*) des Fußvolkes, die sich in einem Waldgebirge bereitgestellt hatte, vor und stieß der römischen Reiterei in die Flanke (Fig. 17). Dadurch wurden die römischen Reiter geworfen und gerieten auf der Flucht in die Reihen der zu ihrer Unterstützung vorgehenden Auxiliarkohorten. Die Verwirrung der Hilfskohorten wurde durch den Stoß der germanischen Schlachtreihe in ihre Flanke erhöht. Sie wandten sich ebenfalls zur Flucht und wurden in ein gefährliches Sumpfgelände geworfen. GERMANICUS, der die Gefahr erkannte, hat spätestens beim Auftauchen der germanischen Schlachtreihe in der Flanke der Hilfskohorten den Legionen den Befehl zum Aufmarsch in der *acies instructa* gegeben. Den anschließenden Kampf übergeht TACITUS mit den Worten: »Dadurch gerieten die Feinde in Schrecken, unseren Soldaten wuchs der Mut, und man trennte sich nach unentschiedenem Kampf« – »inde hostibus terror, fiducia militi; et manibus aequis abscessum.«[167] Gerade das Wort *abscessum*, dessen eigentlicher Sinn ja das Aufgeben, Nachgeben, besiegt Abziehen ist, verrät, daß der Kampf eben nicht unentschieden ausging. Im übrigen bedeutet bei römischen Schriftstellern der unentschiedene Ausgang eines Kampfes in etwa das gleiche wie das »planmäßige Absetzen« in modernen Heeresberichten. Arminius hatte mit seinen Truppen einen entscheidenden Sieg über die Römer erfochten, dazu noch in offener Feldschlacht.

»Hierauf«, sagt TACITUS, »ließ Germanicus das ganze Heer an die Ems zurückmarschieren«.[168] Da haben wir den Beweis für die römische Niederlage schon im nächsten Satz. Arminius hatte zum zweiten Mal das Zentralheiligtum der Germanen und das germanische Volk vor den Römern gerettet! Wenn der Kampf nur unentschieden gewesen wäre – so muß man fragen –, warum suchte dann GERMANICUS nicht eine zweite Entscheidungsschlacht? Die Verluste der Germanen müssen doch auch sehr groß gewesen sein; waren etwa die römischen noch größer? Die nächsten Überlegungen werden eine Antwort auf diese Frage geben. Die Verpflegungslage oder die Jahreszeit können auf keinen Fall der Grund für den Rückzug des GERMANICUS gewesen sein. Der Feldzug hatte nur wenige Wochen gedauert, und das Heer führte beim kleinen Troß allein noch gut zehn Tage Verpflegung mit. Eine zweite Schlacht wäre also durchaus möglich gewesen, es sei denn, die römischen Verluste wären zu groß gewesen.

Tatsächlich aber marschierte GERMANICUS über Minden zur Ems ab. Arminius ließ ihn zwar gewähren, da auch seine Verluste sehr hoch gewesen sein müssen, aber er folgte ihm mit seinem Heer. Das tut nur der Sieger, nicht der Besiegte. Wiederum ist die hervorragende Versorgungsleistung des Arminius zu bewundern, wenn er sich auch bei seinem weiteren Vorgehen mit Sicherheit zum großen Teil aus dem Land ernähren konnte, dessen Einwohner zu jeder Hilfe bereit waren.

Im Raum Rheine, wohin GERMANICUS wieder den Verpflegungstroß der Armee aus Greven befohlen hatte, bildete der römische Feldherr wiederum drei Kolonnen für den Rückmarsch hinter die Rheinlinie. PEDO mit der Reiterei begleitete sicher als Deckungstruppe die emsabwärts segelnde Flotte und ging dann an der Küste entlang bis zur Rheinmündung und von dort nach Xanten zurück. CAECINA nahm mit seinen vier niederrheinischen Legionen, von denen gleich noch zu sprechen sein wird, den Landweg über Ahaus, Stadtlohn und Borken in Richtung Xanten; und die vier oberrheinischen Legionen mit GERMANICUS und dem gesamten Armeetroß fuhren mit den Schiffen auf der Ems zurück.

Über diesen Flottentransport wird etwas Merkwürdiges berichtet,[169] so merkwürdig, daß man glaubte, dieses Ereignis in das Jahr 16 n. Chr. datieren zu müssen.[170] TACITUS verlegt dieses Ereignis an die Wesermündung. Vermutlich handelt es sich einfach um eine falsch überlieferte Lesart; denn wie hätte die im Raum Rheine an der Ems liegende Flotte so plötzlich in die Weser gelangen sollen? Belassen wir es also bei der Ems. Deren Mündung in den Dollart muß bis tief ins heutige Festland hinein Wattenmeer gewesen sein. Um die Schiffe so zu entlasten, daß sie einen geringeren Tiefgang hatten, ließ GERMANICUS die II. und XIV. oberrheinische Legion mit einem großen Teil des Armeetrosses einschließlich des Schlachtviehs kurz vor dem Rand des Watts ausbooten und zu Fuß zur Mündung marschieren, während die beiden anderen oberrheinischen Legionen mit GERMANICUS weiterfuhren. Aus dem Zusammenhang des Textes ist zu entnehmen, daß dies etwa um die Zeit der Herbst-Tag-und-Nacht-Gleiche Ende September geschehen sein muß.[171] Zunächst marschierte PUBLIUS VITELLIUS mit der II. und XIV. Legion auf festem Land. Dann aber geriet er ins Watt. Der um diese Zeit häufige Nordsturm und die einsetzende Flut überschwemmten den ganzen Marschweg und rissen einen großen Teil der Mannschaft, des Gepäcks und des Viehs hinweg. Nur mit Mühe gelang es VITELLIUS, einen Teil seiner Männer zu retten, indem er auf eine kleine Anhöhe flüchtete. Erst am nächsten Morgen konnten sie zur Mündung weitermarschieren, wo sie der inzwischen dort eingetroffene GERMANICUS wieder in die Schiffe aufnahm. Nach der Rückkehr in die Standquartiere am Rhein konnte GERMANICUS gerade diesem Ereignis die Schuld an den schweren Verlusten zuschieben, die er in Wahrheit aber in der Schlacht erlitten hatte. Im übrigen versuchte er auch noch durch eine andere Maßnahme seine Verluste vor TIBERIUS und dem Senat zu verbergen. Er zahlte den Sold seiner Soldaten aus der eigenen Tasche und brauchte damit keine Rechnung über deren Kopfstärke aufzustellen;[172] eine ungewöhnliche Maßnahme für einen römischen Feldherrn! Dahinter aber verbarg sich die Furcht, Rom könnte das von ihm für das nächste Jahr geplante Unternehmen zur Unterwerfung der Germanen unter Arminius schon jetzt verbieten, weil die Verluste dieses Sommers zu hoch gewesen wären.

Gleich anschließend berichtet TACITUS von der Gefangennahme der Cherusker SEGIMER und dessen Sohn SESITHANCUS, vielleicht um den schlechten Eindruck der Niederlage etwas zu verwischen. Vermutlich aber hat STERTINIUS als Führer der Vorausabteilung gegen die Brukterer die beiden Cherusker gefangengenommen, also ein paar Wochen vor den gerade geschilderten Begebenheiten. Wie üblich wurde ihnen verziehen, dieses Versprechen dann aber gebrochen. Denn im Jahr 17 wurden sie im Triumphzug des GERMANICUS durch Rom als Gefangene mitgeführt.

Während sich all dies im Norden Germaniens zutrug, marschierte CAECINA mit den vier niederrheinischen Legionen und ihrem kleinen Troß auf der vorher beschriebenen Straße zurück. Arminius folgte ihm zunächst. Als er sich aber über dessen Marschweg im klaren war, setzte er zur überholenden Verfolgung an und legte ihm in den Sümpfen nördlich von Borken, dort wo ein paar Jahre vor CHRISTI Geburt von LUCIUS DOMITIUS ein Bohlenweg an den berühmten *pontes longi* angelegt worden war, einen Hinterhalt.

Moore waren den Germanen heilig, an heiliger Stelle sollte auch hier wieder die Schlacht gewagt werden. Es lag also der gleiche Grund vor wie an der Knetterheide, wo die römische Reiterei und die Hilfskohorten in die Sümpfe getrieben wurden. Nicht taktische Gründe allein machten ein Gelände für die Germanen zum Schlachtfeld geeignet, sondern vor allem die Heiligkeit des Ortes, damit die Götter in die Kämpfe eingreifen konnten. Bei all diesen Feldzügen gibt es keine Schlacht, die nicht in unmittelbarer Nähe eines Heiligtums oder eines heiligen Ortes geschlagen worden wäre!

Man wird sich fragen, warum CAECINA nicht die von ihm schon im Bruktererfeldzug benutzte Straße Rheine, Burgsteinfurt, Billerbeck, Haltern gewählt hat. Diese Straße war gut, im Gegensatz zu der jetzt eingeschlagenen über Ahaus, Stadtlohn, Borken, wo sich die so brüchigen *pontes longi* wahrscheinlich zwischen Ahaus und Stadtlohn befanden (Karte 14). Der Grund kann nur gewesen sein, daß die erste Straße von Verfolgungsabteilungen der Germanen bereits gesperrt und bedroht war. Außerdem verfügte CAECINA über nur vier Legionen mit ihrem Gefechtstroß, nach Abzug der Verluste vielleicht rund 25 000 Mann. Mit ihnen wagte er wohl nicht die offene Feldschlacht gegen das diesmal überlegene Heer des Arminius. Nach Abzug der Verluste und verhältnismäßig starker Kräfte aufgrund der geringen Disziplin des Heeres, aber auch nach Abstellung von Verfolgungsabteilungen auf der Straße Rheine, Billerbeck, Haltern dürfte Arminius immer noch etwa 40 000 Mann mit sich geführt haben. Es mußte CAECINA deshalb darauf ankommen, sein Heer durch ein solches Gelände zurückzuführen, das nur den Teilaufmarsch des germanischen Heeres erlaubte und ihm selbst die Möglichkeit bot, vielleicht sogar unbemerkt zu entschlüpfen oder sich »durchzumogeln«. Dazu eignete sich die Straße Ahaus, Stadtlohn, Borken besonders.

Doch Arminius hatte die Absicht des CAECINA erkannt. An den *pontes longi*, dem die Sümpfe überbrückenden und in sanfte Waldhügel eingebetteten Bohlenweg, lag Arminius auf den Hängen im Hinterhalt. CAECINA sah sich daher gezwungen, am Beginn der *pontes longi* ein Lager zu schlagen, während er den Bohlenweg ausbessern ließ. Diese Arbeiten konnten nur unter starker Sicherung durchgeführt werden. Die Germanen griffen an und fügten den Römern schwere Verluste zu. In diesem Gelände war ihre leichtere Bewaffnung von Vorteil. Nur die Nacht rettete die Römer vor der Niederlage. »Die Nacht [vom zweiten zum dritten Tag dieses Kampfes] war aus entgegengesetzten Gründen unruhig«, so beginnt TACITUS das folgende Kapitel.[173] »Die Germanen erfüllten bei festlichem Mahl die Talniederungen zu ihren Füßen und die widerhallenden Waldhöhen mit fröhlichem Gesang oder wildem Lärm.« Auch das hat der Römer wohl falsch verstanden. In dieser Lage, in der noch schwere Kämpfe bevorstanden, feierten die Germanen sicher kein wüstes Gelage. Was die Römer hörten, waren die Opfergesänge, mit denen ihr Heer den Göttern, vor allem Wotan geweiht wurde, wie das stets bei entscheidenden Schlachten an heiliger Stelle, hier am Moor, vollzogen wurde. Arminius gönnte seinen Männern aber keine Ruhe. Er befahl ihnen, die Bäche, die auf den Höhen beiderseits entsprangen, so abzuleiten, daß sie den Bohlenweg überschwemmten.

CAECINA sah in dieser Lage nur noch einen Ausweg. Am nächsten Morgen beabsichtigte er, den Feind in den Wäldern durch Angriffe zu fesseln und den Troß mit den Verwundeten unter starker Bedeckung voraus den Bohlenweg überschreiten zu lassen. Wahrscheinlich bildeten drei Legionen mit dem Troß die Spitze, während die vierte Legion den Feind zu fesseln versuchte. Die folgende Nacht verlief wieder sehr unruhig. TACITUS schildert die Lage im römischen Heer, indem er vom Traumgesicht des CAECINA berichtet, der den blutüberströmten QUINCTILIUS VARUS vor sich aus dem Morast auftauchen sah, die Hand nach ihm ausstreckend. Doch CAECINA wies sie von sich.[174]

Die Schilderung dieses Traumgesichts stellt zugleich einen Teil der antiken psychologischen Rüstung dar, mit der der altgediente und erfahrene CAECINA – er hatte bereits vierzig Dienstjahre hinter sich – den sinkenden Mut seiner Truppen wieder aufzurichten versuchte. Das Entscheidende war dabei, daß er die ausgestreckte Hand des VARUS ablehnte. Er gab damit zu verstehen, daß er sich auf keinen Fall mit dem Schicksal jenes Feldherrn abgeben wollte.

Als die Römer am dritten Tag zum weiteren Rückzug antraten, lag eine schmale Ebene vor ihnen. Sie erlaubte zwar nicht den Aufmarsch zur Schlacht, die CAECINA wahrscheinlich auch gar nicht gewagt hätte, aber sie gestattete den Marsch im *agmen quadratum*. Doch die auf den Flanken marschierende V. bzw. XXI. Legion verlor die Nerven und ging nach vorn in das freie Gelände durch.

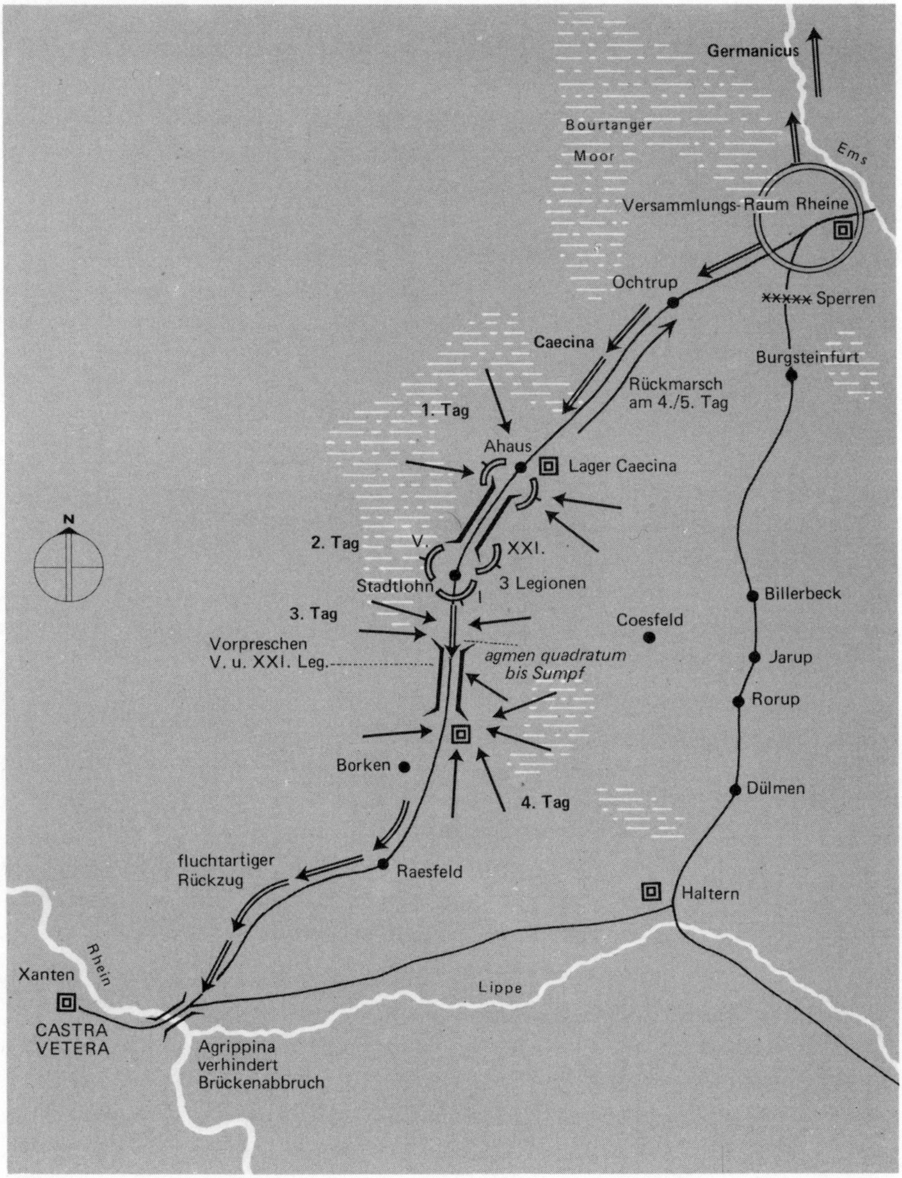

Karte 14 Schlacht an den pontes longi 15 n. Chr.

Arminius erkannte die Gunst der Lage. Mit jenem *Coup d'œuil*, den Napoleon erwähnt,[175] wartete er, bis er sich ungehindert auf den Troß stürzen konnte, dessen Wagen sich im Morast festmahlten. Mit einer Elitetruppe, vielleicht mit seiner eigenen Gefolgschaft, durchbrach er die Kolonne und stach vor allem die Pferde ab. Auch die drei vorderen Legionen kamen nicht ungeschoren davon. Der größte Erfolg aber ist darin zu sehen, daß Arminius den Römern den gesamten Troß abjagte. Nur das Eingreifen der I. Legion und die Disziplinlosigkeit der Germanen, die zu lange plünderten, verschafften dem Heer CAECINAS Zeit, gegen Abend festen Boden zu erreichen und dort ein Lager zu errichten. Doch die Truppe war durch die vorausgegangenen Ereignisse so demoralisiert, daß ein durchgehendes Pferd eine Panik im Lager auslöste, deren CAECINA nur mit größter Mühe Herr werden konnte.

Klugheit und Voraussicht des Arminius hatten das römische Heer in eine Lage gebracht, aus der es scheinbar kein Entrinnen gab. Doch wie so oft ließen sich die Germanen von ihrer Disziplinlosigkeit und ihrem ungestümen Kampfwillen hinreißen. Gegen den Rat des Arminius, der die Römer aus dem Lager abziehen lassen und erst in einem weiteren Sumpfgebiet vernichten wollte, glaubte INGUIOMER, den Angriff auf das befestigte Lager wagen zu müssen. Den ganzen Tag über griff er an, ohne das Lager erobern zu können. Arminius mußte ohnmächtig zusehen, wie ihm die Früchte des Sieges entglitten. CAECINAS Truppe erreichte, zwar geschlagen, aber nicht vernichtet, den Rhein. In *Castra Vetera* hatte sich schon das Gerücht von ihrer Niederlage verbreitet. Nur mit größter Anstrengung gelang es AGRIPPINA, der Frau des GERMANICUS, zu verhindern, daß die Rheinbrücke noch vor Eintreffen des CAECINA abgebrochen wurde; eine ungewöhnliche Tat für eine Römerin!

Im ganzen gesehen war der Feldzug des Jahres 15 n. Chr. eine Niederlage. So bezeichnet ihn auch TACITUS: »utque cladis memoriam etiam comitate leniret«.[176] Aber Germanicus gab sein Ziel nicht auf. Im folgenden Jahr wollte er noch einmal versuchen, Germanien zu erobern.

Entscheidung auf der Idisenwiese

Im Jahr 16 n. Chr. beabsichtigte GERMANICUS, mit allen Mitteln die Entscheidung herbeizuführen. Um diese Absicht noch mehr herauszustellen, setzt TACITUS vor die Beschreibung des Feldzugs eine Beurteilung der Lage, wie sie so GERMANICUS selbst abgefaßt haben könnte.[177] Mit modernen Worten ausgedrückt muß sie in etwa gelautet haben:

Der Auftrag lautet, die Elbe zu gewinnen und die Grenze des Römerreiches bis dorthin vorzuschieben.

Der Feind wird, wie bisher immer, versuchen, das für ihn günstige Gelände in Wäldern und Sümpfen auszunutzen, um das marschierende Heer, besonders dessen großen Troß, überfallartig anzugreifen. Die offene Feldschlacht wird er scheuen.

Die Bewegungen der eigenen Truppe werden durch die Kürze des Sommers und den frühen Beginn des Winters behindert, da die Straßen nur während der kurzen Periode der Trockenheit im Hochsommer gut passierbar sind. Die Truppe leidet unter den langen und schwierigen Märschen mehr als im Gefecht. Besonders schwierig gestaltet sich der Nachschub an Pferden aus Gallien, dessen Vorräte bereits erschöpft sind.

Daher kommt es darauf an, den Wasserweg für den Transport der Kampftruppen und des Armeetrosses voll auszunutzen, um den Feind mit ausgeruhten Truppen so früh wie möglich und inmitten seines eigenen Landes überraschend anzugreifen, ohne ihm Zeit zur Versammlung aller seiner Kräfte zu lassen.

Der in dieser Beurteilung erkennbare Plan zielt auf die Vernichtung des römischen Hauptfeindes, der Cherusker unter Arminius. Wie man sieht, hat GERMANICUS dazu alle bisher im Kampf gegen die Germanen gemachten Erfahrungen ausgewertet.

Nun erteilte er SILIUS, ANTEIUS und CAECINA den Befehl zum Bau von Schiffen, die sowohl zum Transport als auch zur Nahverteidigung durch Wurfgeschütze wie zum Fahren und Wenden auf flachen Gewässern geeignet sein sollten.[178] Insgesamt benötigte er rund 1 000 Schiffe, von denen ein Teil bereits aus dem Vorjahr vorhanden war. Vermutlich brauchte man etwa einen Monat für diese Bauarbeiten. CÄSAR hatte nach dem Fällen des Holzes dafür 30 Tage benötigt, als es um seine Expedition nach Britannien ging.[179] Auf der »Bataverinsel« zwischen Waal und Maas sollte sich die Armee mit dem Troß einschiffen.

Zur Verschleierung des Angriffsziels erteilte GERMANICUS während des Sammelns der Flotte dem Legaten SILIUS den Befehl, mit einer Kampftruppe Leichtbewaffneter einen Ablenkungsangriff gegen die Chatten zu führen. Angeblich der starken Regengüsse wegen gelang es ihm nur, einige Beute zu machen und Frau und Tochter des Chattenfürsten ARPO zu rauben. Ebenso der Verschleierung diente der Angriff, den GERMANICUS selbst mit sechs Legionen, etwa 44 000 Mann, 8 400 Pferden und 720 Fahrzeugen, zum Entsatz des »Kastells an der Lippe« unternahm. Sicher nahmen an diesem Unternehmen auch Hilfstruppen teil, zumindest Reiter, die unbedingt für Aufklärung, Sicherungs- und Verbindungsaufgaben benötigt wurden. TACITUS führt sie aber nicht auf. Das erwähnte Kastell an der Lippe war von Germanen, wahrscheinlich Cheruskern, belagert worden. Sie gaben die Belagerung aber bei der Nachricht vom Anmarsch des GERMANICUS mit einem starken Heer kampflos auf. Doch zerstörten sie vor ihrem Abzug den Grabhügel mit den Überresten der Legionen des VARUS und den Altar des vergöttlichten DRUSUS, die GERMANICUS im Vorjahr angelegt hatte. Es darf angenommen werden, daß Arminius selbst die belagernde Truppe führte, die der des GERMANICUS aber weit unterlegen gewesen sein muß. Ein Altar, der Menschen geweiht war, durfte in jenem Gebiet, das so dicht am heiligen Bezirk der Externsteine und dem Turm der Seherin lag, nicht geduldet werden.

GERMANICUS errichtete den Altar von neuem, den Grabhügel jedoch nicht. Dann tat er ein weiteres, die Germanen über seine Absichten zu täuschen. Er sicherte den Raum zwischen dem Kastell *Aliso* und dem Rhein durch neue Wege und Erdbefestigungen. *Aliso* muß nach dieser Aussage des TACITUS nicht mit dem »Kastell an der Lippe« gleichgesetzt werden.[180] Tatsächlich liegt nur das gefundene Lager Anreppen an diesem Fluß, während Elsen/*Aliso* genau westlich von Paderborn zu suchen ist. Die neuen Dammwege und Feldbefestigungen könnten sich also nicht nur auf der von den Römern ausgebauten Lippestraße, sondern auch im Verlauf der Linie Anreppen – Elsen – Hellweg befunden haben, eine Nord-Süd-Verbindungslinie, die Aufmarsch und Versorgung über die beiden erwähnten großen West-Ost-Straßen erleichterte. Dadurch mußte Arminius annehmen, GERMANICUS wollte den Stoß wiederum gegen das Gebiet der Externsteine führen. Aber auch die Marser, Brukterer und Chatten fühlten sich bedroht, während die Angrivarier mit Argwohn die Bewegungen der Schiffe verfolgten. Wiederum gelang es GERMANICUS, die

Masse der einzelnen germanischen Stämme zur Sicherung ihrer eigenen Gaue zurückzuhalten und von einer frühzeitigen Versammlung zu gemeinsamem Schlagen abzuhalten. Zudem hatte er inzwischen erkannt, daß mit dem Eindringen römischer Truppen in die heiligen Stammesbezirke zwar Anfangserfolge zu erzielen sind – wie z. B. bei den Chatten, von denen anschließend Teile zu ihm übergegangen waren –, das bloße Zerstören der Stammesheiligtümer aber nicht den gewünschten dauerhaften Erfolg brachte, sondern allein das Vernichten der feindlichen Streitkräfte.

Die Angaben des Tacitus über den Marschweg des römischen Heeres nach Beendigung des Flottentransports bedürfen dringend der Überprüfung.[181] Wie anhand der Beurteilung der Lage festgestellt werden konnte, war es die Absicht des Germanicus, den Flottentransport so weit wie möglich auszunutzen, um »durch die Flußmündungen und -läufe« hindurch überraschend »mit noch frischen Kräften inmitten Germaniens zu erscheinen«.[182] Dazu mußte der Fußmarsch möglichst vermieden werden. Tacitus berichtet, Germanicus sei bis zur Emsmündung gefahren und habe dort auf dem linken Flußufer die Flotte zurückgelassen.[183] Von der Emsmündung bis nach Minden an der Weser, wo die beiden feindlichen Heere zuerst zusammentrafen, sind es rund 180 km oder 10 Tagesmärsche über Cloppenburg, Vechta, Lübbeke nach Minden, während es von Xanten bis Minden etwa 250 km sind. Nur vier Tage hätte Germanicus damit eingespart, seine Legionäre aber doch einem anstrengenden Marsch ausgesetzt. Beim Weg über Bremen, Verden wären es etwa 280 km gewesen, also 16 Tagesmärsche. Gewonnen hätte Germanicus damit gar nichts. Die Germanen, deren Nachrichten- und Aufklärungsdienst hervorragend arbeitete, wie die Ereignisse zeigen, hätten auf jeden Fall genügend Zeit gehabt, ihre Truppen noch so frühzeitig zusammenzuziehen, daß sie das römische Heer auf seinem Marsch am Wiehengebirge vorbei – bei Wahl des kürzesten Marschweges – in der Flanke hätten angreifen können. Diese Gelegenheit hätte sich ein Arminius, nach seinem bisherigen Verhalten zu urteilen, bestimmt nicht entgehen lassen. Tacitus muß demnach die Ems mit der Weser verwechselt haben,[184] nur dann erscheint das Verhalten des Germanicus sinnvoll. Auch das Anlegen der Flotte auf dem linken Flußufer, das Tacitus tadelt,[185] wird damit sinnvoll, denn an der Weser gab es nur dort eine Straße, die nach Süden führte, während das rechte Ufer versumpft war. Einem so erfahrenen und geschickten Truppenführer wie Germanicus ist ein so dümmliches Verhalten, wie Tacitus es nahelegt, gar nicht zuzutrauen.

Für den Transport der Armee von der Bataverinsel durch die Nordsee und die Weser aufwärts bis etwa zur Allermündung brauchte die Flotte ungefähr 5 Tage. Das verschaffte Arminius, der sowohl den Flottenbau als auch die verschiedenen Korps des GERMANICUS hatte beobachten lassen, Zeit, die Truppen der Cherusker, aber auch Teilkräfte der Brukterer, Marser, Tubanten und anderer Stämme zusammenzuziehen.

GERMANICUS führte den Feldzug mit den gleichen Truppen wie im Vorjahr, das heißt mit 8 Legionen, 8 Alen Reitern und rätischen, gallischen, vindelikischen und ingwaeonischen Hilfstruppen. Mit Seeleuten und kleinem Troß dürfte das Heer allein 112 000 Mann gezählt haben. Dazu kam noch der bespannte Armeetroß, der in der Lage sein mußte, Verpflegung mindestens für weitere 17 Tage mitzuführen, so daß die Verpflegung mit der bei Mann und Gefechtstroß für 34 Tage ausreichte. Das dürften etwa 3 336 000 kg Weizen- oder Gerstenkörner, 84 000 kg Salz und 960 000 kg Pferdegerste oder 4 404 000 kg Versorgungsgüter ohne Bekleidung und Ersatzwaffen gewesen sein, dabei ist des Frischfutters wegen die Pferdegerste nur mit halber Menge berechnet. Rund 8 808 Wagen wären für den Transport dieser Versorgungsgüter nötig gewesen. Auch das schließt einen Marsch auf der Straße aus, da die Wagen des Armeetrosses allein eine Marschlänge von rund 35 bzw. 70 km gehabt hätten, je nachdem, ob ein oder zwei Wagen hinter- bzw. nebeneinander gefahren wären. Das gesamte Heer hätte eine Länge von etwa 90 bis 120 km gehabt – welche Gelegenheit wäre das für Arminius gewesen! In Wirklichkeit aber muß die von der Flotte mitgeführte Verpflegungsmenge weit größer gewesen sein. GERMANICUS hatte ja ausdrücklich gesagt, er wolle die ganze Sommerzeit für den Feldzug ausnutzen, das aber heißt, daß er für ungefähr drei Monate Verpflegung brauchte, etwa 14 000 t ohne die übrigen Versorgungsgüter. Für diese Mengen mußten Lager angelegt werden, von denen aus sie der Truppe nach Bedarf zugeführt werden konnten. Je weniger Lager beim Flußtransport angelegt werden mußten, um so günstiger. Alles andere hätte bedeutet, daß die Armee des GERMANICUS durch das Abstellen starker Sicherungs- und Deckungstruppen bei den Lagern und an den Straßen in dem unbefriedeten Land unnötig geschwächt worden wäre. Auch diese Überlegung führt dazu, daß TACITUS sich geirrt haben muß und GERMANICUS tatsächlich mit der Flotte die Weser aufwärts bis etwa zur Allermündung gefahren ist. Dort, vielleicht wo das Römerkastell im Chaukenland lag, von dem TACITUS berichtet,[186] errichtete er also seinen großen Versorgungsstützpunkt auf dem linken Weserufer.

Jetzt wird alles weitere sinnvoll: Nach Errichten des Lagers marschierten die Legionen, Reiter und Hilfstruppen auf dem linken Ufer nach Süden. Der Gezeitenstau kann sich in der Weser zur damaligen Zeit bis hierher bemerkbar gemacht haben, so daß das Ufer überschwemmt wurde und die Bataver ihre Schwimmkünste zeigen konnten.[187] Dann errichtete GERMANICUS nach ungefähr fünf Marschtagen ein Lager am Westufer der Weser südlich von Minden,

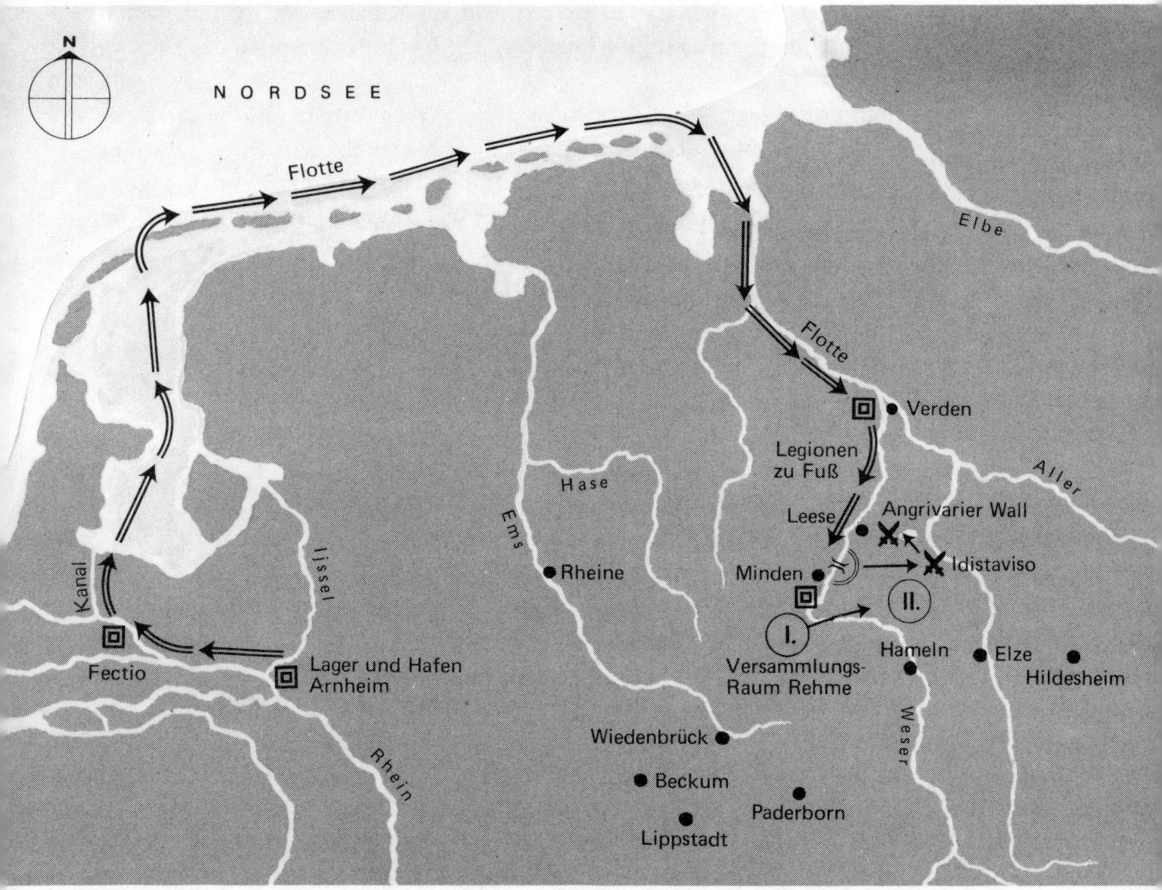

Karte 15 Aufmarsch zur Schlacht bei Idistaviso 16 n. Chr.

etwa im Raum westlich Neesen (Karte 15). Dort wollte er im Verlauf des Hellweges vor dem Sandforde den Übergang erzwingen. Die zusammengezogenen Kräfte der Germanen mußten inzwischen seine Absicht erkannt haben. Während GERMANICUS sein Lager aufschlug, führte ein Teil der Flotte, deren Zug von Reitern und Leichtbewaffneten des STERTINIUS auf dem Ufer gedeckt wurde, Verpflegung nach. Die Masse der Schiffe blieb im Lager an der Allermündung.[188] Vermutlich nutzten die Angrivarier, die vorerst zum Schutz ihrer Grenzen hatten zurückbleiben müssen, diese Gelegenheit, um mit Teilkräften den Verpflegungsnachschub durch Angriffe zu stören. So wird auch dieser Bericht über den Überfall der Angrivarier im Rücken des römischen Heeres sinnvoll, denn an der Ems hätten sie schlecht im Rücken der Römer stehen können. Der Angriff wurde im übrigen von den Deckungstruppen des STERTINIUS abgewehrt.[189]

Zieht man vom Heer des GERMANICUS diejenigen Truppen ab, die für Dekkungs-, Sicherungs- und Verbindungsaufgaben gebraucht wurden, so wird er sicher noch über gut 80 000 Mann Kampftruppen verfügt haben. Ihnen gegenüber war das Heer des Arminius zahlenmäßig weit unterlegen. Das geht schon aus TACITUS hervor, der berichtet, daß nach der Schlacht bei *Idistaviso* »sie, die eben noch Anstalten trafen, ihre Wohnsitze zu verlassen und über die Elbe zurückzugehen,.. auf einmal nach Kampf« riefen »und zu den Waffen griffen«.[190] Das bezieht sich auf die Cherusker, vermutlich auch auf die Angrivarier, deren Gebiet jetzt unmittelbar bedroht war, zeigt aber, daß nicht alle Cherusker und Angrivarier sich von Anfang an beim Heer des Arminius befanden. Vielleicht zählten die Cherusker 10 000 Mann, die Angrivarier aber nicht mehr als 7 000, da – von den im vornherein zu Hause Gebliebenen abgesehen – mindestens 3 000 für den Überfall auf die Versorgungsflotte und die römischen Sicherungstruppen abgezogen werden müssen. Auch die restlichen 7 000 Mann auf dem rechten Weserufer können erst kurz vor der Schlacht zu Arminius gestoßen sein, da sie vorher zum Schutz ihres Gaues hatten zurückbleiben müssen. Ähnlich erging es den Chatten, die, durch den Einfall des SILIUS bedroht, nur mit Teilkräften, vielleicht 10 000 Mann, zum Heer des Arminius stoßen konnten. Auch die übrigen istwaeonischen Stämme der Brukterer, Marser und Tubanten werden nur mit Teilen erschienen sein, da zunächst starke Kräfte zurückgehalten werden mußten, bis sich die Stoßrichtung des GERMANICUS klar abzeichnete. Insgesamt stellten sie vielleicht 20 000 Mann. Zählen wir noch rund 3 000 Mann aus Gefolgschaften hinzu, die an dem Krieg teilnahmen, so ergeben sich für das ganze Heer des Arminius zunächst nicht mehr als 50 000 Mann. Es war dem Heer des GERMANICUS weit unterlegen. Das werden auch Kampfführung und Verlauf der Schlacht zeigen.

Wo wird sich dieses germanische Heer nun versammelt haben? Bei der Wahl des Versammlungsraumes mußte Arminius neben den auch sonst angestellten Überlegungen zwei Punkte besonders berücksichtigen, solange die Stoßrichtung der Römer nicht klar war: Er mußte das Zentralheiligtum der Externsteine schützen und in der Lage sein, jeden der etwa angegriffenen verbündeten Stämme zu unterstützen. Der Flottenbau hatte ihm den Hinweis gegeben, daß GERMANICUS wie im Vorjahr beabsichtigte, durch die Nordsee und einen der Flußläufe der Ems, Weser oder Elbe nach Germanien vorzustoßen. Wählte er die Ems, so mußte er anschließend den Hellweg nördlich des Wiehengebirges nach Minden oder die Straßen über Wiedenbrück oder Beckum Richtung

Paderborn bzw. Lippstadt nehmen. Bei Ausnutzung der Weser kam nur die Nord-Süd-Straße entlang dem linken Ufer Richtung Minden in Frage, es sei denn, er nutzte auch die Aller bis zur Leinemündung und zog dann diesen Fluß aufwärts bis in den Raum Elze. Von dort aus konnte er über Hameln den Marschweg des Varus zu den Externsteinen einschlagen, auf dem Hellweg vor dem Sandforde über Stadthagen Minden erreichen oder zur Elbe bis Ohrum vorgehen. Die Möglichkeit, auf der Elbe selbst vorzugehen, war verhältnismäßig gering zu veranschlagen: Die West-Ost-Hellwege führten nach Ohrum. Dorthin hätte also auch Germanicus fahren und von da auf dem Hellweg vor dem Sandforde nach Westen zurückmarschieren müssen. Das war ein Marschweg von gut 160 km oder 9 Tagen, der Arminius immer genügend Zeit verschafft hätte, Germanicus an einer günstigen Stelle zur Schlacht entgegenzutreten. Am besten eignete sich als Versammlungsraum der Germanen der Raum Vlotho am Weserknie. Von dort waren es ein guter Tagesmarsch bis Minden, 4 Tagesmärsche bis zu den Externsteinen, 3 1/2 bis Wiedenbrück, knapp 5 bis Beckum und genau 5 bis Lippstadt. Schiffte Germanicus seine Truppe an der Ems, im ungünstigsten Fall bei Rheine, aus und marschierte von dort nach Minden, so war Arminius nach bereits gut einem Tag dort, während Germanicus dazu 5 bis 6 Tage brauchen würde. Marschierte dieser aber nach Wiedenbrück, so brauchte er ebenfalls 5 Tage, während Arminius in 3 1/2 Tagen dort sein könnte. Fuhr dagegen im ungünstigsten Fall Germanicus auf der Weser bis Minden, so konnte Arminius entweder in gut einem Tag ebenfalls dort sein, ihn im Raum Vlotho erwarten oder bei erkannten Übergangsabsichten auf das rechte Weserufer wechseln, um ihn dort anzugreifen. Selbst wenn Arminius nicht im Raum Vlotho, sondern etwa bei Rehme sein Heer sammelte,[191] so trafen fast die gleichen Voraussetzungen zu. Eine Versammlung weiter südlich verbot sich von selbst, da Arminius damit zwar die Externsteine schützen, den Raum Minden mit dem nach Osten führenden Hellweg vor dem Sandforde aber nicht wirkungsvoll überwachen konnte. Es wäre ihm dann nur möglich gewesen, Germanicus, falls dieser nach Osten marschierte, zu folgen und die Schlacht mit verkehrter Front anzunehmen. Allen späteren Ereignissen nach zu urteilen, wählte Arminius den Raum Vlotho oder den hart nördlich daran anschließenden als Versammlungsraum seines Heeres.

Als Germanicus am linken Ufer der Weser südlich Neesen Lager schlug, rückte Arminius aus seinem Versammlungsraum bis fast zur *Porta Westfalica* vor und ging sofort auf das rechte Weserufer über, da er die Absicht des Germanicus zum Brückenschlag erkannte. Vielleicht führte er diese Bewegung sogar schon früher, jedenfalls aber so aus, daß er sicher sein konnte, daß Germanicus sie erkannte, um den Römer hinter sich her zu locken.

Nun trat jenes dramatische Ereignis ein, das in den Schulen immer wieder beschrieben und in der Malerei häufig dargestellt worden ist: Arminius begegnete seinem Bruder FLAVUS, der sich beim Heer des GERMANICUS befand. Die Weser muß man sich als einen Fluß vorstellen, der, abgesehen von Engstellen wie der *Porta Westfalica*, breit und in seinem Lauf von vielen Inseln und seichten Stellen gehemmt dahinfloß. Hier, nördlich der *Porta Westfalica*, kamen noch stark versumpfte Ufer mit Altwässern hinzu. An einer Stelle, die den Zuruf erlaubte, stand Arminius im Kreis der übrigen germanischen Fürsten und fragte die wahrscheinlich eine Flußinsel besetzt haltenden römischen Vorposten, ob sich GERMANICUS beim Heer befinde. Schon an dieser Frage kann man den Stolz des Arminius erkennen, der nur mit dem Führer des feindlichen Heeres verhandeln wollte. Sicher war ihm wohlbekannt, daß sich GERMANICUS beim Heer befand. Von diesem erhielt dann Arminius die Erlaubnis, mit seinem Bruder FLAVUS sprechen zu dürfen, der im Kampf beim Heer des TIBERIUS ein Auge verloren hatte. Als FLAVUS erschien und Arminius ihn begrüßt hatte, schickte er seine Begleitung zurück, desgleichen auch FLAVUS die Bogenschützen, die ihn begleitet hatten. Höhnisch fragte Arminius seinen Bruder nach dem Lohn, den er für seine Entstellung im Gesicht erhalten habe, und spottete über die Solderhöhung und hohen militärischen Auszeichnungen, die sein Bruder trug, als einem Knechtslohn. Daraufhin begann ein erbitterter Wortstreit, in dem FLAVUS die Größe Roms lobte und hervorhob, daß den Besiegten Strafe erwarte, den sich Ergebenden jedoch Gnade. Arminius muß dabei auch nach seiner Frau THUSNELDA und seinem Sohn THUMELICUS gefragt haben, denn FLAVUS erwähnte, sie würden nicht als Feinde behandelt – was nicht ganz der Wahrheit entsprach. Dann aber wies Arminius auf die heilige Pflicht dem Vaterland gegenüber, auf die Freiheit, die heimischen Götter und die Blutsverwandten, besonders die gemeinsame Mutter hin und bat FLAVUS, sich doch als Fürst an die Spitze seines eigenen Volkes zu stellen. Wieder sind es die drei für den Germanen wichtigsten Dinge, die Heimatgötter, die Freiheit und die Blutsverwandtschaft, die als Gründe für den Kampf angegeben werden. Das Angebot zur militärischen Führung zeigt, daß Arminius als Eingeweihter der Wotansmysterien und geistiger Führer seines Volkes bereit war, die Führung im Kampf an seinen Bruder abzutreten, da die Externsteine diesmal nicht unmittelbar bedroht schienen.[192] Doch FLAVUS ging nicht auf das Angebot ein. Es kam zu gegenseitigen Beschimpfungen, ja beinahe zum Kampf der beiden Brüder, hätte die Weser nicht die Zornigen getrennt. Wutentbrannt kündigte daraufhin Arminius die bevorstehende Schlacht an. Dabei mengte er so viele lateinische Worte in seine Rede, daß auch die Römer den Sinn verstehen konnten, ein psychologischer Schachzug des Cheruskers, die Römer einzuschüchtern.

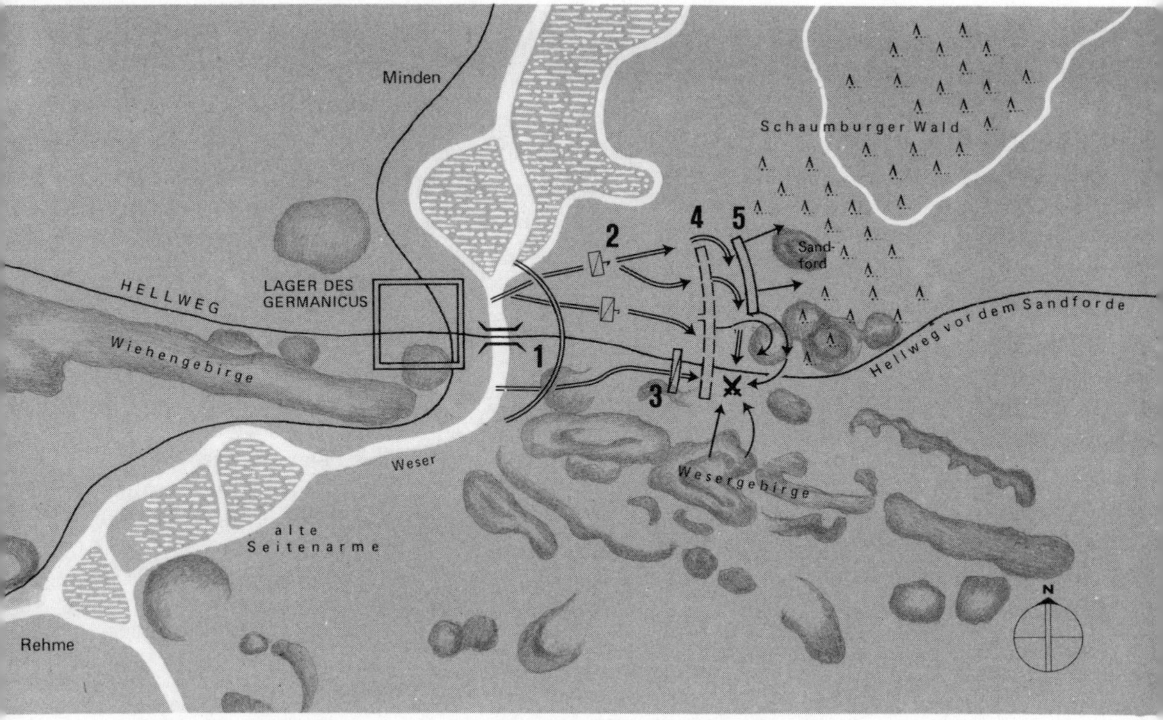

Karte 16 Der Weser-Übergang vor der Schlacht bei Idistaviso 16 n. Chr. 1 Brücke mit Brückenkopf des Germanicus 2 Angriffe des Aemilius und Stertinius 3 Angriff des Chariowalda mit seinen Batavern und deren Vernichtung 4 erste Stellung des Arminius 5 zweite Stellung des Arminius

Bei den Römern war die Lage inzwischen so: Das Basislager für die Flotte und den Nachschub befand sich auf dem linken Weserufer in der Nähe der Allermündung. Dort wurde es durch Hilfskohorten und Reiter ebenso gesichert wie die über Hoya, Oyle, Stolzenau führende Straße nach Minden, auf der die Legionen vorgerückt waren. GERMANICUS hielt sich damit die Möglichkeit offen, bei weiterem Vordringen seines Heeres nach Osten auf dem Hellweg vor dem Sandforde über Bückeburg und Elze an der Leine nach dem heutigen Hildesheim und zur Elbe die Aller und Leine zur Verlegung der Flotte nach Elze und zur Errichtung eines vorgeschobenen Versorgungslagers zu benutzen. Die besonders flach gebauten Schiffe, die an Bug und Heck je ein Steuerruder zum raschen Wenden führten, weisen auf eine solche Absicht hin, denn die Weser wird trotz der anzunehmenden Trockenheit genügend Fahrwasser auch für tiefergehende Schiffe geboten haben. Im übrigen traf auch der Hellweg, der von Duisburg über Paderborn, Paß von Horn, Hameln auf das rechte Weserufer führte, bei Elze mit dem Hellweg vor dem Sandforde zusammen und erreichte dann mit diesem die Elbe bei Ohrum. Elze war demnach ein ganz besonders günstiger Platz für ein Versorgungslager. Bei Minden, südwestlich Neesen hatte GERMANICUS von seinen Legionen ein Lager schlagen lassen, das ihm den nötigen Rückhalt für seinen Übergang über den Fluß bot. Dann aber galt es, den Übergang zu erzwingen. Am Tag nach dem Lagerbau und dem Gespräch des Arminius mit FLAVUS erblickte GERMANICUS die germanische Schlachtreihe, die etwa auf der heutigen Hasenheide bei Neesen stand, mit dem linken Flügel an den bewaldeten Hügel des Jakobsberges angelehnt, des der Weser am nächsten gelegenen Berges des Wesergebirges (Karte 16). Dort, am linken Flügel, hatten die Cherusker Aufstellung genommen. Arminius kam es nicht darauf an, schon an dieser Stelle die Entscheidung zu suchen. Als Schlachtfeld hatte er bereits einen anderen Ort gewählt. Darauf wird gleich einzugehen sein. Seine Absicht lag lediglich darin, den Übergang des römischen Heeres über den Fluß zu stören und ihm dabei möglichst hohe Verluste beizubringen. Für eine offene Feldschlacht wie auf der Knetterheide war er ohnehin zu schwach. Immerhin müssen aber die Kräfte des Arminius so stark gewesen sein, daß GERMANICUS es nicht wagte, die Legionen mit Flößen oder anderen Behelfsmitteln überzusetzen. Dabei hätten sie zwangsläufig ihre Stärke, nämlich den Zusammenhalt der Kohorten als taktischer Körper, aufgeben müssen. So begnügte er sich damit, die Reiterei zur Bildung eines Brückenkopfes über den Fluß zu werfen. Das waren immerhin rund 18 000 Reiter, die sicher den aufmarschierten germanischen Kräften überlegen waren.

Aus der Beschreibung des TACITUS geht hervor, wo diese Kräfte übergegangen sind.[193] Von den Batavern unter CHARIOWALDA heißt es, sie seien dort übergegangen, wo der Fluß am reißendsten war. Diese Stelle ist unmittelbar an der *Porta Westfalica* zu suchen, da, wo der Stromstrich das jenseitige, ostwärtige Ufer berührte. Für die übrigen Reiter unter Führung des STERTINIUS und des *primipilars* AEMILIUS, eines ausgedienten Centurionen der 1. Centurie, der jetzt als Präfekt der Reiterei Dienst tat, bleiben nur noch die Furten nördlich davon bis etwa zum heutigen nördlichen Ortsrand von Neesen.

Diese Reiterabteilungen griffen die Germanen unverzüglich an, um sie aus der Flußebene zu vertreiben und in die ostwärts gelegenen Wälder zurückzuwerfen. STERTINIUS und AEMILIUS scheint das gelungen zu sein. Die Bataver aber ereilte ihr Schicksal. Als sie die am linken Flügel der Germanen stehenden Cherusker angriffen, wandten sich diese scheinbar zur Flucht in eine von Waldhöhen umgebene Ebene, die etwa bei Lerbeck gelegen haben mag. Dann stürmten sie samt dort versteckt lauernden Kräften von allen Seiten hervor und schlossen die Bataver ein. Nach längerem Kampf in der Einschließung entschloß sich CHARIOWALDA zum Durchbruch, als STERTINIUS und AEMILIUS mit ihren Reitern herankamen, um sie zu entsetzen. Doch der Durchbruch gelang nur wenigen. CHARIOWALDA und viele seiner Edelinge und Mannen fielen. Arminius hatte sein Ziel erreicht, die Truppen des GERMANICUS zu schwächen. Er zog sich deshalb in Richtung auf das von ihm ausgesuchte Schlachtfeld zurück.

Aber auch GERMANICUS hatte seine Absicht erreicht und den Übergang über den Fluß erzwungen. Sofort baute er am rechten Ufer den Brückenkopf mit einem befestigten Lager aus. Dieses Lager konnte er als erstes vorgeschobenes Lager für seine Versorgung benutzen, wenn er auf dem Hellweg vor dem Sandforde weiter nach Osten vorstieß. Gleichzeitig mit dem Beginn des Lagerbaus auf dem rechten Ufer wurde auch der Brückenschlag in Angriff genommen, so daß anschließend die Masse der Legionen mit dem gesamten Gefechtstroß auf das Ostufer geführt werden konnte.

In diesem Lager erschien ein Überläufer, der meldete, daß sich Arminius bereits für ein bestimmtes Schlachtfeld entschieden habe. Auch gab er an, starke Kräfte aus mehreren Stämmen hätten sich in einem dem Donar geweihten Hain versammelt, es müsse daher mit einem nächtlichen Überfall auf das Lager gerechnet werden.[194] Diese Meldung, die durch Aufklärer bestätigt wurde, wirft wiederum ein bezeichnendes Licht auf die damalige Kriegsführung und bestätigt von neuem die bereits gemachten Behauptungen. Arminius versammelte die Fürsten und sicher nur Teile seiner Kräfte in diesem Hain, weil alle an heiligem Ort gefaßten Entschlüsse besondere Kraft haben mußten. Auch unterwarf er wiederum den Ausgang der kommenden Kämpfe dem Willen eines Gottes, in diesem besonderen Fall dem Willen Donars. Dafür gab es ebenfalls einen wichtigen Grund, denn üblicherweise wurden Schlachten dem Urteil Wotans oder Zius unterworfen. Arminius hatte sich durch die Entführung THUSNELDAS gegen die heiligen Sippengesetze Donars versündigt. Diesen Gott galt es daher zu versöhnen, bevor er sich in eine so gewagte Schlacht gegen die zahlenmäßig weit überlegenen Römer einließ. Ein zweiter Grund lag darin, daß er seinen Bruder auf der anderen Seite wußte. Es war daher möglich, daß er ihm selbst auf dem Schlachtfeld plötzlich gegenüberstand und gegen sein eigenes Blut kämpfen mußte. Eine solche Begebenheit muß für einen Germanen geradezu unvorstellbar gewesen sein, wie sich aus allen unseren Darstellungen und den nordischen Sagen leicht erschließen läßt. Opfer an Donar waren daher vor diesem Kampf mehr als geboten.

Auf römischer Seite herrschte indessen keineswegs Siegeszuversicht. Zu genau wußte man, mit welch furchtbarem Gegner man es zu tun hatte. So ging

Germanicus, verkleidet und nur von einem Wachsoldaten begleitet, heimlich vom *augurale* – dem mit dem Feldherrnzelt verbundenen und durch Wände umschlossenen Platz für die zeremonielle Vogelschau der Priester, von dem aus man unbemerkt von den Wachtposten des Feldherrn die Lagerstraßen betreten konnte – durch das Lager, um die Stimmung der Truppe zu erforschen. Während dieses Rundgangs ritt ein lateinisch sprechender Germane an den Lagerwall heran und forderte die Legionäre zum Überlaufen auf. Vergleichbar ähnlich lautenden Flugblättern aus dem letzten Weltkrieg versprach er jedem Überläufer eine Frau, Land und täglich hundert Sesterzien Sold (etwas mehr als 10 DM) für die Dauer des Krieges. Man glaubte seinen Worten aber so wenig wie moderne Soldaten den bekannten Flugblättern.

Während der dritten Nachtwache, also zwischen 00.00 Uhr und 03.00 Uhr, erfolgte der Überfall der Germanen auf das Lager. Welche Kräfte sich daran beteiligten, ist unbekannt, das ganze Heer kann es aber nicht gewesen sein. Die Nacht war so hell, daß die angreifenden Germanen die auf den Befestigungen stehenden Kohorten auf Pfeilschußweite erkannten. Da diese durch den Verrat vorgewarnt und vorausschauend unter Waffen gehalten worden waren, mußten die Germanen ihr Vorhaben aufgeben.

Für wie wichtig die Römer die folgenden Ereignisse hielten, läßt sich aus der Beschreibung des psychologischen Kampfes ersehen, den Tacitus schildert.[195] Seine Rede an das Heer leitete Germanicus mit dem Bericht eines glückverheißenden Traumes ein. Auch die Auspizien fielen günstig aus. Vor allem aber lag ihm daran, seinen Soldaten die Angst vor dem Kampf in Wäldern und Bergen zu nehmen, in denen die Germanen immer wieder Hinterhalte anlegen konnten und der Legionär einzeln, oft im Nahkampf isoliert, dem Germanen entgegentreten mußte. Der weitere Marschweg führte ja so, daß er die Bückeberge und den Deister nördlich umging, die rechte, schildlose Seite also immer dem Waldgebirge zugekehrt war. Auch linker Hand gab es ausgedehnte Waldungen. Germanicus bemühte sich daher, seinen Männern Fechtanweisungen für den Kampf im Wald zu geben und die Schwächen der Germanen herauszustellen. Er betonte auch, daß mit der nächsten Schlacht der Krieg zu Ende sei. Vor allem aber sagte er ihnen, die Elbe liege schon näher als der Rhein. Noch kurz vor der Schlacht unterstreicht er also seine Absicht, zur Elbe vorzustoßen.[196] Dies gilt es im Hinblick auf die weiteren Ereignisse im Gedächtnis zu behalten.

Auch Arminius sprach vor der Schlacht zu seinen Männern. Er erinnerte sie nicht nur an den Sieg über Varus, sondern auch an den Sieg auf der Knetterheide.[197] Klar sagte er, die Römer seien das letzte Mal dem »Zorn der Götter« entkommen. Wieder nimmt er damit Bezug auf das Wesen der antiken Schlacht, die ein Gottesgericht bedeutete.

Etwa um 10.00 Uhr morgens trat GERMANICUS mit seinem Heer aus dem Brückenkopf auf dem rechten Weserufer an. Bald erreichte er die *Idistaviso* genannte, manchmal auch Idisiaviso geschriebene Ebene, die Arminius für seinen Angriff ausgewählt hatte. Es war die »Wiese der Idisen«, jener göttlichen Jungfrauen, die den Verlauf einer Schlacht zu beeinflussen vermögen.[198] Die Merseburger Zaubersprüche zeigen, daß sie auch des Zaubers kundig waren. Wiederum wählte Arminius das Schlachtfeld nicht allein nach taktischen Gesichtspunkten, sondern auch nach solchen, die eine enge Bindung an das kultisch-religiöse Leben herstellen.

Als der Kampf kurz darauf begann, marschierten die Römer im *agmen quadratum*: voraus gallische und germanische Hilfstruppen, dahinter Bogenschützen zu Fuß, dann das *agmen quadratum* der Legionen mit dem Feldherrn und seinen zwei Prätorianerkohorten – auch mit PONTIUS PILATUS[199] – und in der Mitte der Gefechtstroß mit den 480 Legionsgeschützen, am Schluß die Leichtbewaffneten mit berittenen Bogenschützen und die restlichen Hilfskohorten. Die Marschordnung des *agmen quadratum* (Fig. 18) geht deutlich aus TACITUS hervor: »Die Truppen waren voll Spannung und darauf vorbereitet, daß sie aus der Marschordnung ohne weiteres zur entsprechenden Schlachtordnung übergehen sollten.« – »Intentus paratusque miles, ut ordo agminis in aciem adsisteret.«[200] Die anschließenden Kämpfe zeugen nicht von einer rangierten Schlacht, sondern von einem Marschgefecht.[201] Auch die Bemerkungen des TACITUS, das Morden habe bis zum Einbruch der Nacht gedauert und eine Strecke von 15 km sei mit den Leichen und Waffen der Feinde bedeckt gewesen, sind dafür Beweis.[202] In diesem Licht werden auch die durch die Sucht nach Kürze bedingten Unklarheiten des Berichts über den Kampfverlauf erklärbar. Der Raum, der für dieses Marschgefecht in Frage kommt, erstreckt sich beiderseits des Hellweges vor dem Sandforde, etwa von Meißen hart südostwärts von Minden bis nach Obernkirchen (Karte 17). Nördlich der Straße zog sich das Waldgelände des heutigen Schaumburger Waldes hin, im Süden die Berge des Wesergebirges, des Harl und der Bückeberge. Die Cherusker müssen mit der Masse der Verbündeten an den Hängen der Gebirge gestanden haben, während der Rest im nördlichen Waldgelände bereitstand. Ruhig ließen die Germanen die Heerspitze und die Legionen vorbeiziehen. Dann stürzten sich die Cherusker des Arminius und INGUIOMER mit Schwerpunkt auf die am Schluß marschierenden Auxiliarkohorten. GERMANICUS gab darauf der Masse seiner Reiterei unter STERTINIUS, die noch zurückgehalten worden war, den Befehl, die Germanen in Flanke und Rücken zu packen, während das Fußvolk der Auxiliarkohorten sich den Weg freikämpfen mußte. Dabei wurden die jetzt nördlich des Hellweges kämpfenden Germanen nach Süden gegen das Waldge-

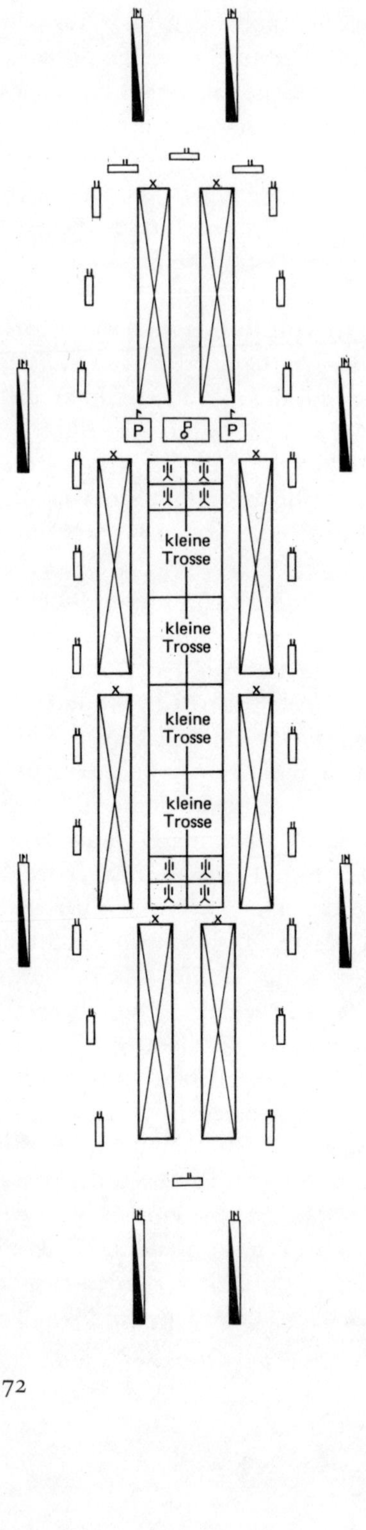

Fig. 18 Agmen quadratum des Germanicus-Heeres während der Schlacht bei Idistaviso 16 n. Chr. Die Legionstrosse sind in die Mitte genommen. Der Truppenaufmarsch ist nach allen Seiten hin so möglich, daß jede Gefechtsgliederung eingenommen werden kann. Die Reiterei setzt sich dabei an die Flügel oder deckt zusammen mit den Auxiliarkohorten den Aufmarsch der Legionen.

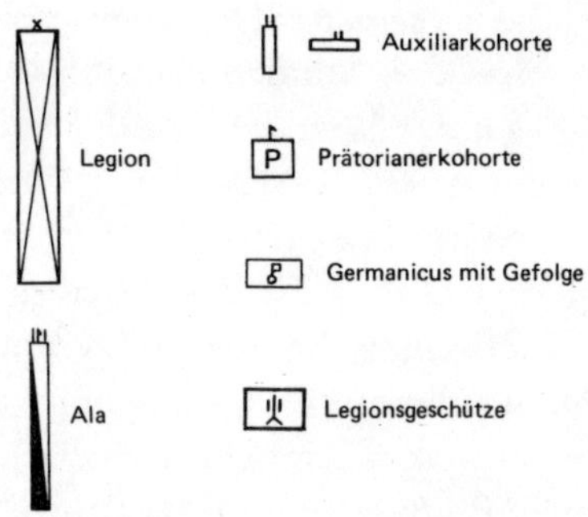

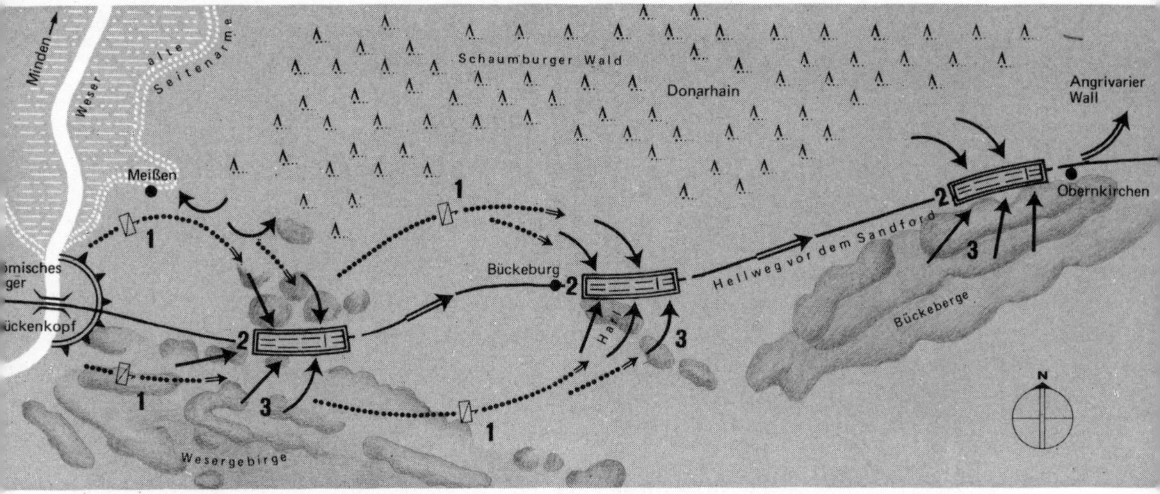

Karte 17 Die Schlacht bei Idistaviso 16 n. Chr. als Marschgefecht 1 römische Reiter 2 römisches agmen quadratum 3 germanische Angriffe

birge, die auf den südlichen Höhen als Reserve stehenden nach der Straße in der Ebene abgedrängt. Der Gebrauch von Reserven bei Arminius braucht nicht zu verwundern, da er sich bisher und auch weiterhin als Meister der Taktik erwies und den Wert von Reserven bei den Römern kennengelernt hatte. Die auf den Hängen und in der Ebene kämpfenden Cherusker standen demnach in der Mitte zwischen der nördlichen Kampfgruppe und den Reserven. Auch sie wurden ganz in die Ebene hinabgedrängt. Dort kämpften Arminius und INGUIOMER erfolgreich gegen die berittenen Bogenschützen, deren Schlachtreihe sie ebenso durchbrachen wie die der Fußkohorten der Räter, Gallier und Vindeliker.

Hier berichtet TACITUS ein Ereignis, das bisher nur als Zeichen von Tapferkeit und Edelmut gewertet worden ist, [204] das aber viel mehr besagt. Chaukische Hilfstruppen, deren Reihen Arminius durchbrechen wollte, erkannten den Cherusker, der sein Antlitz mit dem eigenen Blut bestrichen hatte, und ließen ihn freiwillig durch, aus Achtung, wie man annahm. Dieses Verhalten entspricht aber keineswegs der germanischen Auffassung von Heldentum, auch nicht der Auffassung anderer antiker Völker. Im Gegenteil, je größer das Ansehen und der Ruhm eines Mannes waren, um so größere Ehre konnte man dadurch gewinnen, ihn im Kampf zu besiegen. Durch solche Heldentat konnte man seine eigene Hamingja bedeutend stärken. Es wäre nur natürlich gewesen, wenn die Chauken, die Arminius erkannt hatten, alles daran gesetzt hätten, ihn zu erschlagen. Sie taten es nicht, verhielten sich vielmehr so, wie von TACITUS berichtet. Was war der Grund? Für das untypische Verhalten der Chauken konnte es nur einen einzigen Grund geben. Sie erkannten in Arminius nicht allein den heldenhaften Führer der Cherusker, sondern vor allem Irmin, den Erhabenen, jenen Mann, von dem sie wußten, daß er in die Wotansmysterien eingeweiht worden war. Sie wußten auch, daß ihm die Hut des gemeinsamen germanischen Zentralheiligtums anvertraut war. Ihm als Hüter des heiligen Volksgutes galt ihre Achtung. Ihn durften sie entgegen dem sonst geübten Heldenbrauch nicht töten. Ihm mußten sie in Ehrfurcht ihre Reihen öffnen, und vor ihm mußten sie die Waffen senken. Eine andere Erklärung gibt es dafür nicht.

Doch zurück zum Kampfverlauf. Einige germanische Abteilungen, die den Anschluß an die Hauptkräfte nicht gewonnen hatten, wurden von den römischen Reitern im Norden gepackt und nördlich Meißen in die Weser geworfen. Dort bestand einst ein alter, weit nach Osten ausbiegender Flußarm, wie das versumpfte Auland heute noch zeigt. Bis dahin brauchten die Legionen nicht ein einziges Mal einzugreifen. GERMANICUS hatte das selbst dem STERTINIUS gesagt, als er ihm den Einsatzbefehl für seine Reiter gab, er wolle die schwere Infanterie erst »zum geeigneten Zeitpunkt« einsetzen.[205] Der aber war noch nicht gekommen und sollte auch nicht mehr kommen. Arminius war mit seinen 50 000 Mann viel zu schwach, um sich in ein Gefecht mit den Legionen, die allein schon stärker waren, einzulassen. Er beschränkte sich darauf, die Hilfstruppen immer wieder von neuem anzugreifen, während der Heereszug auf dem Hellweg vor dem Sandforde weitermarschierte. Geeignete Stellen dafür boten sich am Harl und an den Bückebergen.

Am Tagesende stand GERMANICUS, wie gesagt, etwa bei Obernkirchen. Verluste waren fast nur bei den Hilfstruppen eingetreten. So geriet das römische Heer in einen Siegestaumel, rief GERMANICUS zum Imperator aus und errichtete das übliche Siegesmal. Arminius aber muß seine Truppen nördlich davon im heutigen Schaumburger Wald gesammelt haben. Seine Verluste müssen beträchtlich gewesen sein. Das Errichten des Siegesmales beobachteten die Germanen mit grimmiger Wut, denn alle bisher Zurückgebliebenen griffen zu den Waffen, um sich an den Römern für diese Schmach zu rächen.

Was nun folgt, ist als die größte taktische Leistung des Arminius anzusehen. Er legte sich nicht etwa wieder in einen Hinterhalt entlang der nach Osten führenden Heerstraße, sondern er marschierte nach Norden in Richtung Angrivarierwall ab. Eine Straße Obernkirchen, Stadthagen, Leese muß vorhanden gewesen sein, weil anders ein solcher Wall keinen Sinn gehabt hätte. Der Wall lag bei Leese, wurde gefunden und ausgegraben, obwohl man den ausgegrabenen heute für jünger hält. Er kann aber einen alten ersetzt haben, da er dort taktisch richtig liegt. Er war ursprünglich Grenzwall gegen die Cherusker.

Mit seinem Entschluß, nach Norden zu marschieren, schützte Arminius die Externsteine am besten und bedrohte die rückwärtigen Verbindungen des GERMANICUS sowohl am Lager Minden als auch an ihrer Basis an der Allermündung. Auch einen späteren Versorgungstransport auf Aller und Leine nach Elze konnte er so wirksam unterbinden. Außerdem erhielt er beim Marsch nach Norden laufend Verstärkung zumindest durch die Angrivarier. Ebenso bot ihm die Erdaufschüttung des Angrivarierwalls eine Möglichkeit, erneut eine Schlacht gegen den Römer zu wagen, der, falls er ihm nachzog, durch weitere Störangriffe auf dem Marsch geschwächt werden konnte, was tatsächlich auch geschah. Diese meisterliche Leistung des Arminius ließ GERMANICUS keine Wahl. Er mußte seinen Plan, bis zur Elbe vorzustoßen, wenigstens vorläufig aufgeben. Nur ein neuer Sieg über Arminius bot ihm die Gelegenheit, seine rückwärtigen Verbindungen freizukämpfen und endgültig zu sichern. Der Weitermarsch nach Osten Richtung Elbe mit ungesicherten Verbindungen wäre Wahnwitz gewesen!

Wieder waren es die Germanen, die den neuen Schlachtort am Angrivarierwall bestimmten.[206] Die Geländebeschreibung des TACITUS hat wohl den tatsächlichen Gegebenheiten entsprochen, wenn auch die angegebenen Berge im Rücken der Römer höchstens aus Bodenwellen bestanden haben.[207] Aber TACITUS verlegt ja auch Klippen an die Nordseeküste, wo es nur ebenes Wiesenland und Watt gibt. Den Lauf der Weser muß man sich jedoch weiter nach Osten vorspringend vorstellen, als das heute der Fall ist. Die schmale und feuchte Ebene lag zwischen der Weser und den Sümpfen und Wäldern im Osten. Sie wird dort, wo der Wall sie sperrte, etwa 2 km breit gewesen sein, wie sich aus der Aufstellung der Germanen und dem römischen Kräfteansatz ergibt.

War dieses Schlachtfeld wiederum ein heiliger Ort, oder brachten nur taktische und operative Überlegungen Arminius dazu, hier die Römer erneut zum Kampf zu zwingen? Zweifellos besaß dieser Angrivarierwall wie alle Grenzen der damaligen Zeit religiöse Weihe als Schutzwall für die Gemeinschaft der Angrivarier. Die Volkskunde erklärt eindeutig: »... Die feierliche Begehung der G. [Grenze] mit Jugendlichen, der Brauch geheimer G.zeichen (Knochen, Kohlen, Münzen, sogenannter ›Zeugen‹), die Tabu-Erklärung der G. in zahllosen Sagen von gestraften Marktsteinversetzungen, die Rolle der G. im Jahresbrauch und Volksglauben, die verschiedenen Mittel und Zeichen, die G. anzuzeigen, verraten die Bedeutung, die sie im Bewußtsein des landbesitzenden Volkes hat. Auch für die gefährdete Wöchnerin, für die umgehende Totenseele und für Dämonen sind G. bindend, besonders in der allgemeineren Form von Schwelle, Dachtraufe und Zaun, Straße, Kreuzweg und Bach. An der G. vergräbt man Krankheiten. Andererseits werden Heilmittel orendistisch [Orenda ist vergleichbar dem germanischen Hamingja, die allgemeine Bezeichnung für übernatürlich wirkende Kraft in Menschen, Tieren und Dingen] gestärkt durch Auflegen auf G. stein oder -pfahl. Auf der G. hält der Leichenzug inne. – Die Sage vom wetteifernden Grenzlauf kannte schon die Antike. Das äußere Zeichen der G. waren in der germ. Zeit dünne Besiedlung, Ödland oder Landwehren, aber auch schon besondere ›marka‹, meist G. steine....«[208] Es kann demnach gar keinen Zweifel darüber geben, daß auch dieses Schlachtfeld ein heiliger Ort war. Besonders verband er sich mit dem Toten- und Ahnenkult, von dem nach germanischer Vorstellung das Heil der Sippe abhing, zu der die Toten ebenso gehörten wie die Lebendigen. Außerdem war Wotan selbst der Totenführer, dessen Wildes Heer in den Kampf einbezogen werden sollte.

Arminius hielt sich in diesem Kampf auffällig zurück. Tacitus führt dieses Verhalten auf die Wunde zurück, die er bei *Idistaviso* erhalten hatte, und meint, sie habe seine Kräfte gelähmt.[209] Das ist richtig, nur in einem anderen Sinn, als Tacitus es versteht. Durch die Wunde war Arminius nicht im Vollbesitz seines Heils und seiner Lebenskraft, Hamingja. Führer und Könige der Germanen und Kelten, die durch Verwundung oder Verkrüppelung nicht im Vollbesitz ihres persönlichen Heils waren, konnten auch ihre Gefolgschaft damit nicht durchdringen und waren in ihrer Führungsfunktion so lange gehemmt, bis sie wieder ihre volle Hamingja besaßen.[210] Daher führte wohl Inguiomer die germanischen Truppen in dieser Schlacht, wie Tacitus das andeutet.[211] Doch verrät das weitere besonnene Verhalten der Germanen den führenden Einfluß des Arminius.

Die Germanen standen mit ihrem rechten Flügel an die Weser angelehnt, mit der Masse ihres Fußvolkes am Wall, mit Teilen auch noch im anschließenden Waldgelände (Karte 18). Am linken Flügel verbarg sich die germanische Reiterei in Lichtungen mit dem Auftrag, den angreifenden Legionen in Flanke und Rücken zu fallen und sie in die Weser zu treiben. Germanicus, auf der Straße Obernkirchen, Stadthagen, Pollhagen, Münchenhagen anmarschierend und sich dabei ständiger Angriffe meist in der Marschordnung des *agmen quadratum* erwehrend – sie hatte etwa eine Breite von 400 m und konnte daher nicht überall durchgeführt werden –, hatte Aufklärung vorausgesandt, die die Aufstellung der Germanen erkannte. Wegen der Enge des Raums konnten höchstens 4 Legionen gegen den Wall eingesetzt werden, selbst wenn man bedenkt, daß diese in der keilförmigen Angriffsform des *testudo*, der »Schildkröte«, die gegen Befestigungen eingesetzt wurde, weniger Raum brauchten als in der *acies*

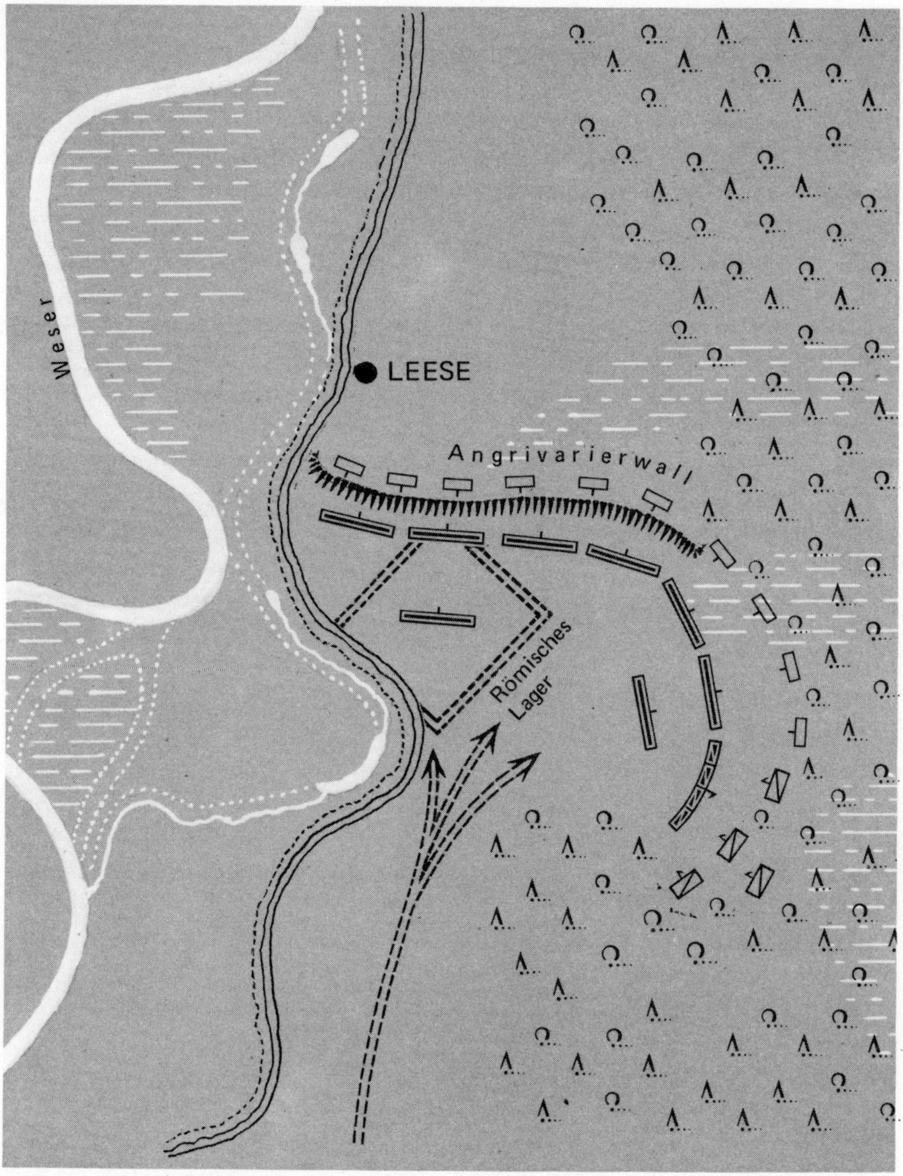

Karte 18 Schlacht am Angrivarierwall 16 n. Chr.

instructa. Dies stimmt auch mit der Beschreibung des TACITUS überein, nach der GERMANICUS selbst die schwierigste Aufgabe übernahm, nämlich den Angriff mit Schwerpunkt gegen den Wall.[212] Zwei, höchstens drei weitere Legionen wurden gegen das im Wald stehende Fußvolk der Germanen eingesetzt. Mindestens eine Legion, vielleicht sogar zwei, konnte GERMANICUS zusammen mit seinen beiden Prätorianerkohorten zunächst als Reserve zurückhalten. Vielleicht setzte er bereits zu Anfang eine Legion zum Bau des Lagers ein, das als Rückhalt dienen sollte, obwohl TACITUS behauptet, er habe diese Legion erst spät am Tage dazu aus dem Kampf gezogen.[213]

Merkwürdigerweise erfährt man überhaupt nichts vom Einsatz der Hilfskohorten zu Fuß. Wurden sie, was in dieser Lage durchaus möglich wäre, ebenfalls als Reserven zurückgehalten oder waren ihre Verluste in den vorangegangenen Kämpfen auf der Ebene von *Idistaviso* und auf dem Marsch so schwer gewesen, daß sie vorläufig nicht mehr eingesetzt werden konnten? Wahrscheinlich trifft letzteres zu, da sie damals allein den Ansturm der Germanen abzuwehren hatten. Von den leichtbewaffneten Hilfstruppen wird dagegen berichtet, daß sie als *funditores*, Schleuderer, die kleine Steine oder Bleikugeln verschossen, und als *libritores*, Steinwerfer mit der Hand, zwischen den einzelnen Sturmangriffen der Legionen auf den Wall eingesetzt wurden, um die oben stehenden Verteidiger mit ihren Geschossen zu erschüttern.

Die gesamte Reiterei unterstellte GERMANICUS dem Legaten SEIUS TUBERO. Er hatte den Auftrag, den stürmenden Legionen den Rücken gegen die germanischen Reiter frei zu halten. Gleichzeitig setzten die Legionen zu ihrem Angriff auf den Wald und den Angrivarierwall an. »Mühelos«, meint TACITUS,[214] drangen sie in den Wald ein, mehr aber auch nicht; denn die Germanen hielten trotz ihrer für den Kampf im dichten Wald ungeeigneten langen Framen bis zum äußersten stand.

Die gegen den Wall eingesetzten Legionen hatten eine noch weit schwerere Aufgabe. Immer wieder wurden ihre Angriffskolonnen unter erheblichen Verlusten von den Verteidigern zurückgewiesen. Da ließ GERMANICUS die Legionsgeschütze nach vorn bringen. Immerhin waren es bei 8 Legionen 480 Katapulte, die *hastae,* Speere, auf eine Entfernung von 90 bis 120 m verschießen konnten. Leider gebraucht TACITUS zur Bezeichnung den allgemeinen Ausdruck *tormentum,* Wurfmaschine, nicht aber den speziellen. Zu den Legionsgeschützen zählten nämlich nicht nur die Katapulte, sondern auch die *onager,* Ballisten, die Steine oder Ballistenpfeile bis zu 80 kg Gewicht in einem Höhenwinkel von 45° auf etwa 375 m verschleudern konnten. Möglicherweise befanden sich auch einige Ballisten unter den 480 Legionsgeschützen. GERMANICUS setzte sie massiert zur Vorbereitung seines entscheidenden Angriffs ein. Die Germanen hatten keine Möglichkeit, mit entsprechenden Fernwaffen gegen sie zu wirken. Sie mußten Deckung nehmen. Auch die Angriffe der germanischen Reiter auf Flanken und Rücken der Legionen schlugen nicht durch, da GERMANICUS zu ihrer Abwehr die eigene Reiterei eingesetzt hatte. Das Reitergefecht blieb unentschieden, wie TACITUS sich ausdrückt; das heißt nach der Auslegung des Sprachgebrauchs römischer Kriegsberichte, daß die Germanen zwar siegten, aber keinen entscheidenden Erfolg erringen konnten.[215]

Nach der massierten Vorbereitung durch die Wurfgeschütze führte GERMANICUS den entscheidenden Sturm auf den Wall an der Spitze seiner Prätorianerkohorten selbst an. Der erschütterte Gegner wurde vom Wall geworfen, stellte sich aber in dem Waldgelände ostwärts und nördlich davon erneut zum Kampf. Die Dunkelheit setzte dem Ringen ein Ende. Im übrigen befahl GERMANICUS dabei seinen Legionären, keine Gefangenen zu machen; nur die Ausrottung des Volkes werde den Krieg beenden.[216]

Die Eroberung des Angrivarierwalls war GERMANICUS zwar gelungen, der Durchbruch und die Vernichtung des Feindes jedoch nicht. Weiterhin bestand die Flankenbedrohung, wenn das römische Heer seinen Marsch fortsetzte. So begnügte sich GERMANICUS damit, aus den erbeuteten feindlichen Waffen einen Hügel zu errichten und auf ihn die Inschrift zu setzen, dieses Denkmal sei Mars, Jupiter und AUGUSTUS nach der Besiegung der Stämme zwischen Rhein und Elbe geweiht – eine maßlose Übertreibung. STERTINIUS soll nun den Befehl erhalten haben, gegen die Angrivarier vorzugehen, die auch schleunigst kapitulierten. Das ist angesichts der weiter bestehenden Flankenbedrohung mehr als unglaubhaft.

TACITUS verschweigt, was unmittelbar anschließend geschehen ist. Sein Bericht beginnt erst wieder mit dem Abbruch des Feldzuges. Er begründet das damit, daß der Sommer schon weit vorgerückt gewesen sei.[217] Das ist eine glatte Lüge, denn anschließend werden noch kürzere Unternehmen geschildert, die sich gegen die Chatten und Marser richteten.[218] Also wäre auch eine Ausdehnung dieses Feldzuges über mindestens drei weitere Wochen möglich gewesen. Was aber wird tatsächlich geschehen sein? Die Härte des Kampfes läßt darauf schließen, daß beide Heere schwer angeschlagen waren. Bei Einbruch der Nacht sammelten sich daher die Römer auf dem Schlachtfeld, während sich Arminius mit seinen Streitkräften ein Stück nach Norden absetzte, um dort, in den Wäldern verborgen, den Tagesanbruch abzuwarten. Am folgenden Morgen zog er nach Norden ab. GERMANICUS, der wußte, daß das feindliche Heer nicht völlig vernichtet war, mußte nicht nur weitere Überfälle befürchten, sondern auch damit rechnen, daß sein Basislager an der Allermündung weiterhin bedroht war. Er mußte ihm deshalb folgen (Karte 19). Die Bedrohung der

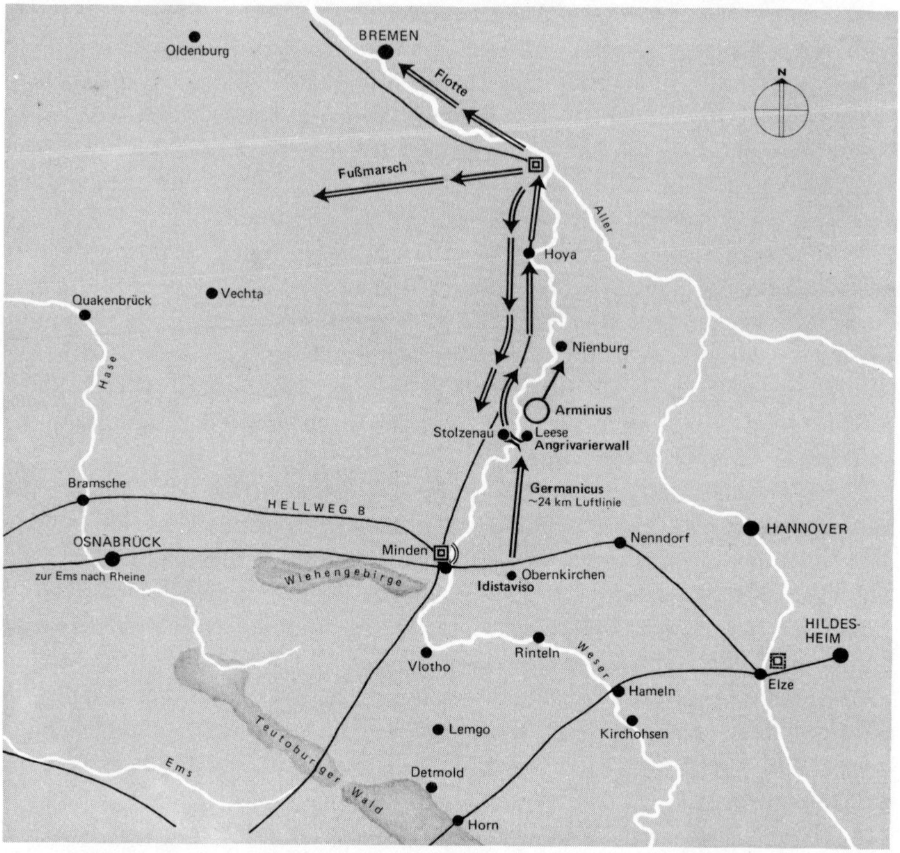

Karte 19 Abzug aus der Schlacht am Angrivarierwall 16 n. Chr.

Externsteine war dadurch wiederum ausgeschaltet. Zwar stellte sich Arminius nicht mehr zum Kampf. Aber auch GERMANICUS suchte offensichtlich die Schlacht nicht mehr; vielleicht fühlte er sich dazu nicht mehr stark genug.

TACITUS berichtet nun, GERMANICUS habe einige Legionen auf dem Landweg in die Winterquartiere zurückgeschickt, die Mehrzahl aber auf die Flotte verladen.[219] Von neuem spricht er dabei von einem Transport emsabwärts in die Nordsee. Auch hier nehmen wir wieder einen Irrtum an, sonst hätte das Heer den Fußmarsch dorthin antreten müssen, während die Flotte nach unserer Annahme weserabwärts fuhr. Lassen wir es bei der Weser bewenden.

Nach dem bisherigen Verlauf der Ereignisse befanden sich Teile der Flotte bei Minden, während die Masse beim Lager nahe der Allermündung verankert lag. Sicher hat GERMANICUS dem Teil, der bei Minden lag, schon frühzeitig den Befehl erteilt, stromabwärts zu ihm zu stoßen. Damit konnten seine Verpflegungsvorräte wieder aufgefüllt werden, denn das Lager Minden wurde folgerichtig abgebrochen. Im übrigen konnten bisher nur etwa 12 Tagessätze seit dem Aufbruch von Minden verbraucht worden sein. Die Verpflegungslage war demnach noch außerordentlich günstig und gab auf keinen Fall Anlaß zum Abbruch des Feldzuges. Etwa bei Stolzenau, unterstrom Leese, wird GERMANICUS sich mit der Flotte vereinigt, aus ihr eine Schiffsbrücke gebaut haben und auf das linke Weserufer übergegangen sein. Das Heer setzte seinen Marsch dann auf der bekannten und guten Straße auf dem linken Ufer bis zum Lager an der Allermündung fort. Um einer Bedrohung dieses Lagers zuvorzukommen, fuhren sicher Teile des Heeres, von Reitern gedeckt, auf den Schiffen zum Lager voraus.

Warum aber mußten einige Legionen zu Fuß in die Winterquartiere zurückmarschieren? Die Flotte hatte auf dem Hinmarsch doch das ganze Heer mit allen Versorgungsgütern transportiert; da mußte jetzt, nach Abzug der Verluste und des verbrauchten Proviants, doch genug Platz auf den Schiffen sein. Es gibt dafür nur zwei mögliche Erklärungen: Entweder war das Heer so schwer angeschlagen, daß man den befreundeten Chauken, Ampsivariern und Friesen, durch deren Gebiet die ungenannte und unbekannte Straße führte, noch dessen Schlagkraft vor Augen führen wollte, um sie von Aufstandsversuchen zurückzuhalten, oder Teile der Flotte waren durch Selbstversenkung oder durch Überfälle verlorengegangen. Letzteres ist wahrscheinlicher, denn der andere Fall hätte bedeutet, daß zumindest in den Augen der Germanen die Schlachten und Gefechte dieses Feldzugs für die Römer mit einer schweren Niederlage geendet hätten.

Der Rücktransport der Flotte interessiert in diesem Zusammenhang nur insofern, als offensichtlich die von TACITUS beschriebene Katastrophe durch die Stürme einen willkommenen Anlaß bot, die schweren Verluste zu verschleiern.[220] Auch ließ sich damit die Selbstmordabsicht des GERMANICUS nach dem Scheitern seines Planes zur Eroberung Germaniens tarnen, die bekannt geworden war.

Nach Rückkehr in die Winterlager führte GAIUS SILIUS noch einmal 30 000 Mann zu Fuß und 3 000 Reiter gegen die Chatten, wie schon erwähnt, während GERMANICUS mit den Hauptkräften gegen die Marser vorging, also mit wenigstens 40 000 Mann Fußtruppen. Wie viele davon auf die Legionen und wie viele auf die Hilfskohorten entfielen, bleibe dahingestellt. Es wird auch nicht erwähnt, zeigt jedoch, daß von den ursprünglich 91 300 Mann Fußtruppen mindestens 70 000 den Feldzug überlebt haben müssen. Das Heer hatte ungefähr 24 % Verluste erlitten, nicht so viel, daß aus diesem Grund allein der Feldzug hätte abgebrochen werden müssen. Um so höher ist die Führungsleistung des Arminius zu bewerten, dem es durch sein geschicktes Manövrieren gelungen war, die tödliche Gefahr von Germanien abzuwenden. Als Trost für die Römer berichtet TACITUS,[221] GERMANICUS habe bei den Marsern durch Verrat ihres Herzogs MALLOVENDUS den Adler einer varianischen Legion gefunden, aus dem unterirdischen Versteck im heiligen Hain ausgegraben und wieder an den Rhein gebracht. Der dritte verlorene Adler wurde im übrigen erst im Jahr 41 bei den Chatten entdeckt.

Kaiser TIBERIUS aber befahl, die Versuche, Germanien zu erobern, einzustellen: »Es sei schon genug der Erfolge, genug der Unglücksfälle« – »satis iam eventum, satis casuum«,[222] obwohl GERMANICUS angeblich auf einen erneuten Feldzug im nächsten Jahr drängte. Er gab indirekt damit zu, daß seine bisherigen Versuche gescheitert waren.

Arminius aber hatte Germanien endgültig gerettet und die Mission der germanischen Völker für die Zukunft bewahrt.

Helgi-Arminius, der Gottgeweihte

Arminius stand in seinem 33. Lebensjahr, als er Germanien endgültig befreit hatte. Er war auf der Höhe seines Ansehens, auch seiner irdischen Macht. Was mit ihm weiterhin geschah, läßt sich von nun an vor allem aus der Sage erschließen.

Als er etwa im Jahr 10 n. Chr. die Ehe mit THUSNELDA schloß, hatte er durch Brautraub seinen ersten »Sündenfall« begangen. Die Sage des hohen Nordens berichtet von jenem Zaubertrank, den Siegfried einnahm und daraufhin Brunhilde vergaß. Er tauschte das übersinnliche Bewußtsein, das er am Hirschfelsen der Externsteine errungen hatte, gegen das sinnliche, die Wotanstochter gegen die irdische Jungfrau. In der jungfräulichen Walküre spiegelt »sich die Erinnerung des Menschen an seinen kosmischen Ursprung..., daß nur ein Teil unseres Menschenwesens überhaupt in die Verkörperung hat eingehen können; der andere Teil – gleichsam ›unsere bessere Hälfte‹ – mußte von uns in den Sonnenhöhen zurückgelassen werden. Es ist das ›Ewig-Weibliche‹, das uns vom Urbeginn her angehört; das wir aber durch die Verstrickung in die Erdenbegierde vergessen haben. Das ist der kosmische Ehebruch, den die Erdenmenschheit vollzog... Siegfried, der am Burgunderhofe die Walküre vergißt, die er erweckt hatte, erliegt dieser Tragik des übersinnlichen ›Ehebruchs‹.«[223] Siegfried-Arminius hatte durch seine Wotanseinweihung und das Erringen der Wotanstochter jene »bessere Hälfte« des Menschen gewonnen. Dadurch war er für seine Aufgabe als Hüter des germanischen Zentralheiligtums reif geworden. Der Hochzeitstrunk hatte ihn dieses Wissen vergessen lassen. Die Sage hat THUSNELDA und Kriemhild in Geschichte und geistigem Vorgang sich überlagern lassen, wie es so oft beobachtet werden kann.

Dieses Vergessen, der »zweite Sündenfall« des Arminius, führte ihn dazu, auch nach irdischer Macht zu streben. Im Jahr 17 n. Chr. kam es zum Kampf der Cherusker und anderer Stämme unter Arminius gegen das Markomannenreich des MARBOD und seiner Verbündeten. Noch glaubte die Mehrheit der hinter Arminius stehenden Stämme, er handele noch immer als eingeweihter

Gode und Fürst, dessen Hut die Externsteine anvertraut sind. Darum gingen selbst zwei erminonische Stämme, die Semnonen und Langobarden, die sonst zu den Verbündeten des MARBOD zählten, zu Arminius über; die Semnonen, weil sie die Hüter des geheimnisvollen Fesselhains waren,[224] als Verehrer der Nerthus die Langobarden,[225] die ihren Namen, der vorher *Winniler* gelautet hatte, von Wotan selbst erhielten. Erst nach der Schlacht erkannten sie, welche Wandlung sich in Arminius auf tragische Weise vollzogen hatte.

Ganz anders dagegen handelte INGUIOMER, der Führer der Ing / Freyr-Sippen und Oheim des Arminius. Er hatte den Cherusker nach alter Sitte aufgezogen und ihn in die ersten Geheimnisse eingeweiht. In ihm kann man den Hagen-Högni der Sagen um Siegfried erkennen.[226] Als solcher war er, wie RUDOLF STEINER berichtet, in die keltischen Druidengeheimnisse eingeweiht.[227] Sein Name, welcher »der durch Ing / Freyr Berühmte« bedeutet, weist darauf hin, daß er den Gott der Gedanken- und Vorstellungskraft vertritt, denn Namen zeigten zu jener Zeit noch Realitäten an. Ing / Freyr war aber auch der Gott des echten, geistigen Denkens, der seinen Eingeweihten erkennen ließ, was wirklich vorlag. Er ebnete den Menschen den Weg zu Selbständigkeit und persönlicher Freiheit. Arminius hätte dessen Wirksamkeit erschwert oder gar verhindert, wenn er aus irdischem Machtstreben König eines geeinten germanischen Volkes geworden wäre. Auch die Mission des späteren deutschen König- und Kaisertums, wie sie uns das Mittelalter zeigt, wäre in Frage gestellt worden. Aus dieser Einsicht und Vorausschau stellte INGUIOMER sich auf die Seite des Markomannenkönigs MARBOD, von dem er absehen konnte, daß sein Königreich nicht von langer Dauer sein würde, wie es sich tatsächlich im Verlauf der weiteren Geschichte herausstellte.

Die erbitterte Schlacht zwischen den beiden großen Germanenführern, die bereits den Nord-Süd-Zwist der späteren Jahrhunderte vorausnahm, interessiert in diesem Zusammenhang wenig. Sie endete unentschieden, vielleicht mit leichtem Vorteil für Arminius. Erwähnenswert ist im Rückblick auf die vergangenen Kämpfe lediglich, daß sie jene vorher aufgestellten Behauptungen über die taktischen Fortschritte der Germanen und die Führungskunst ihrer Fürsten bestätigt.[228] Arminius aber strebte TACITUS entsprechend weiter nach der Königswürde.[229] Die Cherusker jedoch wehrten sich gegen dieses Machtstreben. INGUIOMER führte jene an, die mit wechselndem Glück gegen ihn kämpften. Schließlich aber »fiel Arminius ... der Heimtücke seiner Verwandten zum Opfer«.[230]

Was aber war wirklich geschehen? Zunächst ist der im gleichen Kapitel von TACITUS' Annalen geschilderte Brief des Chattenfürsten ADGANDESTRIUS, wonach er den römischen Senat um Gift zur Ermordung des Cheruskers bittet, ins

Reich der Sagen zu verweisen. Die Germanen kannten als Naturvolk bestimmt selbst Gifte genug, so daß sie sich deshalb nicht an Rom zu wenden brauchten. TACITUS will damit wahrscheinlich ein Lob auf die alten Römersitten singen, da dieser Wunsch angeblich abgelehnt wurde; das ist für die Römer jener Tage an sich schon unglaubwürdig genug. Dann aber sagt TACITUS etwas ganz anderes, als es in der oben angeführten Übersetzung zum Ausdruck kommt. Er sagt nämlich: »... dolo propinquorum cecidit«.[231] Auf das letzte Wort kommt es dabei besonders an; *cecidit* heißt nämlich »er fiel«, und zwar durch eine Kriegswaffe. Das *dolo propinquorum* – »durch die Heimtücke der Nächsten« schrieb TACITUS, weil er es nicht besser verstand. Warum sagte er nicht *necatur* – »er wurde umgebracht«? Irgend etwas stimmt an dieser Aussage des TACITUS nicht; vielleicht ahnte der römische Schriftsteller doch etwas von den tatsächlichen Vorgängen.

Wieder muß hier die Sage helfen. Alle Aussagen lauten so, daß Siegfried-Sigurd entweder mit dem Speer, nach dem Nibelungenlied, oder mit dem Schwert, entsprechend der Wälsungensage, von Hagen-Högni getötet wurde. Es ist die Waffe Wotans oder Zius, die ihn fällt. Aber es kommt noch ein anderer Umstand hinzu: Siegfried, der mit Hagen zum Wettlauf antritt, läuft wie ein *Hirsch* zur Quelle und wird wie ein *Hirsch* getötet; schon die Verfasser der Arminiusbiographie haben darauf hingewiesen. Daß die Sage hier auch wieder die historischen Geschehnisse um Arminius meint, zeigt die Tatsache, daß Siegfried wie Arminius von Verwandten getötet wird, in der Sage von Verwandten seiner Frau, in der Geschichte von einem Verwandten seiner Mutter. In alles Geschehen aber spielt geheimnisvoll die Hirschsymbolik hinein.

Es gibt für all das nur eine Erklärung, die auch in der altnordischen Helgakvida Hundingsbana II ausgesprochen wird. Schon früh wurde diese Erzählung mit dem Sagenkreis um Sigurd-Siegfried zusammengebracht. Wie aber kommt es zu dem Namen Helgi? Helgi ist eine Ableitung des altnordischen Wortes *heilagr*, das genau dem althochdeutschen heilig entspricht. »Die Ausgangsbedeutung von heilig ist ›eigen‹ wie altnordisch *helga* ›zueignen‹ und isländisch *helga sēr* ›als sein Eigen erweisen‹ bestätigen. Was einer Gottheit zu eigen gehört, ist ihr geweiht...«[232] Ein Mann, der den Namen Helgi trägt, ist durch diese Namensgebung also der Gottheit geweiht. Und genau das geschah mit Arminius, nachdem er seinen »zweiten Sündenfall« begangen hatte. Er wurde von INGUIOMER dem Wotan zum Opfer geweiht und getötet. Ganz klar deutet die Helgakvida auf Arminius hin, wenn sie ihn beschreibt: »So ragte Helgi aus den Kriegern wie die stolze Esche aus dem Gedörn oder wie das *Hirschkalb*, vom Tau umfangen, das höher dahinzieht als das Wild, und sein Geweih erglänzt bis zum Himmel selbst empor!«[233]

Svá bar Helgi af hildingom
sem ítrskapadhr askr af thyrni,
edha sá dýrkálfr, dǫggo slunginn,
er øfri ferr ǫllum dýrom
ok horn glóa vidh himin siálfan.

Noch deutlicher aber ist die Einleitung. Dort heißt es: »Sigrun, Högnis Tochter, hat sich, um einer unerwünschten Ehe zu entgehen, zu Helgi, Sigmunds Sohn, geflüchtet [wie in gewissem Sinn Thusnelda zu Arminius]; im Kampf mit ihren Verfolgern hat Helgi ihr den Vater, den Verlobten und alle ihre Verwandten gefällt [auch das stimmt ja wenigstens zum Teil]: nur ihrem jüngsten Bruder Dag hat er das Leben geschenkt und ihn Treueide schwören lassen [so die Eingangssituation] – Helgi nahm Sigrun zum Weibe, und sie hatten Söhne. Helgi wurde nicht alt. Dag, Högnis Sohn, opferte dem Odin um Vatersrache. Odin lieh dem Dag seinen Speer. Dag traf seinen Schwager Helgi, wo es ›beim Fesselhain‹ heißt. Er durchbohrte Helgi mit dem Speer. Helgi fiel dort. Dag aber ritt nach Sewafjöll und brachte Sigrun die Nachricht.«

> Helgi fekk Sigrúnar, ok átto thau sono. Var Helgi eigi gamall. Dagr, Hǫgna sonr, blótadhi Ódhin til fǫdhurhefnda. Ódinn lédhi Dag geirs síns. Dagr fann Helga, mág sinn, thar sem heitir at Fiǫturlundi. Hann lagdhi í gǫgnom Helga medh geirnom. Ther fell Helgi. En Dagr reidh til Sevafialla ok sagdhi Sigrúno tidhindi.«

Weiterhin: »Unlustig bin ich Schwester, dir den Kummer zu melden, weil ich wider Willen die eigene Verwandte zum Weinen gebracht habe: Heute morgen ist im Fesselhain der Fürst gefallen, der der Beste auf Erden war und den Kriegern auf dem Nacken stand.«

Traudhr em ek, systir, trega thér at segia,
thvíat ek hefi naudhigr nipti groetta:
fell í morgon und Fiǫturlundi
budhlungr, sá er var betstr í heimi
ok hildingom á hálsi stódh.

Ganz deutlich wird ausgesagt, daß Dag, »Sohn« des Högni-Hagen, Helgi mit dem Speer dem Gotte Wotan opferte. Dieses Opfer vollzog er an heiliger Stelle, im Fesselhain. Kein Wort verliert die Helgakvida darüber, ob sich Helgi freiwillig zu diesem Opfer bereit erklärte. Etwas später wird Sigrun als »Sonnenlichte aus dem Südlande« bezeichnet, wiederum ein Hinweis auf das Ursprungsland der Dichtung, das mit dem Sagenkreis um Siegfried übereinstimmt; und Sigrun selbst nennt Helgi den »Sigmunds Sohn aus Odins Hause«. Sigmund war nach der deutschen Sage der Vater Siegfrieds! Die Abstammung »aus Odins Hause« kann doch nur bedeuten, daß Helgi-Siegfried ein Eingeweihter und Geweihter Odins gewesen ist.

Wie aber steht es mit jenem Fesselhain, an dem der »Sohn« des Högni-Hagen das Opfer für Wotan mit dem heiligen Speer, den ihm der Gott geliehen hatte, vollzog? Tacitus berichtet über die Semnonen: »... Zu einem feststehenden und regelmäßig wiederkehrenden Zeitpunkt versammeln sich die Abgesandten aller blutsverwandten Völker in einem Walde, der nach den Wahrnehmungen der Vorfahren und durch die aus alter Zeit überkommene fromme Scheu als geheiligt gilt. Dort feiern sie ein grausiges und unheimliches Götterfest, das sie im Namen der Gesamtheit mit einem Menschenopfer einleiten. Auch sonst werden diesem heiligen Hain Ehrfurchtsbezeugungen zuteil: Man betritt ihn niemals anders als in Fesseln, um dadurch gleichsam das Gefühl der eigenen Unterlegenheit gegenüber der Macht der Gottheit sicher zu bekunden. Fällt jemand hin, darf er nicht aufstehen oder sich aufheben lassen: am Boden wälzt er sich hinaus. Der ganze Kult will sagen, daß dort gleichsam der Ursprung der Sueben zu suchen ist, daß dort die allbeherrschende Gottheit wohnt, der alles andere auf Erden untertan und gehorsam ist.«[234]

Gewiß schließt die Mehrzahl der Kommentatoren des Tacitus aus der späteren Ziu-Verehrung der Sueben darauf, daß auch unter der nicht genannten hohen Gottheit der alte lichte Himmelsgott und jetzige Kriegsgott der Germanen Tiwaz-Ziu zu verstehen ist. Dem soll nicht widersprochen werden. Dieser Tatsache entspräche auch der Bericht der Wälsungensage, in der Siegfried mit dem Schwert, der heiligen Waffe Zius, erschlagen wurde. Doch spricht auch nichts gegen die Auffassung, daß in jenem Fesselhain ebenso ein Wotansopfer vollzogen werden konnte, wie es die Helgakvida ausdrücklich bekundet. Wichtig ist, daß es sich um ein Gemeinschaftsopfer handeln mußte, wie das Tacitus auch berichtet. Die Sage von Helgi sagt darüber hinaus, daß der Fesselhain (*Fjötrlundr*) im *Swafaland* (Suebenland) liege. Die Sueben aber waren neben den Semnonen der wichtigste Stamm der Erminonen.

Die Gleichsetzung des Inguiomer mit dem Hagen und Högni der deutschen und der meisten nordischen Siegfriedsagen wurde bereits festgestellt. In der Helgakvida wird aber nun Dag, dessen Name »lichter Tag« bedeutet, als Vollzieher des Wotansopfers genannt. Sollte auch das eine Bezeichnung für Inguiomer gewesen sein? War es vielleicht ein Mysterienname für den Priester des Ing/Freyr, der das Opfer vollzog? Aber gewiß, denn Freyr war der Sonnengott als Herr des Lichtalbenhains und als Träger des Tages. Als sein Werk galt es, wenn sich zur Winterszeit die Sonne wieder der Erde zuwandte, um sie mit neuem Licht zu erfüllen und zu erwärmen, und Freyr galt als Gott des häuslichen Wohlstandes, der Ehe und des geordneten Familienlebens. Verborgen hinter dem Namen des dem Wotan opfernden Dag steht einerseits die Gestalt des Gottes Ing / Freyr, andererseits aber auch die Gestalt des historischen Inguiomer, der die Sonnen- und Mondengeheimnisse des alten Wanengottes Ing kannte und Erzieher des Arminius war. So berichtet uns die Sage nicht nur, wer Helgi-Arminius tötete, den dem Gott geweihten Cheruskerfürsten, sondern auch, wie er seinem Leben ein Ende setzte. Er opferte ihn Wotan für sein Volk, gab ihn demjenigen zurück, dem er seit frühester Kindheit angehörte. Die verletzte Hamingja des Volkes wurde in ihrer ganzen Kraft wieder hergestellt. Nicht durch Heimtücke fiel der größte Germane, sondern als Opfer für den Volksgeist, zu dem er nach seinem bisherigen Verhalten und seiner immer noch vorhandenen Einsicht in die Notwendigkeit der Dinge sicher freiwillig und mit Zustimmung aller »Hirschleute« und der anderen Stämme schritt.

Das geschah im Jahr 21 n. Chr., im 37. Lebensjahr des Arminius. »Er war zweifellos der Befreier Germaniens«, sagt Tacitus, »und zwar ein Mann, der das römische Volk nicht, wie andere Könige und Heerführer es taten, in seinen ersten Anfängen, sondern auf der Höhe seiner Macht anzugreifen wagte. War er auch in der einzelnen Schlacht nicht immer erfolgreich, so hat er doch nie einen ganzen Krieg verloren. Er brachte es auf siebenunddreißig Jahre, davon stand er zwölf [nämlich seit 9 n. Chr.] an der Spitze seines Volkes; noch heute lebt sein Andenken in Liedern der Barbarenvölker fort. Den griechischen Geschichtsschreibern, die nur bewundern, was ihr eigenes Volk betrifft, ist er unbekannt. Und auch bei uns Römern wird er nicht so beachtet, wie er es verdiente, denn wir verherrlichen nur die alten Zeiten und stehen den neueren Ereignissen gleichgültig gegenüber.«[235]

Eine Zeitübersicht gibt – wenn man die Geheimnisse kennt, die in den Zahlen wohnen – weiteren Aufschluß über das gesamte Wirken des Arminius, sowohl was sein historisches Leben als auch dessen geistige Bedeutung betrifft:

Als Siegfried lebte er 21 Jahre, davon zweimal sieben in der Einweihung (17 v. Chr. – 4 n. Chr.),

als Irmin 12 Jahre, davon sieben als Fürst und Gode der Cherusker (4–16 n. Chr.),

als geweihter Helgi 5 Jahre (16–21 n. Chr.),

als Priesterfürst 12 Jahre, davon 7 als Irmin-Arminius und 5 als geweihter Helgi (9–21 n. Chr.).

Ing / Freyr verlieh ihm die Gedanken- und Vorstellungskraft, aber auch das alte Hellsehen, das durch die Nahehe seiner Eltern gestärkt worden war. Wotan schenkte ihm die Willenskräfte zur Durchführung seiner großen Tat, und Loki begabte ihn mit dem Feuer seiner Seele und führte ihn zur persönlichen Ich-Erkenntnis. Aber darin lag auch die Versuchung, der er schließlich erlag, die Versuchung, die ihn zum »geistigen Ehebruch« führte, und jene, die ihn die Königswürde anstreben ließ.

In seinem letzten Krieg gegen MARBOD zeichnete sich bereits die tragische Nord-Süd-Spaltung des späteren deutschen Volkes ab. Sie deutete aber auch schon das Opfer des deutschen Volkes an, das es ebenso wie das andere Michaelsvolk, die Juden, auf sich nahm, auf die nationale Einheit zu verzichten. Sicher tragen und trugen sehr viele Menschen aus beiden Völkern dieses Opfer weder freiwillig noch bewußt, dennoch bleibt es ein Opfer. Die Aufgabe des jüdischen Volkes, das den Leib des JESUS bereitete, war im Jahr 70 n. Chr. beendet; damals wurde seine nationale Einheit zerstört. Die in alle Welt zersplitterten Volksteile aber brachten der Menschheit den Segen der Gebotstreue, der Treue zu jenen zehn Geboten, die nach dem Wort des CHRISTUS »bis zum letzten Tüpfelchen« erfüllt werden müssen. Die aus Teilen der Germanen, die das Heiligtum der Externsteine vor den Römern retteten, hervorgegangenen Deutschen sollen einst der Welt den neuen Weg zur geistigen Erkenntnis weisen, wie sie RUDOLF STEINER angelegt hat. Der Weg zur äußerlichen Macht, wie ihn das Bismarckreich zu beschreiten begonnen hatte, war ein Irrweg, der von dem wahren Ziel ablenkte.

Hätte der hohe Eingeweihte Arminius die Römer nicht in den großen, wahrhaft entscheidenden Schlachten im Teutoburger Wald und danach geschlagen, so wäre das Schicksal des deutschen Volkes, ja Europas und der ganzen Welt anders verlaufen. Daher verdienen diese Schlacht und die Tat des Arminius wahrhaft die Bezeichnung Entscheidung, in weit höherem Maße als etwa Waterloo, Sedan, die Marneschlacht 1914 oder Stalingrad, denn die Auswirkungen der Siege des Arminius gegen VARUS und GERMANICUS waren weit größer. Auf keinen Fall darf der Aufstand der Germanen als Provinzgeschehen an den Grenzen des Römerreiches dargestellt werden.[236] Wäre es den Römern damals gelungen, Germanien bis zur Elbe zu unterwerfen, so gäbe es heute weder eine deutsche noch eine englische Sprache, weder ein deutsches noch ein englisches Volk. Nach einem römischen Sieg wäre in Deutschland und später auch in England und allen heute englisch sprechenden Ländern eine mit germanischen Elementen durchsetzte lateinische Kolonialsprache gesprochen worden. Das hätte die gewaltigen Kulturleistungen dieser beiden modernen Völker unmöglich gemacht. Europa böte heute das Bild eines römischen Kulturkonglomerats statt eines von echten Volksindividualitäten geprägten Kulturbodens. Weder Goethe noch Shakespeare noch die großen deutschen Musiker hätten ihre Menschheitsaufgaben so erfüllen können, wie sie es tatsächlich getan haben, und die Reihe der Beispiele könnte fast unbegrenzt fortgesetzt werden.

Darüber hinaus sprächen heute weder der gesamte nordamerikanische Kontinent noch Südafrika und Australien eine germanische Sprache, und den vielen ehemaligen Kolonialvölkern des britischen Weltreiches fehlte eine gemeinsame Sprache zur Verständigung über ihre Stammesgrenzen hinweg, eine Sprache, die ihnen zugleich einen wesentlichen Teil der gesamteuropäischen Kulturleistungen der letzen Jahrhunderte vermitteln könnte.

Rudolf Steiner hat einmal erklärt, man könne die Ergebnisse und die Lehren seiner Geisteswissenschaft wahrhaft nur in deutsch ausdrücken, deutsch sei die Sprache, die sich am besten zur Wiedergabe geistiger Inhalte eignete. All das wäre ohne die Tat des Arminius unmöglich gewesen. So hat ein wahrhaft Eingeweihter die Zukunft der Erde gestaltet, obwohl auch er als Mensch der Versuchung erliegen konnte. Der Geist des germanischen und deutschen Volkes hat das früh erkannt und seinen Ruhm, wie bereits Tacitus berichtet, in vielen Heldenliedern verherrlicht.[237] Das deutsche Volk ging noch weiter und verband die Siegfriedsage mit der Nibelungensage, aber auch mit der Nibelungennot, und ließ durch einen genialen mittelalterlichen Dichter das gesamte Nibelungenlied zu einem prophetischen Schicksalslied des deutschen Volkes werden. Richard Wagner schuf aus altem Wissen den Ring der Nibelungen. Was der historischen Wissenschaft, die den jeweiligen Zeitströmungen unterworfen bleibt, zum großen Teil entging, erfaßten der Geist des Volkes und ein genialer Musiker und machten die Tat des eingeweihten Siegfried-Arminius zum Inhalt von Kunstschöpfungen, deren Wahrheit in manchem höher ist als die der orthodoxen Wissenschaft.

Anmerkungen

1 CORNELIUS TACITUS: Annales ab excessu divi Augusti, II, 88.

2 GAJUS JULIUS CÄSAR: De bello Gallico, IV, 17.

3 Den Nachweis dafür erbrachten KARL SAATMANN, EMIL JÜNGST und PAUL THIELSCHER: Caesars Rheinbrücke, in: Bonner Jahrbücher CXLIII/CXLIV (1938/39).

4 Zitiert nach TEUBNERS Grundriß der Geschichte für die Oberstufe, 1. Teil: Altertum, Leipzig-Berlin 1927, 75.

5 *oppidum* – nach CÄSAR Bezeichnung für die großen keltischen, stadtähnlichen Siedlungen.

6 Vgl. HELLMUT ROSENFELD (Hrsg.): Abriß der Geschichte antiker Randkulturen, München 1961, 29, und die Aussagen ERNST UEHLIS: Nordisch-germanische Mythologie als Mysteriengeschichte, Stuttgart 1965², 136 ff.

7 BOSCH-GIMPERA zitiert nach JACQUES MOREAU: Die Welt der Kelten, Stuttgart 1958, 27.

8 Hellweg – Heerweg; ursprünglich Weg, auf dem die Leichen gefahren wurden, später Bezeichnung für die großen Durchgangsstraßen besonders in der südlichen Westfälischen Bucht und in Nordrhein-Westfalen.

9 HANS GSÄNGER: Die Externsteine, Freiburg/Br. 1964, 104.

10 Die mit einem * vorweg bezeichneten Wörter sind rein etymologische, aufgrund der Lautgesetze erschlossene Wortformen.

11 Nach ERIC GRAF OXENSTIERNA: Die Nordgermanen, Stuttgart 1957.

12 apotropäisch – Unheil abwendend.

13 Zeilen 1358 bis 1361, 1374 bis 1377 und 1386 bis 1387 aus »Die goldene Schmiede« des KONRAD VON WÜRZBURG (gest. 1287). Zitiert nach FREERK HAYE HAMKENS: Der Externstein, Tübingen 1971, 253. Hamkens fährt fort: »Was damit gesagt ist, erinnert an die Hirschmasken, die in den Januar-Kalenden getragen wurden, wie die oft erneuerten kirchlichen Verbote belegen.« Bei diesen Aufzügen gehörte zu dem Hirsch eine Frau, die *Vetula* – »Alte« genannt wurde. Hamkens setzt dann Hirsch gleich Hindin, wozu er sich durch den Beleg von Sagen und Märchen berechtigt fühlt. Sicher ist auch das richtig, wenn man sich vor Augen führt, daß – wie an den Externsteinen – auf dem Fels 4, dem Hindarfjall, die »Jungfrau« ruhte, die es zu erobern galt. Aber die gezeigten Hirschmasken deuten auch auf die Kultgemeinschaft der Hirschleute hin, deren Schutz das Heiligtum anvertraut war.

14 TACITUS, Annales, XI, 16, und ders.: De origine et situ Germanorum, 2.

15 Nach ANDREAS C. OTT (Hrsg).: Das altfranzösische Eustachiusleben – L'Estoire d'Eustachius, Erlangen 1912, 9, Vers 57.

16 Ibd., 11, Vers 70.

17 Eine solche Kultgemeinschaft bildeten auch die von TACITUS in Germania 43 als Stamm erwähnten Harier (Heerleute), die OTTO HÖFLER: Kultische Geheimbünde der Germanen, Frankfurt/M. 1934, als Wotanskrieger nachwies.

18 Hamingja – Heil, Lebenskraft, vergleichbar dem *orenda*.
19 Vgl. Otto Höfler: Siegfried, Arminius und der Nibelungenhort, Wien 1978.
20 Wälsi – Rute des Hengstes.
21 Kniesetzung – symbolische Handlung des Vaters, mit der das Neugeborene in die Sippe aufgenommen wird.
22 Tacitus, Annales, I, 60.
23 Vgl. Ernst Uehli, op. cit., 173.
24 An erster Stelle steht hier Otto Höfler: Siegfried, Arminius und der Nibelungenhort, op. cit., aber auch Ernst Bickel: Arminiusbiographie und Sagensigfrid, Bonn 1949, und Jan de Vries: Kelten und Germanen, München 1960, 131 ff.
25 Rudolf Steiner: Vortrag vom 28. 3. 1915, GA 161.
26 Vgl. Ernst Uehli, op. cit., 198 ff.
27 Felix Genzmer (Übers.): Edda, Götterdichtung, Thule II, Düsseldorf-Köln 1963, 171.
28 Ibd., 132.
29 Die Übersetzung von Victor Rydberg nach Ernst Uehli, op. cit., 110.
30 Vgl. Josef Otto Plassmann: Ägis. Eine Untersuchung an Wörtern, Sachen und Mythen, in: Beiträge zur Geschichte der deutschen Sprache und Literatur (1961) 126 f.
31 Vgl. Hans Gsänger, op. cit., 156.
32 Beide Meinungen werden von Ernst Bickel, op. cit., im einzelnen widerlegt.
33 Tacitus, Germania, 2.
34 Tacitus, Germania, 40.
35 Ernst Uehli, op. cit., 162 ff.
36 Plinius: Naturalis historia, IV, 100.
37 Tacitus, Germania, 39.
38 Ernst Uehli, op. cit., 205 f.
39 Vgl. Jan de Vries, op. cit., 98.
40 Zu verdanken ist dies Otto Höfler: Verwandlungskulte, Volkssagen und Mythen, Wien 1973, und ders.: Kultische Geheimbünde der Germanen, op. cit.
41 Tacitus, Germania, 10.
42 Dio Cassius: Römische Geschichte, Buch 56.
43 Rudolf Steiner: Vortrag vom 15. 6. 1910, GA 121.
44 Grímnismál, Vers 20.
Den zahlensymbolischen Zusammenhang stellte Friedrich von der Leyen fest: Die Götter der Germanen, München 1937, 278.
Kalijuga – die aus der indischen Weltalterlehre stammende Bezeichnung für die letzte von vier Weltepochen, die finstere. Nach Rudolf Steiner schließt sich an diese Periode der Dunkelmächte, die der Entwicklung des Ich-Bewußtseins dienlich war, nun eine weitere, 2. 500 Jahre umfassende Periode an, die eine natürliche Fähigkeit zum ätherischen Hellsehen mit sich bringen wird; Vortrag vom 30. 1. 1910, GA 118.
45 Velleius Paterculus: Historiarum libri duo ad Vinicium consulem, II, 118.
46 Schock – die Attacke geschlossener Kavalleriemassen im Stil des 18. Jahrhunderts, bei der die gesamte Kraft des Pferdes zum Stoß beim Einbruch in die Reihen des Feindes ausgenutzt wurde.
47 Mit dem salomonischen Jesus ist der Jesus angesprochen, mit dessen Stammbaum Matthäus sein Evangelium eröffnet. Über das Verhältnis dieses Stammbaums zu demjenigen bei Lukas s. Diether Lauenstein: Der Messias, eine biblische Untersuchung, Stuttgart 1971.
48 Velleius Paterculus, Historiarum libri duo ad Vinicium consulem, II, 117–119.

49 Rudolf Steiner: Vortrag vom Abend des 12. 6. 1910, GA 121.
50 Rudolf Steiner, zitiert nach Hans Gsänger, op. cit., 135 f.
51 Hans Gsänger, op. cit., 136 ff.
52 Vgl. Bosch-Gimpera, zitiert nach Jacques Moreau, op. cit., 26f.
53 Nach der Meinung von Wilhelm Teudt: Germanische Heiligtümer, Jena 1928.
54 Zusammengestellt von Adriaan von Müller: Geschichte unter unseren Füßen, München 1968, 62.
55 Erschienen Lemgo 1698.
56 Aufgestellt von Wilhelm Teudt, op. cit.
57 Tacitus: Historiae, IV.
58 Zur Schiffbarkeit der Flüsse vgl. Johannes Norkus: Die Feldzüge der Römer in Nordwestdeutschland in den Jahren 9–16 n. Chr. von einem Soldaten gesehen, Hildesheim 1963, 11, im folgenden mit op. cit. I bezeichnet.
59 Genaueres bei Hans Gsänger, op. cit., Freerk Haye Hamkens, op. cit., und Walther Matthes: Die Grenze der machbaren Welt, in: Festschrift der Klopstock-Stiftung anläßlich ihres 20jährigen Bestehens, hrsg. von Ernst Benz, Leiden 1975.
60 Den Nachweis hat bereits G. A. B. Schierenberg geführt: Die Externsteine zur Zeit des Heidentums, in: Westfalen (1879), ebenso Otto Höfler: Siegfried, Arminius und der Nibelungenhort, op. cit.
61 Im einzelnen aufgeführt von Freerk Haye Hamkens, op. cit.
62 J. Andree: Die Grabungen an den Externsteinen im Jahre 1934, in: Nachrichtenblatt für Deutsche Vorgeschichte (1935) 32 ff.
63 Zitiert nach Freerk Haye Hamkens, op. cit., 93 f.
64 Dies hat bereits Wilhelm Teudt erkannt, op. cit.
65 Vgl. u. a. F. Seitz: Steinerne Urkunden an den Externsteinen, Pähl 1959.
66 Die Meinung von einer Reklusenzelle äußerte Alois Fuchs: Im Streit um die Externsteine, Paderborn 1934. Wilhelm Teudt: Die Externsteine als germanisches Heiligtum, Jena 1934, vermutete eine Schatzkammer.
67 Dies die Vermutung von Hans Gsänger, op. cit., 159.
68 So der Bericht des Beda (gest. 735), der auch Weihnachten noch *modra niht* – »der Mütter Nächte« nennt.
69 So geschehen bei Hans Gsänger, op. cit., 198 ff.
70 Im einzelnen beschreibt die Vorgänge Hans Gsänger, op. cit., 205 f.
71 Rudolf Steiner: Vortrag vom 23. 9. 1923, GA 225.
72 Die Höhe geschätzt von J. Andree, op. cit., 51.
73 Diese Datierung und Epocheneinteilung folgt Hans Gsänger, op. cit., 218, jedoch nur in dieser Hinsicht.
74 Schon von Wilhelm Teudt so angenommen, Germanische Heiligtümer, op. cit.
75 Vgl. Freerk Haye Hamkens, op. cit., 273 ff.
76 Diese Datierung folgt Hans Gsänger, op. cit., 57 ff.
77 Cäsar, De bello Gallico, VI, 25–28.
78 Den Nachweis führte schon Hans Delbrück: Geschichte des Kriegswesens im Rahmen der politischen Geschichte, Teil I: Altertum, Berlin 1907.
79 Hier mag Hans Delbrück, ibd., mit seinen Berechnungen des Guten manchmal etwas zu viel getan haben.
80 Diese Beispiele für die Berechnung von Truppenstärken finden sich bei Gerhard Mildenberger: Sozial- und Kulturgeschichte der Germanen, Stuttgart 1972.

81 DIO CASSIUS, Römische Geschichte, LIV.
82 DIO CASSIUS, Römische Geschichte, I, 1–2.
83 LIVIUS: Perochia zum verlorengegangenen 142. Buch.
84 SUETON: De vita Caesarum, Claudius I.
85 Diese Vermutung sprach schon WILHELM TEUDT aus: Germanische Heiligtümer, op. cit., und hat sie durch Hinweise gestützt.
86 TACITUS, Historiae, IV.
87 Manipel – ehemalige Teileinheit aus 2 Centurien; *triarii* – ehemaliges 3. Manipel aus erfahrenen Schwertkämpfern; *principes* – ehemaliges 2. Manipel aus Schwerbewaffneten; *hastati* – ehemaliges 1. Manipel aus Speerträgern.
88 Vgl. JOHANNES NORKUS, op. cit. I, 16 f.
89 Entsprechend können sich bei den im folgenden angegebenen Marschlängen Veränderungen ergeben; durch Angabe von nur groben Zahlen wurde dem Rechnung getragen.
90 KARL VON CLAUSEWITZ: Vom Kriege, hrsg. von W. Hahlweg, Bonn 1966[17], 478.
91 Ein weiterer Unsicherheitsfaktor liegt in der Zahl der Wagen, die für Ersatzwaffen, vornehmlich Pilen, Munition sowie Pfeile und Steine, Bekleidung usw. benötigt wurden. Da ihre Zahl jedoch nicht so groß gewesen sein kann, daß sie die Marschlänge beträchtlich verlängerten, bleiben sie hier unberücksichtigt.
92 KARL VON CLAUSEWITZ, op. cit., 456.
93 TACITUS, Germania, 6.
94 Diese Formulierung bei TACITUS, Germania, 14.
95 Voltigieren – kurze, schnelle Wendungen, auch Dressurstücke auf dem Pferd.
96 TACITUS, Germania, 7.
97 Hinweis von JOHANNES NORKUS, op. cit. I, 53 f. Die Luftbilder der Britischen Rheinarmee wurden Ulrich Kahrstedt und dasjenige vom 14. 7. 45 dem Verfasser freundlicherweise überlassen.
98 DIO CASSIUS, Römische Geschichte, LVI, 18–22.
99 TACITUS, Annales, II, 88. Mit dieser Stelle ist auch die Behauptung DIETER TIMPES: Arminius-Studien, Heidelberg 1970, widerlegt, wonach Arminius als Führer germanischer Hilfstruppen zum Meuterer geworden sei. Ganz abgesehen von der militärischen Unmöglichkeit dieser Annahme, liegt hier eine sorglose Quelleninterpretation vor, denn zum Zeitpunkt des Aufstandes war Arminius kein Hilfstruppenführer mehr; schon mit dem Tod des Vaters war er nach Hause zurückgekehrt.
100 Vgl. MOLTKES Kriegslehren, hrsg. vom Großen Generalstab, Berlin 1911.
101 JOHANNES NORKUS, op. cit. I, 58 f.
102 Wir schließen uns darin JOHANNES NORKUS, op. cit. I, 60, an.
103 TACITUS, Annales, I, 61.
104 VELLEIUS PATERCULUS, Historiarum, II, 117–121.
105 DIO CASSIUS, Römische Geschichte, LVI.
106 TACITUS, Annales, I, 61.
107 So von Funden auf dem Winnfeld von NEUBOURG, 1887, der sich auf Berichte HAMMELMANNS (1582) und PIDERITS (1627) bezieht; nach JOHANNES NORKUS, op. cit. I, Anm. 113 auf S. 61.
108 Unter der Vielzahl der »erschlossenen« Schlachtfelder käme allenfalls noch die von HANS DELBRÜCK, op. cit., angenommene Dörenschlucht in Frage. Aber er nimmt wohl zu Unrecht das Sommerlager bei Rehme oder Vlotho an; von dort aus wären zwei Marschwege zur Dörenschlucht möglich gewesen. Das aber hätte – wie gezeigt wurde – für die Germanen unlösbare Führungsprobleme mit sich gebracht.

109 TACITUS, Annales, I, 61.
110 TACITUS, Annales, I, 60.
111 Nachgewiesen von PAUL HÖFER: Die Varusschlacht, Bernberg-Leipzig 1888, 276.
112 Vgl. WILHELM GRÖNBECH: Kultur und Religion der Germanen, 2. Band, Hamburg 1939[4], 97 f, 105.
113 FRIEDRICH KLUGE: Etymologisches Wörterbuch, Berlin 1963.
114 TACITUS, Annales, I, 59.
115 TACITUS, Annales, I, 49.
116 Ibd.
117 Diese und die folgenden Schilderungen halten sich in ihrem Kern an die Lagebeurteilung von JOHANNES NORKUS, op. cit. I, 62 ff., der aus praktischer militärischer Erfahrung und aus Sachkritik nur zugestimmt werden kann.
118 Vgl. JOHANNES KROMAYER und GEORG VEITH: Heerwesen und Kriegführung der Griechen und Römer, München 1963[2].
119 So DIETER TIMPE: Der Triumph des Germanicus, Untersuchungen zu den Feldzügen der Jahre 14–16 n. Chr. in Germanien, Bonn 1968. Timpe kann dagegen Recht haben, wenn er annimmt, das Unternehmen habe durch Ausschaltung der Marser auch der Sicherung des erwähnten, aber bisher nicht gefundenen *limes Tiberii* und der Lippestraße bis Oberaden gedient.
120 TACITUS, Annales, I, 50–51.
121 Ibd.
122 Ibd.
123 Vgl. JAN DE VRIES, op. cit., 98.
124 Vgl. DIETER TIMPE: Der Triumph des Germanicus, op. cit.
125 TACITUS, Annales, I, 51.
126 Ibd.
127 Ibd.
128 TACITUS, Annales, I, 55, 57 und 58.
129 TACITUS, Annales, I, 55.
130 Ibd.
131 TACITUS, Annales, I, 56 und 60.
132 TACITUS, Annales, I, 56.
133 Ibd.
134 Vgl. ALEXANDER FREIHERR VON REITZENSTEIN: Frühe Geschichte rund um München, München 1956, im Kapitel über die frühen christlichen Kirchen.
135 TACITUS, Annales, II, 12.
136 TACITUS, Annales, I, 56.
137 TACITUS, Annales, I, 57.
138 Vgl. JOHANNES NORKUS, op. cit. I, 71.
139 Eine solche Möglichkeit deutet auch JOHANNES NORKUS, ibd., an.
140 TACITUS, Annales, I, 57.
141 Ibd.
142 STRABON: Geographica, VII, 290 ff.
143 TACITUS, Annales, I, 58.
144 TACITUS, Annales, I, 59.
145 WILHELM GRÖNBECH, op. cit., 168.
146 Ibd.

147 Tacitus, Germania, 7.
148 Tacitus, Germania, 15.
149 Tacitus, Germania, 34 und 35.
150 Vgl. Johannes Norkus, op. cit. I, Anm. 125 auf S. 87 f., der weitere Angaben zur Flotte macht; vom gleichen Autor: Die Flottenlandung des Germanicus im Jahre 16, von einem Soldaten gesehen, in: Niedersächsisches Jahrbuch für Landesgeschichte XXV (1953).
151 Vgl. Johannes Norkus, op. cit. I.
152 Karl von Clausewitz, op. cit. 405 ff.
153 Tacitus, Annales, I, 70.
154 Johannes Norkus, op. cit. I, 74, hat dies anschaulich dargestellt.
155 Tacitus, Annales, I, 60.
156 Ibd.
157 Ibd.
158 Tacitus, Annales, I, 63.
159 Ibd.
160 Tacitus, Annales, I, 62.
161 Vgl. Teubners, op. cit.
162 Tacitus, Annales, I, 61.
163 Tacitus, Germania, 14.
164 Cäsar, De bello Gallico, IV, 4, 16 und VI, 35.
165 Zitiert nach Hannsferdinand Döbler: Die Germanen, Legende und Wirklichkeit von A–Z, Gütersloh-Berlin-München-Wien 1975, 247.
166 Tacitus, Annales, I, 63.
167 Ibd.
168 Ibd.
169 Tacitus, Annales, I, 70.
170 Dazu sah sich Johannes Norkus, op. cit. I, 81, veranlaßt.
171 Tacitus, Annales, I, 70.
172 Tacitus, Annales, I, 71.
173 Tacitus, Annales, I, 65.
174 Ibd.
175 Der Ausdruck Napoleons bezeichnet eine der wichtigsten Eigenschaften des Feldherren.
176 Tacitus, Annales, I, 71.
177 Tacitus, Annales, II, 5.
178 Tacitus, Annales, II, 6.
179 Cäsar, De bello Gallico, V, 2 und 4.
180 Tacitus, Annales, II, 7.
181 Tacitus, Annales, II, 8.
182 Tacitus, Annales, II, 5.
183 Tacitus, Annales, II, 8.
184 Von Johannes Norkus, op. cit. I, 79 ff., dargelegt.
185 Tacitus, Annales, II, 8.
186 Tacitus, Annales, I, 38.
187 Tacitus, Annales, II, 8.
188 Wir folgen hier Johannes Norkus, op. cit. I, 91 ff.
189 Tacitus, Annales, II, 8.
190 Tacitus, Annales, II, 19.

191 Wie das JOHANNES NORKUS, op. cit. I, 94 f., annimmt.
192 TACITUS, Annales, II, 10.
193 TACITUS, Annales, II, 11.
194 TACITUS, Annales, II, 12.
195 TACITUS, Annales, II, 14 und 15.
196 TACITUS, Annales, II, 14.
197 TACITUS, Annales, II, 15.
198 Der Merseburger Zauberspruch zur Befreiung von Gefangenen erwähnt die Idisen:

Eiris sazu *idisi*, sazun hera duoder.
suma hapt heptidun, suma heri lezidun,
suma clubodun umbi cuoniouuidi:
insprinc haptbandun, invar vigadun.

Einst setzten sich Idisen, setzten sich hier und dort,
einige hefteten Haftfesseln fest, einige hielten Heere auf,
einige zerkeilten Ketten:
entspring den Haftbanden, entfahr den Feinden!

Zitiert nach WILHELM BRAUNE und KARL HELM: Althochdeutsches Lesebuch, Halle / Saale 1942; Übersetzung vom Verfasser.

199 Vgl. FRANK MORRISON: Wer wälzte den Stein?, Hamburg.
200 TACITUS, Annales, II, 16.
201 Auch hier muß wieder JOHANNES NORKUS, op. cit. I, 97 ff. gefolgt werden.
202 TACITUS, Annales, II, 18.
203 TACITUS, Annales, II, 17.
204 Ibd.
205 Ibd.
206 TACITUS, Annales, II, 19
207 TACITUS, Annales, II, 20.
208 RICHARD BEITL (Bearb.): Wörterbuch der deutschen Volkskunde, Stuttgart 1974[3], 304.
209 TACITUS, Annales, II, 21.
210 Vgl. WILHELM GRÖNBECH, op. cit., 202 ff.
211 TACITUS, Annales, II, 21.
212 TACITUS, Annales, II, 20.
213 Ibd.
214 Ibd.
215 TACITUS, Annales, II, 21.
216 Ibd.
217 TACITUS, Annales, II, 23.
218 TACITUS, Annales, II, 25 und 26.
219 TACITUS, Annales, II, 23.
220 TACITUS, Annales, II, 24.
221 TACITUS, Annales, II, 25.
222 TACITUS, Annales, II, 26.
223 RUDOLF MEYER: Die Weisheit der deutschen Volksmärchen, Stuttgart 1981[8], 194.
224 TACITUS, Germania, 39.
225 TACITUS, Germania, 40.

226 So ULRICH VON MOTZ: Das Hermannsdenkmal und die Schlacht im Teutoburger Wald, Detmold 1968.

227 RUDOLF STEINER, zitiert nach HANS GSÄNGER, op. cit., 134.

228 TACITUS, Annales, II, 44–46.

229 TACITUS, Annales, II, 88.

230 Ibd.

231 Ibd.

232 FRIEDRICH KLUGE, op. cit.

233 Diese wie auch die folgenden Prosastellen und Verse zitiert nach FRIEDRICH RANKE: Altnordisches Elementarbuch, Berlin 1937.

234 TACITUS, Germania, 39.

235 TACITUS, Annales, II, 88.

236 So geschehen bei HANNSFERDINAND DÖBLER, op. cit., und DIETER TIMPE: Arminiusstudien, op. cit.

237 TACITUS, Annales, II, 88.

BILDNACHWEIS

Die Zeichnungen für die Figuren und Karten fertigte Walter Krafft.
Die Fotografien für die Abbildungen stammen von Karl Hublow, Konstanz (Abb. 1, 2, 4, 6, 8), und Hans Gsänger, Gauting (Abb. 3, 5, 7).

Mitteleuropa

Landschaften – Völker – Kulturen

Herausgegeben von Wolfgang Schuchhardt und Herbert Rieche,
488 Seiten, 47 Abbildungen, Leinen

»Trotz ideologischer Grenzen: Mitteleuropa hat eine Chance. Landschaften, Völker, Kulturen sind ein gemeinsames Band. Seit zu Beginn des 20. Jahrhunderts der Begriff ›Mitteleuropa‹ aufkam, der die Kulturlandschaft im Zentrum des Kontinents über sprachliche und politische Grenzen hinweg als Schicksalsgemeinschaft erleben lehrte, haben weltgeschichtliche Tatsachen einen tiefen Riß durch dieses Gebiet gezogen. Trotzdem gibt es ein Bewußtsein gemeinsamer wechselvoller Geschichte und Kultur, den Wunsch nach Verständnis zwischen benachbarten Völkern und das Interesse für den Menschen anderer Lebensformen und Sprachen.
Wolfgang Schuchhardt und Herbert Rieche haben ein grundlegendes Buch ›Mitteleuropa‹ herausgegeben. 22 Verfasser von 32 Beiträgen schildern Landschaft, Geschichte und Volkstum in den Ländern Deutschland, Skandinavien, Holland, dem Elsaß, der Schweiz, Österreich, Norditalien, der Tschechoslowakei und in Polen. Nicht politisches Wunschdenken oder irgendein Gedankenraster liegt der Darstellung zugrunde, sondern Volkstum, Landschaft und Kultur sprechen für sich selbst.«

Austria Presse Agentur (APA)

»Ich halte den Begriff ›Mitteleuropa‹ als eines kulturell zusammengehörigen Gebiets gar nicht für veraltet. Ich wage zu glauben, daß die Herstellung eines solchen dominationsfreien kulturellen Bereichs sowohl möglich als auch wünschenswert ist, ja daß sie für das Geschick Europas entscheidend sein kann.«

Leszek Kolakowski

Katharina Emma Proske

in den [illegible] 1982:

im Winter, in der Karwoche,

im Sommer ebenso

im Herbst im Monat [illegible] Rhein.

seit 1983

am Sonntag, dem 29. Aug